2019

CHINA JOURNALISM AND COMMUNICATION JOURNAL

中国新闻传播研究

移动传播创新

高晓虹◎主编
刘宏 赵淑萍 曾祥敏◎副主编

中国传媒大学出版社
·北京·

目录 >>>>CONTENTS

传媒教育

青年视点

品　鉴

特　稿

网络视频的生态融合与跨界赋能*

Ecological Integration and Cross-border Empowerment of Online Video

◎ 王晓红 王芯蕊

Wang Xiaohong, Wang Xinrui

摘要:随着5G即将商用普及,传播经历的迭代悄然加速,视频表达正当时。2018年,网络综合治理体系逐步完善,治网管网法规不断细化,管理措施针对性和时效性更强,一系列组合重拳治理顽疾,网络视频行业日渐风清气正,服务大局的意识和能力显著增强和提高。网络原创节目中,爆款网络剧数量骤减,大IP搭配流量明星的传统模式失灵,内容的终极价值回归;含有不良内容的网络电影数量显著减少,量减但质量提升明显;网络综艺精品频出,题材创新成果显著,泛娱乐向泛文化内容升级。总体来说,网络原创节目用户关注度与内容质量成正比,主流化、价值化已成行业共识。短视频迎来行业大爆发,用户规模已与网络视频不相上下,价值观开始引领算法,各大平台正经历一轮品质和价值革命。

关键词:网络视频,移动优先,虚拟现实,5G,智能硬件

Abstract: With the popularization of 5G technology, the iteration of the communication has quietly accelerated, which is the right time for video expression. Since 2018, the comprehensive network governance system was gradually improved, the regulations on network governance and management were continuously refined, the management measures were more targeted and time-sensitive, a series of powerful measures were implemented in resolving obstinate problems, an upright and clean atmosphere was gradually formed in the online video industry, and the awareness and ability of serving the overall

* 本文系“中国传媒大学中央高校基本科研业务费专项资金资助”项目阶段性成果。

interests were significantly enhanced. In online original programs, the number of hit online drama has plummeted, the traditional mode of combining influential IP products with online celebrities has failed, and the ultimate value of content has returned. The quality of online movies is obviously improved as the number of online movies with objectionable content has decreased significantly. High-quality online variety shows came out frequently and the innovations of subjects were remarkable, and the pan-entertainment upgraded to the pan-cultural content. In general, the level of user interests of online original programs is more proportional to the content quality, mainstreaming and value-orienting have become the consensus of the industry. The short video industry booms as its user scale has kept pace with that of the online video. The values have begun to lead the algorithm, and the major platforms are undergoing a round of quality and value revolution.

Keywords: online video, mobile priority, virtual reality, 5G, smart hardware

随着5G即将商用普及，传播经历的迭代悄然加速，视频表达正当时。2018年，网络综合治理体系逐步完善，治网管网法规不断细化，管理措施针对性和时效性更强，一系列组合重拳治理顽疾，网络视频行业日渐风清气正，服务大局的意识和能力显著增强和提高。网络原创节目中，网络剧爆款数量骤减，大IP搭配流量明星的传统模式失灵，内容的终极价值回归；含有不良内容的网络电影数量显著减少；网络综艺精品频出，题材创新成果显著，泛娱乐向泛文化内容升级。总体来说，网络原创节目用户关注度与内容质量成正比，主流化、价值化已成行业共识。短视频迎来行业大爆发，用户规模已与网络视频不相上下，价值观开始引领算法，各大平台正经历一轮品质和价值革命。网络直播的用户使用率有所下降，发展趋于稳定。电视打开率继续下跌，主流媒体先“网”后“台”，全面转战互联网阵地，以“智慧广电”建设为融合创新抓手，推动广电事业再出发。资本寒冬，精细化运营、用户下沉、圈层突围成破局之道，以运营商、硬件制造商、行业头部平台、科技公司、优势主流媒体跨界相融合作为基础，以5G、人工智能、大数据等技术为核心驱动力的复合生态平台成大势所趋。

从2014年“网络自制剧元年”、2015年“网络原创节目井喷年”、2016年“网络直播元年”到2017年短视频兴起，中国电视伴随着热点频现的网络视频行业，在2018年迎来其60周年，而视频也早已超越了“观看”的意义。“非新无以为进，非旧无以为守”，随着资本泡沫大退潮，“新媒体与传统媒体”“技术与内容”“资本与监管”正走向整合博弈，中国网络视频产业正全面迎来品质升级。

一、新表达：内容价值回归，资本降温

随着国家经济增速放缓，加之中美贸易争端、互联网人口红利逐渐消失等因素，2018年进入资本寒冬。与此同时，行业监管力度的持续加强对行业发展提出了更严格的要求，文化行业的投资也更加谨慎与理性。行业的浮躁、迷茫和焦虑慢慢回归理性，内容价值回归。《2018中国网络视听发展研究报告》数据显示，2018年网络视频内容创作呈现量稳质升趋势，虽没有出现较多现象级作品，但创作积极向主旋律靠拢，“小成本、正能量、大情怀”的现实内容创作力度增强，网络原创节目用户关注度与内容质量成正比。

（一）网络综艺：精品频出，题材创新成果显著

2018年，网络综艺迎来发展大年。国家广播电视总局监管中心数据显示，2017年10月15日至2018年10月15日，上线网络综艺节目期数达到385部，同比增长217%。在产量大幅提升的同时，高品质、好口碑的精品节目不断涌现，题材创新成果显著，泛娱乐向泛文化内容升级。《这就是灌篮》的模式版权于2018年10月被福克斯买下，实现国产原创网综模式出海的零突破，《热血街舞团》于12月也完成了模式出海。国产网综的原创能力不断增强，并受到国际市场的认可，为中国原创综艺市场带来更大信心。

题材创新成果显著。从2018年年初的偶像养成类、街舞类、机甲类，到之后的体育类、打歌类、古风类、电音类等，越来越多的垂直类网综涌现出来。《心动的信号》让素人情感观察型真人秀火爆荧屏，《幸福三重奏》聚焦夫妻两性关系，《奇遇人生》采用“纪录片+综艺真人秀”深度结合的形式为嘉宾定制独特的

人生探索之旅,《超新星全运会》中男女偶像备战运动会,尝试体育类综艺创新。网综创作题材日益丰富,内容边界持续拓展。

注重价值引领。2018 年,网络综艺节目积极探索内涵表达、注重价值引领,整体格调积极健康。优酷针对网络综艺题材进行深入研发,推出“这就是”系列节目,聚焦小众题材的大众化传播,通过展现年轻人的“奋斗”群像,传递只有努力才有收获、专业才能得到认可的正向价值观。《这就是铁甲》聚焦潜心钻研机器人、推动智能机器人发展的极客。《这就是歌唱》聚焦热爱音乐、努力提升自我的年轻歌手。《这就是灌篮》聚焦钟爱运动与篮球文化的运动员,在展现篮球竞技魅力的同时分享球员们有笑有泪的追梦故事。

文化类节目持续发力。从文化漫谈到博物仿古,2018 年网综创新文化类题材节目“好看”又有“营养”,赢得了大众热捧。《一本好书》创新性地以舞台剧的方式精彩演绎经典名著,形象生动地诠释书籍的文化内涵。《神奇图书馆在哪里》采用嘉宾实地探访各地神奇图书馆的形式,用有趣的话题讨论为每个图书馆注入新鲜活力,打破了观众对图书馆的刻板印象,让文化类节目回归关注文化本身。

(二)网络剧:爆款骤减,主旋律作品不断增多

《2018 中国网络视听发展研究报告》数据显示,2018 年网络剧总体数量略有增加,但前台播放量迅速增长,行业朝着精品化方向发展。截至 2018 年 9 月,各大视频平台新上线网络剧 214 部,累计播放次数达 1537 亿次,平均每部剧的播放次数达 7.18 亿次,较 2017 年的剧均播放次数提升了近 30%。与 2017 年和 2016 年相比,现象级作品相对减少,但情感、喜剧、青春校园、悬疑及奇幻等题材网络剧都有新的拓展。

大 IP 搭配流量明星模式失效。2018 年,大 IP 对视频网站的流量吸引力持续下降,尽管有《延禧攻略》和《如懿传》两部现象级剧作,但不少网络文学市场的“神作”,在改编成电视剧后跌落神坛,连被寄予厚望的《天盛长歌》和《将夜》也未能幸免。集齐大 IP 和流量明星的《武动乾坤》收视口碑双双惨败。新演员主演的爱奇艺原创网络剧《芸汐传》热度峰值超越“大 IP+大演员”强强联手的

《天盛长歌》。爱奇艺2018年第三季度财报显示,付费会员已成其最大收入来源,用户付费让会员对“剧情内容”要求更高,用户关注度与内容质量成正比,制作的提升方向从大IP、流量演员、老戏骨及大导演逐渐转向题材创新及新演员启用等新型发展模式。

现实题材比重加大。网络剧的兴起得益于“奇幻灵异、侦探推理、惊悚悬疑、时空穿越、玄幻修真”等非现实题材的发展,随着不断发展演进,网络剧也逐步走出小天地,关照“现实”大时代。从爱奇艺2018年10月份“iJOY悦享会”上发布的百部剧集来看,几乎一半都是现实或与现实相关的题材,2018年第四季度播出的《大江大河》更是在取材角度和完成质量方面获得了市场和口碑的双双肯定。

探索尝试主流内容。2018年,网络视频行业日渐风清气正,服务大局的意识和能力显著增强和提高,内容主流化、价值化已成行业共识。优酷剧集中心2018年推出了一批反映时代发展,刻画时代人性的现实题材剧集,其中包括《我们的四十年》《那座城,这家人》《大江大河》《外滩钟声》《平凡的荣耀》等,并规划了重大历史题材《觉醒年代》,“聚焦时代之变、引领时代之风、传递时代之气”。

(三)网络电影:“量”减“质”提,独播时代到来

近几年,网络电影一方面创作能量旺盛,爆款频出,票房天花板被不断打破,人才、资源、流量加速涌入;另一方面,网络电影经营主体鱼龙混杂,内容品质参差不齐,内容触碰道德、法律底线的情况时有发生。国家广播电视总局监管中心数据显示,2018年网络电影上线数量大幅减少,从2017年的2200部减到1526部,主要原因是2018年4月主要播出平台开始对网络电影进行较大规模的自查整改,经过自查,低俗庸俗、封建迷信及色情暴力等违规、不良、打擦边球的作品明显减少。

独播时代到来。2018年独播发行的网络电影占比快速提升。《2018中国网络视听发展研究报告》数据显示,2018年上线的1030部网络电影中,独播电影数量为991部,占比达96.2%。网络电影在视频平台中的重要性正在提升,已经成为平台丰富内容、满足观众娱乐需求的重要手段。

深耕细分题材。尽管目前网络电影依然集中于幻想、悬疑、动作、喜剧等类型，但网络电影对小众题材、细分领域的尝试和创新步伐加大。腾讯的《罪途》以悬疑故事为外壳，聚焦校园霸凌、家庭暴力等不良现象。爱奇艺的《暴走刑警》《四合院里的孙大圣》《大西山小村官》等影片关注刑警、京剧工作者及基层干部职业人群。优酷的《英歌魂》聚焦中国非物质文化遗产，弘扬传统文化。

表达形式不断创新。优酷上线网络互动电影《四点四十四分》，观众从旁观者变成参与者，以互动方式影响故事走向和人物命运；新片场影业以“众创”方式在 12 天内征集到 305 条全国各地航拍，混减完成《这里是中国》并获得网友众多点赞和转发；《最后的日出》则是用纪录片的拍摄手法打造科幻电影。

（四）网生纪录片：青春赋能，发力年轻态表达

网络为纪录片突破圈层抵达用户提供了崭新可能。近两年，一些纯网播纪录片凭借口碑实现了一轮轮的爆品传播。这些纪录片内容求真、形态多变，注重互动、易于传播，使年轻人也成为收看纪录片的主力。哔哩哔哩已成为国内最大的纪录片出品机构之一，独播纪录片《历史那些事》前六集播放量已经接近1000万。哔哩哔哩还参与出品了火爆社交圈的《人生一串》，在不到半年的时间里，该片播放量超过 4300 万，成为哔哩哔哩网站中非动画影视内容里播放量最高的影视作品。

年轻态表达。网生纪录片的特点之一是表达更加年轻态。纪录片《历史那些事》庄谐结合，严格考证史实部分，同时设置颇具喜感的“小剧场”环节，苏东坡一集的结尾还采用了嘻哈说唱形式表现一代文豪的豪迈与无奈，“混搭”表达的该片在播出后引发了年轻人的追看。《风味人间》运用超微观摄影、显微拍摄、动画再现及交互式摄影控制系统等多种全新手段，呈现出日常熟悉的家用食材不同以往的诱人之处。《中国之极》使用航拍、超高速等拍摄技法，向用户呈现熟悉场景的崭新观感，满足年轻人对新鲜事物的追求和关注心理。

重视互动。网生纪录片相比传统纪录片，更重视互动。观众参与纪录片内容创作的机会更多，良性互动也使网生纪录片创作可以更大程度满足用户观看需求。除了哔哩哔哩网站的弹幕之外，网生纪录片还在分区设立了互动环节。

《我在故宫修文物》《寻找手艺人》等每一部重要作品上线后,导演都会成为 UP 主,在评论区记录感想,跟网友们互动交流,既有利于作品传播,也有利于激发、指导下一步的创作。

(五)短视频:品质革命,内容池源头升级

《2018 中国网络视听发展研究报告》数据显示,截至 2018 年 6 月,中国短视频用户规模达 5.94 亿人,占网民总数的 74.1%,短视频成为中国网络视听市场的新生“主力军”。2018 年 4 月,伴随行业过快发展而产生的短视频乱象被主流媒体报道,有关部门介入并进行严厉监管,处在短视频行业第一梯队的快手、抖音相继被重罚并要求整改,短视频行业也开始从以往的蹭算法、蹭热点的“流量驱动”转向重结构、重表达的“内容驱动”。

微综艺开启表达新空间。2018 年 4 月以来,短视频行业监管升级,但一批内容垂直、网感轻快、制作精良的微综艺在短视频平台越来越有人气。社会议题短视频采访综艺《透明人》提出“6 分钟给你一个 B 面的世界”,挖掘“习以为常中的出其不意”;郭德纲首档短视频脱口秀《一郭汇》在西瓜视频上线 24 小时后,播放量突破 1300 万;秒拍平台的《很高兴认识你》,主打明星职业体验;《侣行 · 翻滚吧非洲》聚焦侣行夫妇张昕宇、梁红驾车的非洲历险。2018 年 8 月,西瓜视频宣布投入 40 亿元人民币主攻自制综艺,腾讯于同年 11 月发布新款短视频 APP“yoo 视频”,聚焦年轻人群,为其提供分享故事性微剧、微综艺的平台,激励用户在自己擅长的方面制作高质量的内容短片。

知识短视频开辟升级新通道。卡思数据显示,在人们观看短视频的九大需求中,超过半数为获取知识。[①] 知识付费和短视频的双重趋势,加上政策监管为精品内容提供的生存空间,相比其他种类,知识类短视频在 2018 年的发展显得更为强劲。2018 年 2 月,知乎上线“视频创作工具”支持用户录制和剪辑视频,针对特定领域定制模板,通过步骤分解和指引方式让用户便捷生产和分享视频。百度旗下“秒懂百科”升级为“秒懂视频”,并推出业界首个精品知识类短视频生产组织——爱芝士生产者联盟。截至 2018 年 12 月,抖音上粉丝过万的

---

① 卡思数据.2017 年度短视频行业白皮书[EB/OL].https://www.caasdata.com/index/report/index.html.

知识类创作者近 1.8 万名,累计发布超过 300 万个知识类短视频,累计播放量已超过 3388 亿次。① 中科院之声、中科院物理所、中国科普博览等和中国科技馆、四川省科技馆等都已经入驻抖音平台,粉丝量都已有几十万。碎片化学习趋势与短视频传播属性的高匹配度,为短视频行业内容精品化、履行社会责任常态化和商业变现开辟了一条绿色通道。

竖屏创新短视频形态。腾讯企鹅智库发布的《2018 新媒体趋势报告》显示,36.9%的调查者表示更喜欢竖屏形式的短视频,这一数据明显高于传统横屏式视频喜爱人数占比。尽管传统影视行业以宽屏画面格式为标准,因其能更为全面地展现画面环境及关系信息,但是横屏视频在移动设备中引出的横、竖屏切换动作不仅打断了用户获取内容的连续性,还容易因屏幕面积有限造成用户对重要信息的忽视。竖屏视频的视野更为狭窄,焦点更为明显,从操作到观看无需经过手机角度调整,更容易抓住用户注意力,营造亲密平等的交流感,给用户带来更为便捷舒适的体验。竖屏短视频成为 2018 年"优爱腾"新一轮争夺的战略高地。优酷发布竖屏资讯节目矩阵,打造全网首个竖屏短视频资讯内容聚合平台,塑造移动端原生资讯新形态。爱奇艺在推出竖屏短剧《生活对我下手了》之后,又正式上线"竖屏控剧场"。腾讯的 yoo 视频推出了《我的二货男友》《公主病的克星》等十多部竖屏短剧。

(六)网络直播:多元发展,内容成生命线

《2018 中国网络视听发展研究报告》数据显示,截至 2018 年 6 月,中国网络直播用户规模达到 4.25 亿人,相较往年,用户规模增幅大大降低。从体育、游戏、真人秀及演唱会四个细分内容领域来看,体育直播在俄罗斯世界杯的带动下,用户使用率较 2017 年年底上升 4.9 个百分点,其他领域的用户使用率均呈下降趋势。2018 年,监管部门陆续通过出台条例、约谈负责人、查封平台及封停主播账号等措施加强监管力度,行业环境不断净化,平台竞争核心转向优质内容。

---

① 清华大学新闻与传播学院,中国科学报社等.短视频与知识传播研究报告[EB/OL].http://www.199it.com/archives/819073.html.

发力原创内容。面对内容同质化、形式单一化的“通病”，各大直播平台在原创内容上不断发力，一边降低用户参与门槛，一边创新内容形式。花椒旗下的爆款直播综艺《料事如神》自2018年4月开播以来，已播出近600期，单场观众最高突破80万人。火山小视频上线直播版“真人版大富翁”，向行业呈现了一种新型的直播模式。陌陌于2018年相继推出了互动竞猜直播栏目《多数派选择》、世界杯竞猜直播活动《MOMO好彩头》。网络直播综艺《头号任务》于2018年10月获得今日头条40亿元人民币投资，将尝试“互联全网、全面参与”的高互动玩法，让用户通过手机发布视频参与到直播综艺进程中来。

突破圈层的土味直播大受欢迎。互联网人口红利渐渐消退，“圈层突围”和“用户下沉”成为行业关键词。2018年，随着智能手机的普及、乡镇网络的健全以及技术的完善，直播正逐渐向三四线城市乃至乡镇地区下沉发展，“乡村网红”和“土味直播”一度成为各大媒体关注的焦点。乡镇农村创作者通过“直播”满足了表达需求，城市观看者也不断地通过“观看”进行着“逃离城市”的狂欢。透过土味直播的镜头，“直播+土特产营销”“直播+乡村文化建设”“直播+扶贫”等也为乡村发展带来了更多机遇。KK直播将乡村文化礼堂的戏曲展演搬到网络上，对折子戏等精品展演活动进行全程直播；与人民网合作推出的“看美丽乡村、庆改革开放”系列直播活动，通过直播平台展示现代化乡村的经济、文化、生态、村容村貌及农民生活等发展状况。

二、新融合：产业跨界融通，资源整合

2018年，网络视频用户数继续快速增长，网络视频及其衍生品已成为整个网络娱乐产业内容消费领域的核心支柱，且仍处在快速发展期。《2018中国网络视听发展研究报告》数据显示，截至2018年6月，中国网络视频用户规模为6.09亿人，占网民总数的76.0%，较2017年年底增加3014万，半年增长率为5.2%，比整体网民的增速高1.4个百分点；手机视频用户达5.78亿人，占手机网民总数的73.4%，较2017年年底增长2929万，半年增长率为5.3%，亦高于手机网民整体增速（4.7%），视频用户继续向手机端集中；短视频用户规模达5.94亿人，网络直播用户规模达到4.25亿人。网络视频用户中，有55.2%的用

户使用智能电视收看网络视频节目,较 2017 年提升 18.6 个百分点,智能电视超过台式电脑,成为网络视频节目收看的第二屏;41%的用户每天必看网络视频,网络视频成为娱乐刚需。面对用户和产业规模巨大、发展前景广阔的网络视频行业,主流媒体、网络视频平台、运营商及硬件制造商在 2018 年继续加快生态布局,加强跨界合作,整合优势资源,在共享融通中寻求多赢,加速行业发展。

(一)主流媒体:移动优先,多维深度融合

习近平总书记在主持中共中央政治局第十二次集体学习时强调,推动媒体融合发展、建设全媒体成为我们面临的一项紧迫课题。我们要因势而谋、应势而动、顺势而为,加快推动媒体融合发展,使主流媒体具有强大传播力、引导力、影响力、公信力。

《2018 中国网络视听发展研究报告》数据显示,近半数网络视频用户不再接触传统媒体,50 后、60 后也在远离传统媒体;与 2017 年相比,网络视频用户各类型传统媒体接触行为中,传统电视接触比例下降幅度最大(5.9%),降至 31.9%;报纸接触比例提升 0.1%,升至 20%;电台和杂志接触比例都有小幅提升,电台接触比例升至 24.7%,杂志接触比例升至 20.9%。用户快速向移动端迁移,移动互联网已成为信息传播的主渠道,传统主流媒体内容出口、盈利模式、技术要求都面临质的改变。2018 年,传统主流媒体加速推进数字化、移动化、融合化、生态化进程,全面转战互联网主阵地,促进传统业务与网络视听平台、智能电视终端、移动通讯终端互动融通,全力推动产业转型升级和高质量发展。

打造新型传播平台,建设新型主流媒体。一是"三台"合并,国家级现代传媒扬帆起航。习近平总书记在主持中共中央政治局第十二次集体学习时强调,全媒体不断发展,出现了全程媒体、全息媒体、全员媒体、全效媒体,信息无处不在、无所不及、无人不用,导致舆论生态、媒体格局、传播方式发生深刻变化,新闻舆论工作面临新的挑战。新的传播时代呼唤新型传播平台。2018 年 3 月,原中央电视台(中国国际电视台)、原中央人民广播电台、原中国国际广播电台合

并组建中央广播电视总台，通过资源整合、优势聚集，形成一体化、集束化、多层次、多渠道、多声部、全方位、全覆盖的传播矩阵，在全屏时代拓展用户新入口。二是移动客户端已经形成品牌，影响力和传播力与日俱增。国家级媒体中，“人民日报”客户端累计下载量已超2亿次，“央视新闻”用户数量超过1000万人。省级媒体中，湖南广播电视台“芒果TV”移动端用户已增长至5亿人，浙江台“中国蓝TV”客户端下载量达到4150万次，北京台“北京时间”、上海台“看看新闻”、广东台“触电新闻”、浙江台“中国蓝新闻”、江苏台“荔枝新闻”、河南台“猛犸新闻”等下载量从1500万次至300万次不等。北京台“听听FM”、上海台“阿基米德”、江苏台“我苏”、成都台“看度”等客户端也逐渐成为当地或全国知名平台。三是多屏整合。《2018中国网络视听发展研究报告》数据显示，智能电视已超过台式电脑，成为网络视频节目收看第二屏。相较小屏“轻、快、短”的特点，大屏具有高品质视听享受的优势和面对家庭开展增值性服务的巨大商业空间，5G时代8K视频传播也必须依赖大屏。2018年，主流媒体以革故策略打造大屏。央视网智能大屏发展迅猛，IPTV总平台自有用户已超过1亿户，互联网电视平台累计激活终端1.05亿台，世界杯期间还推出了围绕球迷看、玩、用、买的全链条服务。广东广播电视台“粤TV”已有1400万家庭用户，成为广东地区最具影响力的新媒体互动电视媒体平台。2018年11月，广东法律服务网正式进驻“粤TV”，民众足不出户就可以接受公共法律服务。

外融通，叠加优势促合力。一是广电媒体与报业媒体的联动融合。湖北广电、甘肃广电等多家广电媒体与人民日报社或新华社合作，在重大主题报道中探索跨界融合；山西广电和山西日报社共同出资组建“山西媒体智慧云”平台，融合不同业态媒体合力发展。二是广电媒体与商业平台的联动融合。2018年世界杯，央视与优酷、咪咕开展转播合作，探索主流媒体与新媒体互利共赢的融合模式。主流媒体在短视频领域与抖音、快手合作，拓展舆论宣传新阵地。三是广电媒体与技术公司联动融合，加快智慧广电建设。2018年6月，新华社向全球发布的媒体大脑2.0“MAGIC”智能生产平台由新华社和阿里巴巴的合资公司研发。2018年12月，中央广播电视总台与中国电信、中国移动、中国联通及华为技术有限公司在北京共同签署合作建设5G新媒体平台的框架协议,合作建设国家级 5G 新媒体平台。省级媒体中,四川广电与腾讯以云计算为核心开展网络存储、网络分发等云服务技术领域的深度合作;黑龙江广电与科大讯飞股份有限公司在智能语音交互平台、智慧媒体、AI+智能主持人、特色内容和应用、大数据应用、智能广告及智能家居等领域深入合作。四是广电媒体与社会资源、民生资源、产业资源联动融合,探索跨界经营。湖南广电与华谊兄弟、摩登天空有限公司开展"媒体+影视+音乐+文化"的跨界合作;深圳广电与深交所以支持创新创业、服务实体经济为目标,探索"金融+媒体"的合作模式。

内融合,整合资源强实力。一是各级媒体联合发展。中央广播电视总台基本完成"广播云采编系统"一期建设,再造中央台和地方台行业协作的新闻采编流程和共享机制。甘肃广播电视台"视听甘肃"面向省内 17 个市县广电单位、省级职能部门提供内容平台,开展模块化合作。二是地方广电跨区域联合发展。山东广播电视台旗下的"轻快"平台为 25 个省份 206 家市县广播电视台提供融合发展和转型升级解决方案、技术支撑和服务平台,有效推动基层广电以低成本转战移动互联网。三是媒体融合纵深下沉。县级媒体是党在基层的新闻舆论工作重要阵地,当前媒介环境下,县级媒体发展遇到了前所未有的困难,改革迫在眉睫。2018 年,"县级融媒体中心"这个新机构名在中央会议上首次亮相,根据中央要求,2020 年底基本实现县级融媒体中心在全国的全覆盖,2018 年先行启动 600 个中心的建设。随着《县级融媒体中心省级技术平台规范要求》《县级融媒体中心建设规范》多项县级融媒体建设标准的发布,在优先利用省平台资源并逐步对接省平台的政策框架下,各地纷纷探索县级融媒体中心建设模式。四川广电联合中国电信,给全省 183 个区县的融媒体中心提供了可以"拎包入住"的服务平台;山西日报和山西广电共建的省级智慧云平台,承担起为该省县级融媒体中心建设省级技术平台和省级总控平台的职能。

(二)网络视频平台:寡头形成,多业态布局

2018 年,头部视频平台优势进一步凸显。在线视频平台用户、内容、流量均向"优爱腾"集中,短视频平台中抖音、快手月活用户遥遥领先,直播平台中花

椒、斗鱼、YY和虎牙稳居第一阵营,市场格局进一步清晰。各类网络视频平台加速生态布局,内容、宣发、体验、付费多端链路结合,平台整体协同能力已经逐步凸显。

在线视频平台。一是网络视频用户付费比例保持快速增长,会员“拉新”成为行业竞争常规动作。《2018中国网络视听发展研究报告》数据显示,2018年中国网络视频用户付费比例为53.1%,相较往年增速为23.8%。在线视频行业主要盈利模式中广告收入仍然占据半壁江山,但经过近几年对盗版网络影视内容的严厉打击和网络自制内容的高速发展,内容付费占比逐年上升,2018年占比约26.6%。根据爱奇艺财报,截至2018年9月30日,爱奇艺订阅会员数达8070万人,会员收入为29亿元,反超在线广告,成为爱奇艺当季度的最大收入来源。2018年,付费会员促销也成为行业竞争常规动作。9月,优酷VIP六周年活动,推出明星定制实体卡、年卡5折等会员特权;11月,爱奇艺VIP会员感恩季,推出远不止5折的“惊喜福利”;12月,腾讯周年庆,推出“5折狂欢,预约还能折上折”等活动;2019年1月,爱奇艺宣布与携程合作升级,爱奇艺会员和携程会员能够同时享受“娱乐+出行”双重特权。二是试水知识付费。2018年12月,爱奇艺正式吹响入局知识付费领域的号角,发布了全新知识付费产品“知识”。这款“知识”列于爱奇艺APP端的“其他频道”中,形式以视频课程为主、音频课程为辅,内容涵盖文史、艺术、兴趣、亲子等九个领域。优酷与用户数超过3000万人的“有书”达成战略合作,将在联名会员销售、会员权益、用户成长体系打通等方面合作。凭借视频网站已经拥有的规模化付费用户基础,入局知识付费的在线视频网站已然拥有天然优势。不同于知识付费行业一直以来的“精英”标签,爱奇艺内容主推实用性和娱乐性兼备的“知识”,目前页面上主推的课程有“圣诞花艺手工课”“曾国藩教你识人用人”等。知识付费有望成为在线视频网站拓宽平台内容形态、实现会员留存和商业变现的强力抓手。三是开放全链路服务,赋能腰部内容。2018年9月,优酷正式推出全品类内容开放平台战略,并且配套了分账、发行和数据三大核心功能为创作者服务。在分成测量上,优酷开放平台引入了“会员观看总时长”这一维度,鼓励腰部优质内容发展。开放平台即将接入阿里影业旗下的金融应用“娱乐宝”和优酷素材宣发平台“蒲公英”,为创作者提供金融和营销服务。2018年年底,中国首单知识产权供应链金融资产支持专项计划——“奇艺世纪知识产权供应链金融资产支持专项计划”在上海证券交易所成功获批发行,爱奇艺此举为行业提供了一种全新的健康融资模式,为影视行业知识产权价值最大化带来新思路、新尝试和新机会。从资本到产业生态,良性运转的大市场环境正逐渐形成。

短视频平台。根据Trustdata数据统计,88%的互联网用户会使用短视频社交;79%的互联网用户通过短视频获取新闻资讯;70%的互联网音乐用户通过短视频观看音乐MV/音乐专辑;41%的互联网用户电商购物时会观看短视频展示。① 2018年,短视频与多领域交叉渗透,链接多元场景,生态环境愈加完善。一是商业模式进阶。目前,短视频内容方变现模式以原生广告和电商收入为主,知识付费模式仍在探索中。为突破广告收入的天花板,2018年各平台就电商合作的商业模式不断进行进一步深挖。抖音于“双12”前夕开放购物车自助申请,排名前50的账号在“双12”中促成淘宝天猫成交额超1亿,直播间最高单场观看人次超1000万。随后抖音推出“好物联盟”活动,降低购物车申请门槛,奖励热门卖家,进一步推广购物车功能。2018年9月,小米手机入驻抖音,并为其新品推出《小金刚能不能活过这一集》系列营销视频,用户可通过链接预约新机。2019年1月,小米与抖音达成战略合作,推出全球首个快闪店后,超过550万用户通过小米抖音快闪店预约新机,约占全网预约量的80%。二是“短视频+”助力价值增长。2018年整体资本市场遇冷,由于短视频行业上中游产品已初步建立竞争壁垒,“短视频+”模式为切入短视频行业提供更多可能。“短视频+电商”“短视频+招聘”“短视频+社交”等多元形式既增加内容输出量和曝光强度,在战略上也能帮助短视频平台实现价值增长。

直播平台。在线直播平台发展进入下半场,直播生态体系建设成为平台新的突破口。在多种形式的视频娱乐形式崛起后,平台如何构建多元化盈利模式和获得更高的用户流量是进一步发展的关键。头部平台一方面通过补贴内容方形成平台间内容差异化的竞争壁垒,另一方面积极搭建平台来实现流量变现

① TrustData.2018年短视频行业发展简析[EB/OL].(2018-05-30).http://www.199it.com/archives/730075.html.

的商业布局。一是从线上转入线下,打造产业链生态闭环。激发用户的参与度和打赏热情,获得更多商业合作资源,让直播价值得到进一步释放。2018 年,虎牙自制赛事“虎牙天命杯”,线上线下全方位布局;拿下五大 LOL 联赛、绝地求生联赛、手游联赛等赛事直播版权;斥千万美元拿下 OWL 的席位,自建守望先锋战队。斗鱼相继冠名赞助了 OMG、WE、皇族、iG 等国内电子竞技俱乐部;自制 DSL 斗鱼超级联赛和黄金大奖赛等赛事;线下嘉年华活动也赢得高知名度。二是继续探索“直播+”跨界联合发展。“直播+”模式为直播平台及合作行业带来双赢机会,推动直播平台向产业链各端渗透,增加用户黏性的同时,也助力其他行业增长。KK 与光明网联合推出“2018 高校直播”,介绍招生政策、展示校园文化;斗鱼与京东联合推出“618”互动活动,通过网红与用户的直播互动及优惠券发放,完成京东“618”促销活动的线上营销;中国演出行业协会直播分会于 2018 年 1 月发起了“青禾计划”;作为直播行业的代表性平台之一,花椒直播积极响应号召,与陕西子洲县结成了帮扶对子,通过“直播+农村电商”“直播+文化扶贫”“直播+特色文旅”等方式,帮助贫困地区脱贫致富。

(三)运营商:依托流量优势,从后台走向前台

2018 年,随着中国人口红利的消失以及国家提速降费政策要求的提出,电信运营商传统业务的增速明显放缓,用户的获取逐步进入存量竞争阶段,行业进入后运营时代。与此同时,视频业务的流量消耗则占据了全网流量的统治地位。运营商在宽带业务、IPTV 业务及 OTT 业务上积累了海量用户,再加上运营商在视频业务高体验、高码率、低延时等特性方面具有的天然优势和伴随 5G 商用而来的 4K、8K、VR 视频对网络带宽、时延、丢包率的高要求,运营商纷纷把视频作为基础业务进行战略布局,利用管道优势,一边拉动流量收入、提升传统业务黏性,一边积极参与到视频内容产业链中,拓展自身价值空间。

发力小屏,构建跨终端视频内容服务平台。在用户视频需求多样化的趋势下,移动运营商纷纷布局互联网内容服务平台,以跨终端的方式为所有互联网用户提供视频服务。面对 BAT 等传统内容服务平台巨头,网络运营商在 2018 年继续开展多维度探索,依托传统优势寻找跨界合作和差异竞争着力点。咪咕

作为中国移动打造的内容生态主阵地，将体育产业作为视听业务重点拓展领域，在 2018 年与央视达成 2018 年世界杯转播版权合作，与苏宁体育正式开启“451 计划”，获得 2018-2019 年度 CBA 联赛新媒体直播版权，众多拳头内容组合推出，体育赛事内容版图逐步搭建完成。咪咕视频世界杯每天观看人次都超过 1 亿，配合直播世界杯，中国移动推出了咪咕视频卡（移动王卡）、任我用不限量套餐、全球通无限尊享计划等流量套餐，受到用户欢迎。

深耕大屏，以视频为抓手拓展智慧家庭价值。截至 2018 年 5 月，中国电信 IPTV 用户有 1.1 亿人，中国移动 IPTV 用户有 0.76 亿人。运营商依托已有的海量用户，深耕大屏视频业务，并以视频为业务突破口，有机结合娱乐、教育、医疗等行业，布局智慧家庭产业。2018 年，浙江、福建、云南、河北、安徽等省份广电与电信纷纷签署战略合作协议，深入推进双方在三网融合领域的战略合作，合力开展新媒体业务融合创新，共同推动 IPTV 发展。广电具有的内容运营与播出保障等方面的实力，与电信具有的传输网络、网点渠道、终端售后等优势相结合，有助于两大集团品牌影响力和核心竞争力的进一步提升。浙江广电与浙江电信共同运营的浙江 IPTV，聚合 60000 小时媒资底量，实现每月 4000 小时持续更新，在浙江省覆盖人群已超过 2000 万人，两大集团基于 TV 大屏载体积极探索以家庭用户为基础、以家庭为单位的智慧家庭应用服务运营模式，共同开发可视通话、家庭云、语音控制、固移融合等“IPTV+”新模式。

（四）硬件设备制造商：共生无界，用共享谋共赢

手机、彩电等硬件设备制造商，依托硬件设备海量用户基础、海外市场竞争优势和技术优势，纷纷入局网络视频产业，其中华为和 TCL 是这方面的代表。

华为是全球 IPTV 市场占有率第一的平台供应商，覆盖机顶盒家庭用户接近 5 亿户，华为手机在全球手机市场销量排名第三，卖到全球 190 多个国家，手机用户截至 2018 年年底超过 5 亿人。依托“双 5 亿”的全球设备终端入口，华为的目标是连接内容和用户，构建全球最大的内容生态合作体系。华为视频作为华为公司专为华为用户打造的一款官方视频 APP 于 2016 年 9 月上线，目前用户已突破 1 亿人，日活用户比去年增长 300%。2018 年华为视

频正式出海，在意大利、西班牙等华为手机占有率较高的欧洲国家试点使用，2019 年华为视频流媒体服务将在更多国家和地区落地。在内容端，华为已与全球 200 多家内容伙伴开展灵活多样的合作，聚合全球范围内的优质内容。2018 年 12 月，华为与芒果 TV 正式宣布将采用创新的共享收益模式围绕视频内容、会员及联合营销、大数据推荐、应用推广、IPTV 产品和华为云 CDN 服务展开深度合作。在平台端，华为依托华为视频和众多合作伙伴的流媒体服务，把聚合的优质内容进行全球分发。目前，华为拥有 1600 多项 5G 核心专利，已向全世界输送超过一万个 5G 基站。依托华为在 5G 市场的主动权，华为的视频业务将迎来更大发展。

TCL 集团于 2017 年 3 月推出了互联网品牌雷鸟，成立一年多的时间里，雷鸟大屏价值已经受到行业广泛关注。腾讯、广东南方新媒体集团及京东先后对雷鸟进行投资，雷鸟科技估值已达 45 亿元人民币。基于 TCL 电视在全球的品牌认可度和市场占有率，雷鸟科技作为 TCL 电视运营平台已经覆盖了六大洲、135 个国家，积累了 2931 万用户，月均活跃用户 1389 万人，日平均观看时长 5.5 小时。作为战略合作伙伴，雷鸟品牌分别与腾讯视频、阿里旗下优酷进行内容合作，构建海量内容平台；通过与京东、天猫两大电商平台合作，瞄准年轻人市场精准营销；携手南方新媒体，打造互联网电视牌照方与终端厂商的合作新模式。

三、新风口：技术重塑生态，催生变革

传播技术的每一次发展都对传媒行业产生深远影响，当下的网络视频行业已经离不开技术在其每个环节的协作与支持。2018 年，大数据、人工智能、虚拟现实、5G 及智能硬件等新技术内生动力持续迸发，各类技术应用不断从概念走向实践，重塑媒体生态，带动产业升级。

（一）人工智能：提升效能，探索全产业链应用

习近平总书记在主持中共中央政治局第十二次集体学习时提出，要探索将人工智能运用在新闻采集、生产、分发、接收、反馈中，全面提高舆论引导能力。

2018年,从内容生产到信息分发,从媒体服务到产业运营,人工智能都是媒体新技术应用的热点。人工智能技术主要包括基础层、感知层、认知层、平台层和应用层。基础层提供算力、数据和基本算法;感知层提供语音、图片、视频识别与分析;认知层实现自然语言处理、知识图谱和用户画像分析等功能;平台层通过开放服务接口,为视频创作、视频生产、内容分发、社交互动及商业变现等全产业链应用赋能。

2018年6月,新华社向全球发布了媒体大脑2.0“MAGIC”智能生产平台。“MAGIC”平台由新华社和阿里巴巴合资成立的媒体人工智能公司新华智云独立研发。“MAGIC”平台中,新闻内容将经过拆解、重新组装的零部件生产线,完成机器的自动生产。中国国际进口博览会报道中,新华社联合13家媒体利用“MAGIC”智能生产平台,通过人脸识别、语音识别及数据处理等人工智能工具,自动或人机协作批量生产短视频内容,实现了“秒级生成、海量生产”。在2018年第五届世界互联网大会上,搜狗公司与新华社联合发布人工智能合成虚拟主播,其可以实现连续7天24小时不间断播报。俄罗斯世界杯期间,央视体育频道使用阿里巴巴研发的“快影”技术解决方案,在每场比赛结束后3~5分钟之内生成10分钟的全场比赛视频集锦,相比传统人工剪辑节省了90%的时间;作为2018央视世界杯新媒体官方合作伙伴,咪咕视频首推人工智能直播剪辑官,通过“秒级”智能剪辑,实现了世界杯直播短视频的精准、实时、海量推送。腾讯体育在2018年NBA转播中,与IBM跨界合作,利用IBM中国研究院开发的“IBM AI Vision视觉大脑”技术完成视觉剪辑。优酷自主研发泛文娱产业人工智能大脑“鱼脑”,建立内容、投资、制作、智能化运营及需求挖掘等辅助角色的工业化标准体系,2018年热播的《这就是街舞》《烈火如歌》明星选择就通过鱼脑技术进行,鱼脑对《北京女子图鉴》和《烈火如歌》两部剧流量预测的准确率分别高达96.4%和92.3%。2018年3月,今日头条正式上线了打击低俗的“灵犬系统”,作为国内首款人工智能反低俗小程序,用户只需输入文字或文章链接,系统即可检测内容质量指数并给出算法模型鉴定结果,再配合人工审核进行内容质量把控。在被广电总局约谈整改后,今日头条对“灵犬系统”进行了大规模升级以提升准确率。今日头条还与密歇根大学联合成立了人工智能反谣言研究联盟,通过人工智能技术让平台更加智能地识别谣言,提升反虚假信息的能力。

(二)5G:赋能互联,跨界联合蓄力变革

速率更高、容量更大、时延更低的第五代通信系统将赋予万物互联的能力,使人与物的连接、物与物的连接可以突破场景、突破空间、突破时间。网络性能的量变会引起行业的质变,视频将通过无处不在的传播终端成为社会信息的主要表达方式,内容、应用与服务将走向融合,网络视频行业生产力、生产关系及生产方式又将迎来新一轮变革。

2018 年是中国展开 5G 规模试验、进行市场布局的关键一年,5G 标准确定,5G 试商用正式启动,产业集结号正式吹响。第五代移动通信技术虽然尚未正式商用,但已经通过各种试验进入现实空间。媒体成为 5G 的首批试用用户。

中国移动咪咕平台在俄罗斯世界杯期间采用"5G+AI"技术,现场捕捉射门、点球、黄牌等 7 大场景,并通过"上帝视角""巨星视角"和"守护者视角"三个不同的拍摄角度,使用户得以"多视角""全方位"地感知世界杯。2018 年年底,中央广播电视总台与中国移动、中国电信、中国联通及华为公司在北京共同签署合作建设 5G 新媒体平台的框架协议,我国第一个基于 5G 技术的国家级新媒体平台在中央广播电视总台开建。在五家单位的配合下,总台 2019 年春晚首次应用 5G 网络实时回传深圳、长春和井冈山等分会场演出内容,5G 网络和 5G CPE 终端将现场 4K 高清画面通过 5G 基站回传到转播车及北京的演播室,摆脱了摄像机需要连接转播车线缆完成信号传输的方式,实现了 4K 高清信号实时无线传输。

(三)大数据:精准传播,以人为本深化运用

习近平总书记曾指出,大数据是信息化发展的新阶段,要推动大数据技术产业创新发展,要构建以数据为关键要素的数字经济,要运用大数据提升国家治理现代化水平,要运用大数据促进保障和改善民生,要切实保障国家数据安全。数据是信息时代基本的生产资料和巨大资源,是智慧媒体的核心资源。只

有树立数据思维、增强数据利用本领,媒体才能实现个性化产品的创造,为网络视听繁荣发展注入新动能。2018 年,网络视频行业数据资源不断积累,数据应用不断深化,推动传播手段和话语方式不断创新。

2018 年,芒果 TV 提出以数据为核心,用数据思维覆盖全产品、全业务,正式成立了独立数据业务管理部门——数据管理部,全公司所有数据体系将由这个部门进行管理和推动,实现“万千数据、多个端口、一个团队”,用数据管理促进经营科学决策和经营效率优化。芒果 TV 还通过数据监测系统有效跟踪观影数据的波动情况,推出《我爱你中国》《我的青春在丝路》《四十年四十村》等一系列内容,用数据赋能主流价值观传播。爱奇艺“通天塔”数据平台打破数据孤岛,建立了一个基于所有业务数据平台的大仓库,对数据实行统一管理。该平台已被应用于流量预警、会员流失预警、智能广告精准投放、自制剧排片及剧集更新等领域。

在充分认可大数据技术运用前景的同时,警惕数据欺骗和数据陷阱也成为 2018 年业界讨论的核心。媒体的社会责任要求其在大数据技术运用中要“以人为本”,用科学完善的数据评估体系抵消大数据偶然性偏差。2018 年,爱奇艺和优酷先后关闭前台内容播放量数据,面向用户探索建立包含综合讨论度、互动量、多维度播放类指标的内容热度推荐机制,面向合作伙伴共享播放量、观看行为等更丰富立体的数据。

四、新风气:监管提档升级,标准细化

2018 年,全国网络安全和信息化工作会议、全国宣传思想工作会议先后召开,网络强国战略顶层设计和总体架构越发清晰。2018 年,网络视频行业监管在法规制定和综合治理两个维度都继续提档升级,网络综合治理体系逐步完善,治网管网法规不断细化,管理措施针对性和时效性更强,一系列组合重拳治理顽疾,网络视频行业日渐风清气正。2018 年 11 月,国家广播电视总局局长聂辰席在第六届中国网络视听大会中指出,一年来网络视听行业坚持正确的政治方向、舆论导向、价值取向,做强网上正面宣传,服务大局的能力显著增强。

（一）重拳治理顽疾，力度持续加强

2018年网络视频产业迎来有史以来的最强监管，今日头条、快手、抖音、凤凰新闻等头部平台相继被要求整顿，监管处罚力度空前。目前，监管部门治理手段从约谈、警告、罚款到应用商店下架、永久关停，“组合重拳”基本形成阶梯化。网络视听行业主管部门常态化治理配合一批视听网站的自查自纠，大量网络视频糟粕被深度清理，网络视听传播生态进一步改善。

2018年行业整改主要涉及内容和版权两方面。一方面是内容涉嫌黄赌毒，触及监管红线。2018年4月初，央视对火山小视频、快手上大量涉及低龄少女恋爱、怀孕、生育等有违社会伦理道德的问题视频进行了曝光，国家广播电视总局严惩了违法违规的短视频平台快手和今日头条，责令两家对视频内容进行严肃整改。4月11日，拥有2000万日活用户的内涵段子也被勒令永久关停。4月9日，今日头条、凤凰新闻、网易新闻和天天快报等4款新闻资讯类APP下架整改。另一方面是版权问题。国家版权局于2018年9月约谈抖音、快手、西瓜视频、火山小视频、美拍、秒拍、微视、梨视频、哔哩哔哩等，经过一个月的整改，15家平台共下架删除各类涉嫌侵权盗版短视频作品57万部，并且根据版权局整改要求，各平台企业要通过建立7×24小时用户投诉举报处理通道、三审三查版权审核制度等，完善版权投诉处理机制，加强维权管理。

此外，国家广播电视总局于2018年10月下发《关于进一步加强广播电视和网络视听文艺节目管理的通知》，对追星炒星、泛娱乐化、高价片酬、收视率（点击率）造假等制约行业有序发展的顽疾提出了明确的管理意见，进一步深度推进网上网下导向管理，要求做到线上线下“一个标准、一把尺子”。

（二）细化管网法规，标准不断明晰

2018年3月，中共中央印发《深化党和国家机构改革方案》，国家广播电视总局负责网络视听节目内容和质量管理的职能权责更加明晰，网络视听与广播电视在管理上“同一标准、同一尺度”的思路在执行层面更加便利。国家广播电视总局于2018年10月发布《关于进一步加强广播电视和网络视听文艺节目管

理的通知》,对网络视听节目的导向管理、内容管理、行业秩序管理等都提出了明确要求,严格控制偶像养成类节目,严格控制影视明星子女参与的综艺娱乐和真人秀节目,严格控制嘉宾片酬,坚决打击收视率(点击率)造假行为,强调网络视听节目和广播电视节目同一标准、同一尺度,存在问题的节目,网上网下均不得播出。该文件体现了管理的基本思路和原则,是对网络视听领域进行管理与引导的系统指南。

2018 年,《关于加强网络直播答题节目管理的通知》《关于加强网络直播服务管理工作的通知》《关于进一步规范网络视听节目传播秩序的通知》《关于做好暑期网络视听节目播出工作的通知》《国家广播电视总局关于学习宣传贯彻〈中华人民共和国英雄烈士保护法〉的意见》等规范性文件先后密集出台,及时针对新问题细化法律法规,及时面向新业态加强规范管理,进一步有效巩固了网络视听节目的传播秩序,治网管网体系建设不断深入。同时,监管部门在未成年人节目管理、境外视听节目引进与管理、互联网宗教信息管理等细化领域先后出台相关管理规定的征求意见稿,积极为青少年营造健康清朗的网络视听环境,为网络引进境外视听节目、网络视听节目涉及宗教信息的表述及传播提供细化的遵循依据。

此外,在国家广电总局的指导下,中国网络视听节目服务协会于 2019 年 1 月发布《网络短视频平台管理规范》和《网络短视频内容审核标准细则》。《网络短视频平台管理规范》规定,网络短视频平台应当履行版权保护责任,未经授权不得自行剪切、改编电影、电视剧、网络电影、网络剧等各类广播电视视听作品;不得转发用户上传的电影、电视剧、网络电影、网络剧等各类广播电视视听作品片段等。《网络短视频内容审核标准细则》中也对短视频的内容作了进一步的规定,总共 21 条,包含 100 条小细则,审核标准更加严格细化,划定了更为明确的红线,还通过举例子的方式提升审查的可操作性。

结　语

2019 年春节前,网络短视频《一个桶》凝结着"家味"在社交圈被广泛转发,从陈可辛的《三分钟》到今年的《一个桶》,网络视频已经成为人们日常生活中的一种表达方式。2018 年网络视频行业新表达、新融合、新风口、新风气的背后,是新旧业态博弈共生对行业的不断形塑。展望 2019 年,5G 风口撬动的技术链应用将带动网络视频行业又一次全面升级,网络视频的功能边界将再一次拓展,透过无处不在的有形或无形的屏,串联起人与万物、虚拟与现实、时间与空间。

〔王晓红,中国传媒大学教授;王芯蕊,中国传媒大学电视学院博士生〕

移动传播

融媒体政务平台的功能特点与发展举措

Functional Features and Development Measures of the Converged Media Government Affairs Platform

◎崔　林　刘　月

Cuilin, Liu yue

摘要: 当前,融媒体政务平台在内容运营、区域服务、社会治理等方面已经取得初步成效。本文通过对融媒体政务平台功能特点、发展原因及建设措施的论述,对当前融媒体政务平台建设经验进行总结,以期对未来融媒体政务平台的发展提供思路参考。

关键词: 融媒体政务平台,功能特点,发展诉求,发展举措

Abstract: At present, the converged media government affairs platform has achieved initial results in content operation, regional service and social governance. Through the discussion of the functional features, development reasons and construction measures of the converged media government affairs platform, this paper summarizes the current building experience of the converged media government affairs platform, with a view to providing a reference for the future development of the converged media government affairs platform.

Keywords: converged media government affairs platform, functional features, development demand, development measures

2019 年 3 月 16 日,习近平总书记在《求是》杂志发表的重要文章《加快推动媒体融合发展　构建全媒体传播格局》中强调,要抓紧做好顶层设计,打造新型传播平台,建成新型主流媒体,扩大主流价值影响力版图,让党的声音传得更开、更广、更深入。

在主流媒体加快推进融合改革的进程中,政务平台的建设既是核心,也是业务的重要抓手。现今,全国多地融媒体政务平台在内容运营、区域服务、社会

治理等方面已经取得初步成效。本文通过对融媒体政务平台功能特点、发展原因及建设措施的论述，对当前融媒体政务平台建设经验进行总结，以期对未来融媒体政务平台的发展提供思路参考。

一、融媒体政务平台的功能特点

（一）公众掌握问政主动权，弱化媒体议程设置

传统的电视问政是媒体监督的重要手段，电视台在公众与政府之间搭建一个问答平台，由媒体、政府、公众三方围绕社会热点问题进行讨论，以期建立“官民”对话机制，增强公民政治参与意识，解决公共领域问题。在电视问政的过程中，媒体的议程设置发挥巨大效用。媒体对部分社会问题的聚焦，推动一些“老大难”问题受到政府和公众的关注和讨论，并最终使问题得到解决，公众的民主监督权利得以行使。

“移动问政”是融媒体政务平台的核心功能，与传统的电视问政相比，其问政功能的实现主要依靠公众的主动参与。目前，以长江云为代表的移动政务新闻平台，大部分都设置“问政”版块，公众在平台上完成注册和登录，即可对政府部门进行实名或匿名举报和投诉，平台将公众意见转发给相关部门，并由该部门进行反馈和答复。在电视问政时代，媒体常常将问政的重点聚焦于社会公共问题，公众缺乏主动选择议题的权力；在融媒体政务平台，公众不仅能够将问政的重点聚焦于与自己相关的个性问题，而且可以不受时间、地点的限制，通过平台对政府部门、公职人员进行常态化监督，掌握问政主动权。

（二）充分发挥组织功能，推动地区社会治理

自区域融媒体建设启动以来，各地政府部门便积极尝试入驻融媒体政务平台，运用自身的权威性与影响力，充分发挥社会组织功能。2018 年 4 月，习近平总书记在全国网络安全和信息化工作会议上强调，要运用信息化手段推进政务公开、党务公开，加快推进电子政务，构建全流程一体化在线服务平台，更好解

决企业和群众反映强烈的办事难、办事慢、办事繁的问题。[①] 截止到 2018 年底，长江云政务平台已经入驻全省三级党政部门 1941 家，打通公积金等 58 类 152 项政务服务窗口。各个政府部门以长江云平台为依托，在权威消息发布、改善政府服务及增添便民信息等方面做出有益尝试，政府的社会组织功能逐渐凸显。

融媒体政务平台是一个表达意见的平台，通过打通官方与民间沟通渠道，实现政府、媒体、公众三方观点的集合，汇聚集体智慧推动地区社会治理协调发展。在传统媒体的问政栏目和节目中，受到版面或者节目时长的限制，真正受到公众关注并被探讨的问题与现实生活中实际存在的问题相比寥寥可数，并且在沟通的及时性、处理的实效性上存在提升的空间。融媒体政务平台通过简化多方沟通协调的流程，打破时间、地点的局限，降低公众参与管理社会事务的成本。“善治的本质特征，就在于它是政府与公民对公共生活的合作管理，是政治国家与公民社会的最佳关系”。[②] 从当代社会治理角度来看，融媒体政务平台不仅是传统媒体与新兴媒体融合发展的战略举措，更是推动我国“智慧政务”建设的重要窗口。

（三）政务、新闻、服务协同发展，平台聚合功能凸显

进入移动互联网时代，信息服务更加便捷化、多元化，用户在选择琳琅满目的信息产品过程中掌握着前所未有的主动权，如何提高用户对产品的认可度与使用的满意率是每个新媒体平台无法回避的问题。融媒体政务平台以政务功能为核心，以新闻功能为基础，以服务功能为延伸，通过平台上多方资源的聚合，打通媒体、政府、公众三方主体之间的界限，在政务、新闻、服务三个方面联合发力，改善区域生态环境。北京市昌平区融媒体中心通过“新闻+智库”实现民意多维度反馈，实现从注重信息传播向信息应用的转变；通过“新闻+问政”实现民意快渠道畅通，将“北京昌平”手机 APP 打造成昌平本地“民意上网”入口；

---

① 新华网.习近平：自主创新推进网络强国建设[EB/OL].http://www.xinhuanet.com//politics/2018-04/21/c_1122719810.htm.

② 俞可平.社会公平和善治是建设和谐社会的两大基石：“和谐社会：公共性与公共治理——2004 学术前沿论坛”论文集[C].北京：北京市社会科学界联合会，2004.

通过“新闻+服务”实现民生全方位保障。[①] 在现实层面，融媒体政务平台的运营工作需要抓关键、找重点，有所突出与侧重，才能在众多新媒体平台中独树一帜，做出成效。

在融媒体平台的建设过程中，新闻、政务、服务三种功能密不可分，但是三大版块的功能定位需要进一步厘清。政务作为核心版块，如何进一步以政务为抓手，突破当前发展中的一些瓶颈，促进政务与新闻和服务两大版块的互动，是政务版块未来发展亟待解决的问题。从功能定位上看，发布新闻是所有媒体的“天职”，及时为公众提供新闻信息、监测舆情、引导舆论，是媒体的基本属性。服务版块的发展同样离不开政务的助力。各级政府部门在保障数据安全的情况下，将其掌握的社会数据信息向公众开放，社会企业通过“加工”对数据进行二次利用，从而实现以政务促服务，以政务带流量。

二、融媒体政务平台的发展诉求

（一）顺应时代发展，建设智慧政府

对身处数字化时代的所有行业来说，数据的重要性不言而喻。对公共数据的搜集、处理、分析、预测，不仅能够助力提高决策的科学性、合理性，减少个人与社会在经济、时间等方面不必要的损耗，而且对数据资源的重复利用与深度挖掘，还可以助力提高数据的使用效率，为社会带来更多的经济效益和社会效益。面对这样的发展趋势，各级政府部门正在逐渐以更加积极主动的姿态融入互联网开放、互动、共享的环境中，在保证信息安全的前提下，开放公共信息和权威数据。这样不仅能够提高社会透明度，促进社会信息共享，增强政府的影响力与公信力，而且为进一步挖掘公众的潜在需求、进行服务创新提供了可能。

根据初步计算，我国政府部门掌握80%以上的数据资源，[②]因此政务信息化在我国具有广阔的发展前景。目前党政部门的信息化尚处于起步阶段，不同服

① 刘晓梅.北京昌平：区县级融媒体中心怎么建，如何用？［EB/OL］.https://mp.weixin.qq.com/s?__biz=MzI3MjUzMDU2Mg%3D%3D&idx=3&mid=2247488869&sn=ccabe9f9dcffba47eba7e26e3bd410d1.

② 金江军，郭英楼.互联网时代的国家治理［M］.北京：中共党史出版社，2016.

务部门处于各自为政、缺少连接的局面，造成服务渠道分散化，政府社会治理和公共服务数据信息难以连通，各个部门之间极易形成信息孤岛。在移动客户端兴起的浪潮下，部分地区甚至出现“一地多端”的局面，用户需要下载多个客户端才能获取本地服务，大大降低了使用便捷性。融媒体政务平台以政务信息化为抓手，将政府部门作为服务对象，打通行政边界，建立省、市、县三级政府线上服务的统一标准，完善平台的整合汇聚功能。通过平台上政务端口的汇聚，满足区域用户的本地服务，加快地区政府向智慧政府的转型升级。

（二）坚持党性原则，巩固舆论阵地

融媒体政务平台具有主流媒体的属性，在建设发展中必须始终坚持党性原则。2019 年 1 月 25 日，习总书记在中共中央政治局第十二次集体学习时发表的重要讲话中指出，要坚持移动优先策略，让主流媒体借助移动传播，牢牢占据舆论引导、思想引领、文化传承、服务人民的传播制高点。① 从顶层设计的站位来看，融媒体政务平台的建设和发展离不开各级党委、政府的领导与政策支持。作为党与政府在媒体融合时代“发声”的重要窗口，平台在运转过程中具有高度的政治意识和大局意识。津云新媒体客户端在首页设置“政情”版块，围绕“新时代”“改革开放”等主题进行 H5、短视频、图文等多种形式的融媒体新闻报道。通过一系列鲜明的主题报道，津云客户端在群众中唱响主旋律，弘扬社会主义核心价值观。

牢牢掌握新闻宣传、意识形态领域的主动权是党的优良传统和宝贵经验。回顾中国共产党的创建发展历程，革命政党从弱小到壮大，不仅依靠武装部队的“硬实力”，同样需要宣传平台的“软实力”。进入发展建设时期，中国共产党作为执政党，更应该坚守自己的舆论阵地，把宣传武器牢牢掌握在自己手中。当前，我国已经步入社会主义新时代，社会背景、主要矛盾等已经发生巨大变化，如何有效传播党和政府的主流声音是融媒体政务平台建设的核心要义，也是平台努力践行的基本方向。

---

① 人民网.习近平 1.25 谈媒体融合发展十大“金句”[EB/OL].(2019-01-26).http://media.people.com.cn/n1/2019/0126/c14677-30591465.html.

(三)依托内容技术,吸引用户流量

人工智能及大数据技术的发展推动了用户观念的更新,提供互动性、针对性的服务更能增强用户的使用忠诚度。平台利用大数据技术搜集用户的数据信息,对用户的使用行为进行全样本记录。通过刻画用户画像进行信息的专业化生产并实现精准分发,为用户提供个性化服务,生产出“千人千面”的内容产品。融媒体政务平台以技术创新为驱动,对已经入驻平台的政府部门的政务资源进行深度挖掘,并将其转化为服务产品,增强用户黏性。

融媒体政务平台以政务服务为着力点,通过打造服务型融媒体产品,满足用户的刚性需求,吸引用户流量。一般来讲,普通用户对政务的需求主要集中在“问问题”(咨询方针政策、了解办事流程等)和“在线办”(举报投诉、办理业务等)两个方面,政府部门通过推动服务渠道均等化建设,打通线上线下的生态闭环,建立线上线下相结合的政务服务体系。2011 年,苏州广电传媒集团正式启动城市信息云平台项目建设,“无线苏州”客户端是其蓝本项目。[①] “无线苏州”以用户需求为导向,依托政务资源发展政务服务和公共服务,开通违章查询、智慧电力等栏目,在上线后的两年内,用户数量突破一百万人。苏州广电传媒集团通过发掘融媒体政务平台的公共服务属性而实现平台转型。

三、融媒体政务平台的发展举措

(一)以移动问政为抓手,完善评价监督体系

“移动问政”是互联网时代社会治理的重要途径,也是融媒体政务平台的核心功能。在“长城 24 小时”APP 中,首页设置的“问政”版块是政府接受群众监督、倾听民声的重要渠道,是灵活贯彻“网上群众路线”的应用。平台在“问政”版块中公布用户的投诉,将政府部门处理进度(已转办、已回复)实时更新,将“移动问政”的过程公开化、透明化。对政府来说,这是一种无形的督促,政府的

① 熊金凯,顾文斌.“无线苏州”:城市信息云平台蓝本计划——苏州广电传媒集团的新媒体探索之路[J].电视技术,2014(16).

透明程度直接关系政府决策的科学化、民主化,关系公民的有序政治参与;①对用户来说,投诉石沉大海的可能性降低,且可以对政府服务进行实时监督。在排行榜中,“长城 24 小时”APP 以城市为单位,对问题回复率进行排名,建立评价体系,以更加显著的方式督促政府部门回应民众诉求、改善政府政务服务水平,切实解决民众生活中的实际问题。

融媒体政务平台在运营过程中,可以与各级政府部门就舆情热点、投诉结办等评价问题达成共识。第一,平台的评价体系需要进一步细化完善。目前来看,在长江云、长城云等融媒体政务平台中,评价排行多以城市、政府部门为单位,责任落实到集体中,难以确认到个人,一定程度上削弱了排行监督的力度。在平台未来发展中,可以采用个人排名的方式,调动工作人员的积极性,促使部门工作逐步改进。第二,平台可以将各部门的政务服务评价资料以周、月为单位,制成舆情专报并反馈给政府,政府部门应该重视评价体系,将暴露的问题作为日后工作改进的重点,并将其纳入工作人员的考核体系。通过以上两种举措,政府部门、办公人员将面临来自部门内部与外部的双重监督,有利于真正建立“阳光型政府”“服务型政府”。

(二)以信息公开为基础,加强本地舆论引导

移动互联网的发展为用户带来更好的上网体验,网络传播的实时性也对政府信息公开提出了更高要求。长江云平台在前期试点结束后,根据“一地一端”原则,短短数月之内便在湖北省全省建立起涵盖省、地市、县区三级行政单位的 119 个客户端。政府部门自身掌握了信息发布渠道,不仅简化了原有的工作流程,使政务信息的传播更加通畅,信息发布迅速及时,而且保证了湖北省各地县委书记的声音能够上头条,使县级政府的宣传工作真正打通“最后一公里”,确保中央、省级的大政方针能够快速传达落实,使主流声音得到有效传播。

融媒体政务平台不仅要对政务信息及时公开,更应坚持新闻宣传工作的基本原则,加强本地舆论引导。在民间舆论场中,社会舆论的形成一般包括酝酿、

① 俞可平.社会公平和善治是建设和谐社会的两大基石:“和谐社会:公共性与公共治理——2004 学术前沿论坛”论文集[C].北京:北京市社会科学界联合会,2004.

扩展、作用几个阶段。在互联网时代，网络舆论具有爆发迅速、走势复杂、难以预测的特点，在权威信息缺位、网民自身情绪因素作用的情况下，网络谣言极易在微博、微信等社交媒体平台滋生并扩散，增加区域不稳定的风险。因此，对于公众关注的社会热点问题，融媒体政务平台需要快速做出反应，及时进行信息公开与舆论引导，可以采取特约评论员评论、网友热评等方式展开工作。

（三）以用户体验为导向，规范运营工作机制

随着我国新媒体平台移动客户端的“井喷”式发展，面对技术与用户两个层面的深刻变化，如何深刻理解并把握“用户思维”、不断提升用户体验是建设融媒体政务平台的关键。目前，部分融媒体政务平台存在服务器运行不稳定、使用操作不够简便、功能设置仍不到位的问题，在一定程度上降低了用户的使用黏性与综合评价。此类平台亟需加大技术投入、强化日常运营维护，提高用户界面的人性化和操作便捷度。如今各类新媒体对流量的争夺异常激烈，用户成为“争抢”的稀缺资源，而要“争夺”有限的用户资源，融媒体政务平台必须在技术更新的过程中不断改善用户体验、提高服务质量。

融媒体政务平台作为政府信息发布的主要窗口、民众网络问政的重要平台，需要进一步规范工作运营机制，加强对用户的服务和平台监管。移动政务平台面向用户提供全天候服务，在为用户带来便捷使用体验的同时，也提高了对工作人员的要求——工作强度与难度随之提升，需要融媒体政务平台从制度层面进行革新，突破传统的 8 小时工作制，对用户动态、全网舆情进行实时监测，及时更新用户数据。另外，建立多方评价的考核制度以规范工作人员的行为；定期进行平台运营人员“自检”，并适当引入用户“他评”；通过搜集多方反馈，不断改进服务细节，促使政务平台的用户满意度提升。

〔崔林，中国传媒大学电视学院教授；刘月，中国传媒大学广播电视学硕士研究生〕

云平台+购买服务:县级融媒体中心建设的逻辑思考

Cloud Platform + Purchasing Services: A Logical Study on the Construction of County-level Convergent Media Centers

◎ 郑亚楠

Zheng Yanan

摘要:2020年底要完成的全国县级融媒体中心建设工作正在展开,它的逻辑是以既分层又贯通的目标重构国家主流媒体与治国理政之间的强关系。通过对国家级、省级和县级媒体的实地调研发现,选择适配县级融媒体中心建设的贯通模式至关重要。在云平台+购买服务基础架构上,要解决好省级技术平台数据、产业、安全问题;县级融媒体中心机制、人员、与省级技术平台"通、统、融"等问题。

关键词:县级融媒体中心,省级技术平台,建设模式

Abstract: The construction of county-level convergent media centers in China is proceeding in an all-round way. Its logic is to reconstruct the strong relationship between the national mainstream media and social governance, with a goal of layering and connecting. Through the field research on national level convergent media centers, provincial and county-level convergent media centers, we find it crucial to choose a connecting mode to adapt to the construction of county-level convergent media centers. Cloud Platform + Purchasing Service is its infrastructure. We should not only solve the problems of data, industry and security of the provincial technology platforms, but also solve the problem of mechanism, personnel of the county-level media centers and their connection with the provincial technology platforms.

Keywords: county-level convergent media centers, provincial technology platforms, construction model

改革开放四十年中,新闻传媒业的机制变革有两次。以 2009 年为界,移动互联全面进入生活领域之前,传统大众媒体由计划经济走向市场经济,采取与市场经济相适应的“政治家办报、企业化经营”模式,承认信息传播的商品属性,广告的垄断性给媒介机构直接带来巨额利润。移动互联全面进入生活领域之后,传统大众媒体受到互联网新兴媒体迅雷不及掩耳的冲击,不但原有舆论阵地发生了场所变化,传播内容发生了流程变化,而且支撑媒介机构的经济杠杆广告也发生了位移。种种迹象表明技术赋权下的媒介变革时代再次到来。正如此,从 2014 年 8 月 18 日中央全面深化改革领导小组审议通过《关于推动传统媒体和新兴媒体融合发展的指导意见》到 2016 年总书记在“2 · 19”讲话中指出的“要推动融合发展,主动借助新媒体传播优势”,从 2018 年 11 月 14 日中央全面深化改革委员会第五次会议通过《关于加强县级媒体中心建设的意见》到 2019 年中央提出的构建全媒体传播格局,媒体融合发展从“相加”迈向“相融”,国家层面的改革目标越来越清晰。而县级融媒体中心建设正是第二轮全国媒介机制变革的重要组成部分和基础环节。本文将对县级融媒体中心建设的逻辑起点、路径选择以及目前实践中遇到的问题进行深入剖析。

一、县级融媒体中心建设的逻辑起点

逻辑指事物的因果规律。对事物的理解和尊从需要思维规律与客观规律的统一,只有这样,事物才会良性发展。县级融媒体中心建设是要整合县级广播电视、报纸、网站及已有的新媒体资源,以媒体+政务+服务为主体构成总揽性的融合媒体平台,因其集媒体服务、党建服务、政务服务、公共服务、增值服务于一体的综合功能而成为县委县政府的移动工作平台、用户互动平台、信息枢纽平台。从已经确定的 65 个国家级试点县工作开展来看,越是对县级融媒体中心建设的重大意义理解深刻,越能够找到积极推进的方向。这取决于两个维度的认知。

（一）治国理政的维度

高质量推进县级融媒体中心建设，就要深入贯彻落实党的十九大和习近平总书记关于媒体融合发展的重要讲话精神。全球已由PC时代进入移动互联时代，并正在走向智能传媒时代，扎实抓好县级融媒体中心建设，是中央提出媒体融合战略后进一步做出的具有前瞻性的综合规划。坚持内容优先，宣传科学理论、阐释方针政策、传播主流价值；坚持新媒优先，把各种优势要素投向互联网平台的新媒体主阵地，把新媒体做强；坚持移动优先，让主流媒体借助移动传播，牢牢占据舆论引导、思想引领、文化传承、服务人民的传播制高点。这是巩固壮大主流思想舆论的重要举措，是主流媒体适应媒体融合发展新形势新规律的战略选择，更是增强地方党委和政府现代治理能力、夯实执政基础的重要措施，是引导群众、服务群众的有效载体，同时也是县级媒体生存发展、摆脱困境的重要途径。

（二）功能多元的维度

在突出媒体核心功能的同时，以人民为中心，顺应多样化信息需求，以“媒体+政务+服务+增值服务”为主模式，助力县域经济社会的全面发展；扩大主流价值影响力，更好地发挥引导群众、服务群众的作用。县级融媒体中心必须成为群众“指尖上的服务窗口”、新时代的文明实践中心。只要县级融媒体中心与中央、省委省政府同频共振，同向发力，将党心民心连在一起，就能打通基层宣传工作的“最后一公里”。2018年9月20日中宣部在浙江长兴召开县级融媒体中心建设现场推进会，走在前面的北京延庆、河北武强、河南项城、浙江长兴、湖南浏阳、甘肃玉门等县介绍了建设情况，它们都以注重实效、真融深融为共同特色，以高质量发展为统领，突出效果导向，实现媒体全方位“统、通、融”。

二、县级融媒体中心建设的路径选择

自从2018年8月习总书记在全国宣传思想工作会议上明确提出“要扎实抓好县级融媒体中心建设”后，中宣部要求全国到2020年底基本实现县级融媒体中心全覆盖。笔者在 2019 年 3 月对国家级(人民日报中央厨房、人民网、新华社新媒体中心)、省级(山东、陕西、湖北、贵州、天津、江苏)、市级(济南)和县级(蓝田、项城、宝清)媒体融合工作进行了实地调研,对县级融媒体中心建设的路径选择有了直观的认识,要想建设高质量的县级融媒体中心,必须把握住平台、职责、利益、人才四大关键要素之间的逻辑关系。

(一)平台:一省一技术平台

中央要求重点建好县级融媒体中心时提出了一个明确的前提条件,即原则上一个省建设一个覆盖全省、互联互通的技术平台,为各县级融媒体中心提供技术运营维护支撑。一般各县不再自建平台,已经自建的逐步整合到省级技术平台。而且要求县级融媒体中心的省级技术平台要体现融合发展新理念,打造“中央厨房”,通过策、采、编、发、评的流程再造,实现一次采集、多种生成、多端发布。同时要支持高清、移动端、5G、IPV6 等。因此,首先要确定省级技术平台的技术质量和建设模式。

截至 2019 年 4 月,全国已建成的 22 个省级技术平台的承建方有省级广播电视台、省级党报、省级广电网络公司。有省级广播电视台和省级党报、门户网站、广电网络公司等机构合建,也有省级广播电视台和省级党报各自承建。总体来看,单建居多、合建较少。无论选择哪一种,都是依托省内某家或某几家移动互联工作基础好的媒体进行提档升级。

省级技术平台一般由三部分构成。一是基础云平台。主要依托服务器、机房等基础资源,提供包括基础计算、存储和网络资源等基础支撑,一般称作云计算大数据中心。二是应用技术平台。主要依托基础平台的技术,以应用软件的方式为融媒体中心开展业务提供包括精编生产、快编生产、微博微信生产、数据分析、APP 定制、内容交换、生产协同等应用工具。三是服务业务平台。主要是各级融媒体中心需要承载的媒体服务、党建服务、政务服务、公共服务、增值服务等业务。基础云为应用技术提供基础技术支撑,应用技术为设定的服务业务提供解决方案。

（二）职责：省、县两级任务明确

鉴于县级融媒体中心与省级技术平台的打通布局，二者必须在职责上各司其职，边界清晰。

省级技术平台作为全省媒体融合的中央厨房，要打通各媒体板块间的业务边界，统筹各媒体策、采、编、发、评的资源配置。它承担着“五个平台”的使命。（1）技术服务平台。统一县级融媒体中心接入技术标准、基础功能模板，同时为县级融媒体中心的个性化业务需求提供技术支撑和运营维护。（2）移动政务平台。将全省政务服务包括网站、客户端、公众号等能纳入的全部纳入融媒体中心，打造全省最大的全媒体移动政务平台。（3）公共服务平台。积极参与智慧城市建设，政府购买的公共服务尽量纳入融媒体平台，增强平台自我造血功能，强化平台公益媒体属性。（4）媒资汇聚平台。充分发挥上下贯通的资源潜力，运用云计算、数据库、大数据分析等技术，提高平台资讯聚集的容量和质量。利用购买与合作的媒资库形成强大的媒资优势。（5）产业支撑平台。拓展创新平台与特色产业融合，通过各省优势特色产业在平台上的聚合，增强其市场上的影响力。

各县要整合现有资源，组建融媒体中心。按照“全媒、全域、多能”的要求和移动优先原则，依托本地广播电视台及所办新媒体，整合县内部资料性出版物、党委报道组、新闻中心、政府门户网站、乡镇街道所办政务信息网站、“两微一端”等县域公共媒体资源，并积极探索将社会自媒体资源纳入中心，组建县级融媒体中心。构建统筹内宣、外宣、网宣，融传统媒体、新兴媒体、社会宣传资源于一体的现代传播体系。各县要合理搭建中心内部架构，遵循新理念、新阵地、新流程、新功能的规律和要求，流程再造满足策、采、编、发、评一体化生产的需要，保障服务要满足行政、技术支撑的需要，市场运营要满足中心参与政府、企业、社会服务和商业运营能力的需要，形成融合保障有力、市场活力凸显和发展能力提升的优势。各县要全力打造本地权威传播端，坚持移动优先原则，围绕新闻信息一次采集、多种生成、全媒传播，综合运用微信、微博、短视频、新闻网站、广播、电视、农村大喇叭等不同终端，形成资源集约、结构合理、差异发布、协同高效的全媒体传播矩阵,提高县级媒体的传播力、引导力、影响力和公信力。各县要对接和落实“媒体+”功能。原则上,融媒体中心是“指尖上的政务服务中心”,应积极承接智慧城市建设,包括水电燃气、交通出行、教育医疗、公安政法、环境监测、财政税务、旅游文化等公共服务项目;应开展舆情监测、民意收集、数据分析、建言资政等工作,提升社会综合治理能力;应组织开展各类群众性文化、体育、科普、公益、节庆等活动,不断增强自身实力和影响力;应助力县域经济发展,打造特色产业聚合模块,将线上线下打通,积极参与市场对接,提升融媒体中心造血机能。

(三)利益:省、县两级统筹运营

省级技术平台要坚持技术支撑、内容生产和运营服务三位一体,满足全省各县融媒体中心共通共用共享需要;省级技术平台建设要有前瞻性,符合国家标准规范,易于技术迭代更新,统一县级融媒体中心接入技术标准、基础功能模板;采取省平台县租用或其他合作方式,建立省级技术平台与县级融媒体中心利益共享机制;县级融媒体中心实行属地管理,运营主体由当地党委、政府决定,在资金投入上,省财政对各县融媒体中心给予一定的建设和运行资金补助,各级财政要在提升完善指挥平台、采编设施设备和业务技术用房等方面给予必要的支持;在经营上,各单位在云平台上可独立经营,收入归己,也可以合作运营,利益共享。已自主建设或与第三方平台合作的可继续使用,并逐步整合到省级平台上,尚未自建的原则上不再建设。

(四)人员:县级队伍培训迫在眉睫

要分级分层对县级融媒体中心人员进行常态化培训,通过专题培训、实战演练、业务研讨、观摩交流、挂职锻炼等方式,引导现有人员向全媒记者、全媒编辑、全媒技术、全媒运营和全媒管理人才转型。要打破编内人员和编外人员身份差别,用“一把尺子”量人才、评业绩,做到“同岗、同责、同工、同酬、优劳优酬”,实现由员工身份管理向岗位管理转型,切实解决机制不活、机构臃肿、人员老化、人浮于事、能进不能出的问题。要制定出台政策措施,在机构编制方面,不减编制员额、不减领导职数;在人员整合方面,制定分流措施,妥善安置分流人员;在资质许可方面,新闻信息服务、广播电视播出机构、信息网络传播视听节目服务等许可以及采编人员从业资质发放、职称评定等要给予优先考虑。要加大新媒体内容生产、技术支撑、资本运作和经营管理人才的引进力度,优化人才结构。要组织县级融媒体中心与省、市(地)媒体人员双向交流。组织高校新闻学院师生到基层开展新闻实践、提供智力支持。

三、县级融媒体中心建设的逻辑困惑

县级融媒体中心建设是“人在哪儿,宣传思想工作的重点就在哪儿”的现实回应,是“做好顶层设计,打造新型传播平台,建成新型主流媒体”的重要任务,以“引导群众、服务群众”为终极目标。在实地调研中,我们发现了建设中存在的一些问题,如有的地方出现了只挂牌未建设的形式主义苗头;有的地方在省级技术平台指标水平、理念思路尚不成熟的情况下,便急于推行,致使县级使用积极性不高。这些都与对县级融媒体建设的逻辑认识不清不透有直接关系,困惑主要表现在以下方面。

(一)县级融媒体中心与省级技术平台的盈利模式问题

在调研中我们发现,县级融媒体中心非常关注接入省级技术平台后如何进行利益分配,自己的收益在哪里,省级技术平台能不能满足县里的个性化需求及如何收费。从已有实践看,主要是采取政府购买服务的方式。一般有三种做法:一是省委省政府通过多方论证、协调把全省政务嵌入省级技术平台;二是公共服务属于政府购买的都纳入省级技术平台,属于社会的采取自愿入驻;三是商业服务,根据自身地域特色,在“媒体+政务+服务”的主体模式理念指导下,聚合本地强关系网络用户,做大做强商业服务,为平台运营、可持续发展输入造血基因。以接入湖北移动政务新媒体长江云的各县为例,双方采取了平台与产品定制统分结合的模式。其一,省级技术平台根据县融媒体中心的发展诉求,允许各单位在云平台上独立经营,收入归己,也可以合作运营,利益共享。长江云通过将用户资源整体打包,提高平台议价能力;通过策划全平台运营方案,增加合作机会。在合作运营中,各媒体依照访问量、用户量等指标衡量贡献大小,以分配经营收益。其二,省级技术平台创立云上系列客户端"十个一"建设和验收标准,实现平台在规划、建设、流程、培训、验收与技术支撑上的统一。同时,长江云还提供了标准化平台和产品模板,提供开放接口供各媒体自主定制产品,提供全媒体直播、移动采编等32个功能模块,由各媒体和党政单位自主配置,使各地客户端能够呈现多样化的亮点和特色。① 其三,省级技术平台将技术与运营资源开放共享。长江云在技术团队、新技术研发、垂直行业应用等方面将各地政务和服务标准化接入。截至2018年6月底,产品迭代342次,全省各地客户端同步升级。②

(二)市一级媒体与省级技术平台的关系问题

目前,各市(地)媒体非常关心县级融媒体中心建设工作,它们要从中寻找自己的定位。而且市(地)媒体构成要比县级复杂,全国两千多个县,有报纸的不到五十家,而市(地)都是报纸、广播电视的架构,少数市(地)合在一起了,大部分还都是两家单位,在融媒发展上,各唱各的调。因此,县级融媒体中心建设会促使市(地)一级媒体思考人的去向问题、机构改革问题、行业前景问题。市(地)媒体上与省级技术平台下与县级融媒体中心要构建什么关系?虽然现在国家还没有完全出台市(地)媒体改革的总体方案,但已建省级技术平台的省份都给各市(地)留了端口,县、市(地)与省级技术平台是并连关系。待市(地)一级完成基本的改革后可随时将移动端产品接到省级技术平台上来,实现省、市(地)、县三级贯通的目标。

(三)省级技术平台自建与第三方合建问题

按照中宣部和国家广电总局制定发布的《县级融媒体中心省级技术平台规范要求》,省级技术平台由基础云平台、应用技术平台、业务操作平台组成。需要资金投入的主要是基础云平台和应用技术平台。基础云平台包括存储、服务

---

① 梅宁华,支庭荣.中国媒体融合发展报告(2019)[M].北京:社会科学文献出版社,2019:254.
② 梅宁华,支庭荣.中国媒体融合发展报告(2019)[M].北京:社会科学文献出版社,2019:255.

器、交换机和软件等投入，应用技术平台包括部分设备，舆情、版权交易软件及大数据功能等投入。在省级技术平台搭建方案的设定上，各省考虑的因素有：充分利用现有资源、尽量不搞重复建设；满足全省融媒体中心技术支撑运行顺畅的需要；应用技术有利于尽快实现自主可控；兼顾今后大数据产业长远发展；确保建成后运营风险最低。因此，既有像陕西“秦岭云”、浙江“中国蓝云”、天津“津云”、湖北“长江云”、山东“闪电云”的自建方式，也有在应用技术平台方面采取先合作后自主的方式，自主投入，合作建设，最终走向自主研发。为了规避风险，各市县接入省级技术平台可以以租赁的方式购买技术平台服务和网络传输服务，承建方以委托经营的方式承接平台政、企、社服务的各项业务。总之，无论选择公有云还是私有云为云平台基础，此刻都要把未来的省域数字经济布局考虑在内。

〔郑亚楠，黑龙江大学新闻传播学院教授〕

媒体融合背景下的主流媒体传播技术路径创新研究

Research on the Technological Path Innovation of Mainstream Media Communication under the Background of Media Integration

◎ 陈欣钢　张如东

Chen Xingang, Zhang Rudong

摘要:随着科学技术的不断推进,媒体技术不断发展,为新媒体时代带来传播方式的变革。新闻传播方式随着新媒体技术的不断发展而改变。传统主流媒体一直发挥着舆论引导和价值观引导的作用,承担着宣传马克思主义新闻观和践行中国特色社会主义新闻理论的责任。主流媒体在媒体融合的大环境下进行新媒体实践,新媒体技术的进步带来了新闻报道方式的创新、新闻阅听的多元化趋势以及新型的传播路径。

关键词:媒体融合,创新技术,新闻阅听

Abstract: The continuous advancement of science technology and media technology brings about a revolution in the way of communication in the new media era. The way of news dissemination has changed with the continuous development of new media technologies as well. The traditional mainstream media has always played the role of guiding public opinion and value, and shouldered the responsibility of promoting Marxist journalism and practicing socialist journalism with Chinese characteristics. The mainstream media is conducting new media practices in the context of media integration., the advancement of new media technologies has brought about innovations in news reporting, diversified trends in news reading, and new ways of communication.

Keywords: media convergence, innovative technology, news watching and reading

一、基于新技术的报道形式创新

随着我国信息技术的不断发展,传媒行业出现了不可逆转的媒介融合趋势。媒介融合打破了传播媒介之间相互隔绝的状态,使新闻采编工作的外部环境和内部环境都发生了巨大的变化。在 2017 年的“两会”报道等一系列重大主题报道中,新技术的应用为新闻报道带来了新面貌:新闻生产方式呈现多元化趋势,新闻报道开始以更加丰富的形式呈现给观众,而新技术也带了新闻报道话语方式的变迁。

(一)新闻生产新模式

传统的新闻生产模式中,新闻采编与新闻播发是两个独立的环节。以报社的新闻报道为例,记者通过电话采访或者实地采访的方式获取新闻素材进行稿件的初步编辑,完成稿件审核以及版面权衡之后,将新闻刊登在报纸上传播出去。这种新闻生产模式中,采编过程与新闻播发间有明显的时间间隔。而互联网尤其是移动互联网的迅猛发展,给媒体传统的新闻生产方式带来了巨大冲击。技术的发展让媒体报道设备越来越多,采集信息的方式更多元,同时也提高了新闻制作的效率。

2017 年,多信道直播系统、移动融媒体新闻、VR 全景现场新闻、无人机航拍报道等新技术“登堂入室”,继续丰富和创新政治新闻报道实践。光明网的多信道直播云台成为代表委员和媒体同行瞩目的焦点。记者通过穿戴式云台,单人操控该系统集成的平板电脑、VR 全景相机、高清摄像头、录音设备等,将新闻信息采集与发布集合为一体。

技术革新使信息采集和传播过程得以融合。融合采编设备使新闻信息采集更加全面高效,航拍、VR 等技术实现对信息的多元采集,通过移动终端和多信道直播系统,信息几乎可以实现同步传播。不断深入的技术运用正在重构传统新闻生产流程,各个环节之间的时滞被缩短甚至消除,内容的采集与传播可以在同一时间完成。可以说,新闻采集与传播过程更具有同步性,新闻从生产到传播的效率大大提高。新闻传播呈现出一种新模式——采编与播发技术全面融合。

移动新媒体的发展不仅让受众可以随时随地接收信息,而且对新闻生产和传播产生了巨大影响。在移动互联网技术和移动终端的推动下,主流媒体更加注重移动客户端的新闻传播,实现新闻报道随时随地传播。央视作为中央主流媒体,着力打造"央视新闻"客户端,并以此为依托整合资源力量,再造"采编发"流程,助推央视深度融合,建立新媒体首发机制,将新媒体发稿纳入新闻采编、制作、评价全流程。央视新闻还设有"直播"频道,将视频和文字相结合,对重大事件进行新闻直播,在2016年"两会"期间也推出了以直播为主要特色的"两会云直播:全景直播带您看两会"。直播的引入让受众能够更加快速和直观地获得现场信息,通过手机等移动终端打开新闻客户端,随时随地看直播,实现新闻快速直观获取。移动互联网的传播具有即时性、全天候的特点。要实现传统媒体与新兴媒体深度融合发展,就要利用好新技术对新闻采编播发的推动作用,根据新闻事件的属性特点、不同媒介的传播特性调动采编资源,实现协同作业,达到信息内容的全媒体、全天候即时发布,实现采编与播发技术的全面融合。

媒体融合背景下的新闻业务则建立在数字网络基础上,并对多种平台加以整合利用,最终在各个媒体之间实现信息的交流与共享。与此同时,新闻采编过程也发生了很大变化,由传统的以媒体类型为依托转变为以数字化技术基础上的多媒体为依托。新闻采集的渠道被大大拓宽了,新闻整合的方式也变得极为丰富,这些变化使新闻报道质量大大提高。媒体融合背景下,新闻采编不再是独立进行,而是借助各种先进的科学技术以及各种媒介,对丰富的新闻资源进行全方位整合、利用并根据大众的需求建立一体化框架。

(二)新闻表达新视角

媒介相关技术的发展对媒介变迁起着巨大的推进作用,技术的发展带来内容呈现方式的变革,推动内容多元化趋势的形成。随着新技术在新闻摄影中的应用,人们不再只通过文字来获取信息,图片、视频等直观的信息传播方式更受到人们的青睐。技术本身的进步推动了新闻采编方式的变革,从而推动受众从更新颖更全面的视角感受新闻报道。无人机、陀螺仪等新设备的使用给了受众全新的新闻视角,受众能够从更多更新的角度去感受新闻,真正实现"换个姿势"看新闻。

无人机航拍以及MEMS陀螺仪技术的应用能够给新闻报道提供全新的角度,可以实现受众对新闻事件的"追随式"观察,航拍带来强烈的画面纵深感,受众可以通过俯角度甚至顶角度的独特视角实现对事物的观察。无人机的应用给受众带来了更多视觉体验,同时也使新闻产生更大影响。与一般形式的报道相比,无人机拍摄出的现场画面具有视觉性强、俯拍画面纵深感强以及长镜头纪实性强的特点,这些特点加之视频呈现方式更容易让受众接受。这种"新姿势"报道的应用是主流媒体在报道方式上的全新尝试,技术依托全新报道方式给媒体的新闻生产带来了全新的思路,推动媒体在新闻采播过程中实现多角度、多方式的生产。

以"两会"报道为例,在2016年的"两会"报道中,新华网制作的短视频《无人机航拍:换个姿势看报告》很好地实现了无人机航拍、AR和数据可视化的完美结合。报道以25位"飞手"拍摄的全国各地的风景为背景,将《政府工作报告》中的关键信息进行分类提炼,投射到"祖国的大好河山上",伴随着李克强总理作报告的原声,一项项数据出现在风景之上,这也是《政府工作报告》首次以这种独特的方式被人们阅读。无人机的拍摄能够大大提高新闻报道的真实性和感染力。

如果说无人机航拍技术是让受众对已经生产好的新闻有了更多的观察视角,那么虚拟现实技术则给受众观察新闻带来了一个更加全新的视角,我们可以称之为"自由视角",虽然这个"自由"并不是绝对的,但是依托着VR设备,受众可以实现对新闻现场的"沉浸式"体验,实现对新闻现场360度的观察。航拍带来的新视角能给受众带来不同角度的体验,但这种角度也是在新闻生产过程中设定好的,受众需要通过设定好的视角去实现新闻体验;而VR视角下的受众可以在一定范围内自主实现视角的切换,凭借自己意愿选择观察角度,有了更高的自主性。

（三）新闻报道新现场

在新闻传播的历史过程中，新闻人一直致力于为受众呈现更加真实和鲜活的新闻，增加新闻的可听、可感和可视性。随着现代科技的发展，VR 技术越来越多地被了解和接受，VR 所带来的沉浸式的虚拟互动模式让受众身临其境地去感受新闻。身临其境的冲击力及现场感可能是 VR 技术带给新闻报道的最大亮点。观众再也不是故事发生的第三者，他可以站在现场观察到其中任何一个人，所有现场信息直接赋予其感官体验。这就是“VR 新闻”的力量，“‘以第一人称视角’给用户营造‘在场感’与‘沉浸感’”。观众似乎深入其中，感受所有的变化，但又能够察微知著，去留心每一个细节。

VR 新闻的核心竞争力在于可以让受众“亲临现场”，营造出一种“深度浸入感”。2017 年“两会”期间，新华社开设了 VR 视角栏目，尝试了各种形式的 VR 视频：新闻发布会、会议记录、现场采访，甚至结合闯关游戏，集中展现了 20 多条全景视频。以《直击部长通道，7 位部长回应民生关切》视频为例，VR 带来的全景式沉浸体验让观众有身临其境的感觉，通过拖拉屏幕，观众可以实现对会场大厅 360 度的观察，观察新闻事件不再受限于媒体报道的视角，而是可以从自己感兴趣的视角出发，这种新型的报道呈现方式就是 VR 新闻。视频中，当第一位出场的国家工商行政管理总局局长张茅面对记者的采访进行回答时，观众可以从正面看到局长受访的画面，横拉画面后，观众可以看到“两会”代表从其身后的通道进出场地的画面，进一步横拉还可以看到记者队伍的身影，不同角度的变换可以获得不同的观察效果，不仅记录会议立体多维空间动态全景，而且让网民感觉自己就是现场听众，身临其境地观察“两会”现场。VR 的“沉浸式”叙事表达之于新闻报道是革命性的改变，其不仅能真实再现现场，也能极大满足观众的参与感，让他们更深刻地体验新闻。

此外，VR 新闻提升了新闻的客观性。过去，我们一直认为没有绝对的客观，因为所有的新闻都必然是媒体选择的结果，从最初新闻选题、报道角度、报道结构、呈现方式，到最后对事件的认知及评价，无一不渗透着媒体自己的价值观。而在 VR 新闻中，媒体中介角色被削弱，有意识的引导被弱化。观众的所有认知来自自己对现场的体验,不需要他人的转述。此时,媒体的职能只能是给观众提供进入环境的渠道,观众怎么去看,怎么去听,怎么去想,则全凭观众自身体验。在这一点上,可以说新闻的客观性被提升了很多。

VR 新闻为观众带来最大的改变是新闻呈现形式的改变,为媒体制作带来的新挑战是新闻选题、拍摄和后期制作的挑战。由于技术的限制,目前呈现的 VR 新闻多注重 VR 体验的形式,单条新闻的实质性内容较为缺乏,如何做到利用好新技术的同时提升内容质量成为媒体工作的重点。VR 带来的新现场是一种革命式的现场,这种现场是观众可以实现"沉浸式'体验的现场,这个新现场的"新"是体验方式的新,是具有变革意义的新。而短视频、直播等技术带来的则是新现场"真正的新",依托移动互联网的发展和移动客户端的普及,观众可以更快地观看新闻现场。目前,新媒体进入移动互联网时代,2017 年新媒体网络直播进一步延伸,拓宽了传播渠道。主流媒体除了在电视、网站直播外,也将直播延伸到了客户端平台。主流媒体竞相在移动传播、移动视频直播领域发力,坚持"移动优先、传播快速"原则,开通"两会"全场直播和新闻发布会、政府工作报告解读、部长通道、"两会"专访全程视频直播,掀起媒体直播大变革,彻底改变以往用户的信息获取方式。用户只要扫描主流媒体客户端二维码,即可进入移动直播界面。2017 年"两会"期间组织了九场"部长通道"采访,全体大会开始前和结束后,部长们会到这里与记者们面对面交流,部长交流所有画面和讲话,用户都可实时收看和回放。

二、新闻阅听多元化趋势

强调媒介技术给社会带来巨大变革的麦克卢汉认为,媒介即讯息,即从长远的历史维度看,一个时代真正有意义的讯息不是通过媒介所传播的具体内容,而是某种传播工具本身的特性、可能性以及对宏观社会的影响。今天,以移动互联网、移动通信技术和新媒体融合为核心的 DT 时代从根本上改变了受众的信息接收方式和习惯,技术是文化得以表现的重要手段,但它往往隐蔽在文化中,只有当其显露出革命性影响时,人们才会意识到技术的重要性,"终端"是这场革命性变革带来的时代性称谓。移动互联网技术的发展和移动终端的普及,不仅对新闻采编产生了影响,也给新闻阅听的方式带来了巨大变化。在移动网络传播时代,依托数字技术和显像技术,集移动化、私人化、社交化、收发信息等功能于一体的互联网智能数字设备大量涌现,典型的如PC端、手机端、平板电脑端、智能电视端等。这些信号接收终端,生产信息、传播信息、联通信息,天然地涉入新闻传播领域,成为“新闻终端”。

(一)媒体融合下的多元阅听终端

媒体融合下信息载体呈现多样化趋势,传统新闻采编主要以纸张及影像作为新闻信息的载体,而随着高科技电子产品的普及应用,广大新闻受众更倾向于使用手机、平板、电脑等电子产品获取信息资源。相较于纸质载体,这些设备的优点非常突出,它们可以使受众无论何时、身处何地,都非常方便、快捷地接收到最新的信息资源。此外,信息资源的表现形式也更加多样化,如文字、图像、视频、音频等。随着互联网的发展和新媒体形式的出现,信息的发布与传播方式发生了巨大变化,受众在接收信息时不再只是被动地接收信息,还可以通过互联网等新媒体与信息发布者进行积极互动,发表自己的感受,提出自己的想法建议;通过点赞、评论,甚至是打赏的方式对信息进行接收,并以评论、转发等方式对信息进行加工,利用互联网平台对信息进行二次传播。

手机开启了移动数字传播的“温饱”时代,智能电视、平板电脑等将移动传播升级到“小康”时代。终端的发展一方面推动了新闻生产方式的转变,另一方面也给受众的信息接收带来了巨大影响。移动终端不仅是信息消费工具,也是新闻生产工具,在移动状态下快速地进行新闻的发现、判断与传播,成为移动传播时代对媒体人的基本要求。这也意味着新闻生产的时间进一步减少,这对媒体现有的新闻生产流程与机制提出了挑战。移动终端也使新闻生产的空间发生了变化,基于文字、图片、视频等手段的新闻现场直播成为常态,来自现场的新闻生产将在未来新闻生产中占据越来越大的比例。

多元终端在很大程度上改变了信息消费的概念与形式,从时空观来看,受众接收信息不再受时间空间限制,通过移动终端可以在任何区域任何时间接受媒体“两微一端”传播的新闻。在地铁上,受众可以通过手机阅读新闻,可以通过地铁上的移动电视观看新闻;在车上,受众可以通过手机、平板、车载电视等终端观看新闻直播。“两会”期间,移动电视就曾给“两会”的传播助力。北京北广传媒移动电视为满足广大市民“公交车上看两会”的收视需求,通过遍布北京公交、出租、地铁等交通工具上的35000余个电视终端,直播“两会”开幕式及重要会议议程,并在新闻节目中设置专题版块,对大会重要新闻进行集成报道。从接收信息的形式与内容来看,移动终端的发展使受众可以从多种形式上获取信息,相较于传统生产的文字信息和图片信息,移动终端下的受众可以通过短视频、直播等更直观的形式去获取信息,信息不仅可读、可听,而且可看。短视频的形式使视频时间更短,核心内容更容易被受众获取,同时这也符合许多年轻受众对信息快速消费的需求。可以说,移动终端的兴起对信息的传受双方都产生了巨大影响,从新闻生产到新闻消费,它带来了新闻阅听的全新方式,并对整个新闻业产生巨大影响。

(二)算法革命下的新型新闻阅听

互联网给用户带来了大量信息,满足了用户在信息时代对信息的需求,也使用户在面对大量信息时无法从中获得对自己真正有用的那部分信息,对信息的使用效率反而降低了,而解决这个问题最常规的办法是推荐系统。推荐系统能有效帮助用户快速发现感兴趣和高质量的信息,提升用户体验,增加用户使用产品时间,并有效减少用户浏览重复或厌恶信息带来的影响。通常推荐系统越精准,用户体验就越好,用户停留时间也会越长,系统也越容易留住用户。

大数据兴起,算法越来越高级,技术越来越完善,我们迎来了信息定制化、传播智能化的时代。毫无疑问,信息的私人定制能满足人们多元化、个性化的需求。智能化的信息传播机制可以快速完成用户与信息的精确匹配,大大降低用户获取信息的成本,为生活带来便利。

今日头条是一个个性化的新闻客户端,算法是这款兴趣推荐搜索引擎应用的核心。今日头条的个性化推荐算法原理就是基于投票的方法,其核心理念就是投票,每个用户一票,喜欢哪一篇文章就把票投给哪一篇文章。实际上个性化推荐并不是机器给用户推荐,而是用户之间在互相推荐,看起来似乎很简单,但实际上这需要基于海量用户的行为数据挖掘与分析。在今年“两会”期间,具有全球影响力的中文网站新华网与以“大数据+好算法分发信息”见长的今日头条达成了深度合作,双方在信息分发与内容创作方面进行了更多有益的探索,用实践将媒体融合推进到更深层的领域。

首先,新华网除了在自身网站上发布“两会”的一手报道之外,还会第一时间在今日头条客户端进行发布,为海量的移动端用户提供最新最全的一手信息。这样,网站与客户端同步,今日头条8000万的日活跃用户都能获取最权威的一手信息,用户的覆盖度大大增加。其次,新华网与今日头条在内容创作上也进行了更为超前的探索——双方发挥各自优势,共同打造“两会”数据可视化产品,结合今日头条强大的大数据分析系统与新华网的专业新闻生产能力,定期产出优质的大数据可视化新闻,从数据角度出发,深度解读“两会”热点与用户关注的内容,并在双方的多终端产品中进行推送展示。新华网生产权威专业内容,今日头条拥有完善的技术平台和海量的用户群体,新华网的权威性、原创性、专业性与今日头条的大平台、好算法、个性化结合起来,共同打造出一个优势互补、协同发展的移动互联“生态圈”,让新华网这样的权威媒体声音进一步放大。

事实上,算法推荐通常是根据关键词和题材品类进行推送,并不是根据观点进行推送,算法对观点是正面还是反面,是支持还是反对不容易做判断,因此推送给用户的信息可能包含多方面的观点,既可能看到这种意见,也可能看到另一种意见。算法是机器运算的结果,看上去精准,但机器记录的信息是某个人在某个时间看到某条信息,是人们在那一瞬间的需要,并不代表全部需要,也不代表以后需要或者能够引起他潜在的需要。算法革命降低了受众获取信息的成本,实现了信息的个性化定制,一定程度上满足了受众的信息需求。依靠算法推荐的信息平台虽然是为满足用户需要,但如果单纯地使用算法推荐,把个人需求简单化、个别化、瞬间化,将用户一刹那看到的一条信息变成其全部需要,而且不断重复叠加,最终可能变成愚蠢的算法。算法推荐的盛行推动了新闻阅听新呈现形式的产生,但是这种推荐形式却有让受众掉入“信息茧房”的危险,因此如何使算法革命更好地服务大众便成了当务之急。

三、媒体融合下的传播路径创新

(一)从线性传播到非线性传播

在传统媒体掌控“话语权”的时代,新闻传播的模式限于线性传播,即以传播者为起点,以传统媒体(报纸、广播、电视等)为主要媒介,以受众为终点的单方向、直线性传播。传统主流媒体作为发布新闻的主体,成为人们唯一的信息来源,人们每天只能通过读报、听广播或者看电视的方式来获取新闻。这种信息传播方式限制了新闻传播的广度,且具有极强的时效性,不利于受众对新闻话题进行深度探讨。此外,线性传播的过程是内部发生的活动,不考虑人的主观能动性,无法实现传者与受者之间的互动。

媒体融合环境下,新闻传播模式发生了改变。在技术推动下,传统媒体不再是信息发布的唯一平台,新闻生产的门槛降低;随着社会关系的复杂化以及社交网络关系的建立,新闻信息开始以裂变的方式进行传播。此外,由于新媒体平台的建立,信息传播主体趋向多元化,传统的单一信息传播方向被颠覆,新闻传播方式由传统的线性传播转为适应融合环境的非线性传播。

第一,由“一对一”的单一新闻传播模式转为“一对多”“多对一”“多对多”等多维度新闻传播模式,新闻生产者不再局限于传统主流媒体,微信、微博等新媒体加入新闻生产与传播的行列。2017 年“两会”,人民网、光明网等各大媒体均设立了专门的“两会”专题,并在微博上开通了“两会”话题,带动全社会进行讨论,以实现新闻的“裂变式”多维度传播。截至“两会”结束,新浪微博“两会”话题量已经突破 7.5 亿条,而关于“两会”资讯的相关阅读量更是超过 20 亿次,关于“两会”的新闻报道得到了大量转发,极大地扩大了新闻覆盖率。

微信也成为新闻生产与传播的重要平台。我国的央视网、新华网等媒体均在微信公众平台上推出了大量的“两会”信息,用户通过关注的公众号来获取“两会”资讯,并可以转发朋友圈,以个体为节点进行新一轮传播。为了满足不同受众群体的需求,央视新闻客户端把信息分为全国人民代表大会资讯和全国政治协商会议资讯,提高了信息传播的精准度,同时增加了多维传播模式形成的概率。

这种新型的多维度新闻传播模式适应了媒体融合的时代趋势,而其信息流动的不确定性也提升了新闻覆盖率和信息到达率。传统新闻在播出之前需要进行多层审核才能通过电视或者广播传播出去,但是融合语境下的新闻传播方式打破了这种规律,削弱了传统媒体对新闻的垄断权,提高了新闻传播广度和力度。由于新媒体作为新闻生产者的加入,这种新型的新闻传播模式还打破了传统新闻传播形式的束缚,提高了新闻传播的时效性。

第二,传统的单一信息流动方向也被颠覆,新闻传播不再以受众为终点,而是加入了受众的反馈,增加了传者与受者之间的互动,信息流动方向呈现出不确定性。全国“两会”关系着国计民生,其特殊的社会政治地位决定了全国“两会”拥有较强的政治使命感,其新闻传播模式也从最初的“宣传式”逐步跨入“双向互动”的传播模式。据《中国新闻出版广电报》统计,在 2010 年“两会”期间,已有 60 多位代表委员开通实名制微博,与微博受众交流“两会”信息,接收受众信息的反馈。目前,微博俨然成为全国“两会”代表委员、媒体记者与社会大众交流“两会”意见的移动舆论场。

这种双向新闻传播模式彻底改变了“传受关系”,受众的地位大大提升。传统的新闻传播方式只是单向的信息输出,受众只能被动地接受被筛选和编辑过的新闻,但在融媒体时代,受众可以对新闻进行评论和反馈,从而形成新的新闻传播。这拉近了新闻与受众的距离,形成一种高度循环的新闻传播模式。

(二)从单次传播到多次传播

在融媒体时代,依托技术融合,新闻报道形式与传播方式呈现出巨大的变化。在报道形式层面,传统的会议报道,会议本身的报道是主要内容,且通常以直播或文字报道的形式呈现;融合语境下,视听内容成了素材,通过图文结合、短视频、直播、HTML5 页面等多媒体形式的信息推送,实现了新闻内容的“再生产”。依托技术融合与报道形式创新,新闻传播方式也随之发生了改变,以互联网与社交媒介作为传播平台,新闻报道由传统的单次传播转型为二次传播,进而达到适应媒体融合语境的多次传播。

随着数字技术及移动媒体技术的发展，融媒体时代到来，新闻传播方式找到了转型升级的最佳契机。传统主流媒体的程式化报道已经无法满足网民的需求，进而转战新媒体市场，将信息进行解构与重组，多平台同时发布，构建全媒体平台。因此，新闻传播突破了以往的单一模式，在新媒体平台的支持下逐渐走向多次传播。

首先，新媒体以适应互联网思维的编辑方式对传统媒体的内容进行重组，实现新闻内容的“再生产”。2017 年“两会”报道中，《人民日报》充分利用海外版官方网站的优势，扩大新闻报道的传播效果。传统报纸与 PC 端、移动客户端、手机网、微博、微信紧密联动，其原创新闻一经发布，各大新媒体平台即时进行转载与发布，多平台分发形成共振效应，大大提升了信息覆盖范围与传播效果。数据显示，短时间内转载网站达 100 多家。

《解放日报》在 2017 年“两会”期间也实现了全媒体平台报道，主要包括“一报一网两微一端”，即《解放日报》、上观网、微信(解放日报、上海观察)、《解放日报》微博以及上观新闻客户端。据统计，2017 年 3 月 2 日至 15 日，《解放日报》全媒体平台共发稿 443 篇，其中《解放日报》发稿 188 篇。以纸媒为基础，微博、微信、客户端以及上观网分别对《解放日报》发布的新闻内容进行分析与重组，多层次、全方位剖析“两会”。其中，微博发稿量达 76 篇，微信发稿 16 篇。

其次，新媒体以社交媒介作为信息传播的广阔平台，通过信息的裂变式传播，达到多次传播效果，使信息内容得到强化。以往央媒的轻应用产品“自说自话”的比较多，在社交平台上的转发也多是行业内的自娱自乐，但 2017 年“两会”期间的很多轻应用呈现出鲜明的“传播范围广”的特点，平民化语态的转变和创新的互动样式大大增加了用户的转发量。继《人民日报》推出的《两会喊你加入群聊》刷爆朋友圈后，该媒体又相继推出《我的两会秘密花园》《厉害了，word 检察官！》等 H5 网页作品，并因其平民化与互动式的形态赢得了口碑与传播力的双丰收。而中央人民广播电台推出的 H5 作品则主打感情牌，如《央广主播王小艺的朋友圈又更新啦》《央广主播朋友圈里都有啥？》等 H5 场景视频，也在短时间内获得了大量网民的关注与转发。由此可见，多次传播在功能上拓宽了信息到达领域，大大提升了新闻的传播效果。

央视新闻在 2017 年创建和主持了微博话题“微博看两会”,在这个话题下,央视新闻持续发布“两会”最新信息,网友可以对这些信息发表评论,或用转发、点赞等方式表明自己的态度和关切程度。据统计,2017 年“两会”期间,该话题阅读量高达 36.9 亿人次,讨论数量达 156.8 万条。其中,3 月 3 日发布的视频报道《2017 年两会“部长通道”开启》有 1629 人转发,点赞量达 7 万,直播部长们与媒体记者的交流现场。作为一种新型的大众传播媒体,微博庞大的用户基数以及海量的信息生产为其信息传播搭建了一个无比广阔的平台,而多次传播的模式使每一次转发都是一次接力式的信息传播,这意味着单条信息能够在无数不同的微博圈进行强化,进而得到广泛关注。

总之,在媒体融合环境下,传播路径实现了创新升级,由单次传播转为多次传播。多次传播不仅扩大了新闻覆盖范围、提升了新闻影响力,还因其不受时空限制的优势吸引受众广泛参与互动,增加了新闻报道的深度。

〔陈欣钢,中国传媒大学电视学院副教授;张如东,中国传媒大学博士研究生〕

主体性与适配性：现代国家治理体系中的传媒角色及其挑战*

The Subjectivity and Adaptability: the Role of Media and Its Challenges in Modern State Governance System

◎ 涂凌波

Tu Lingbo

摘要：推进国家治理体系和治理能力现代化是当今我国深化改革面临的主要问题之一。本文以此为背景，讨论现代国家治理体系中的传媒角色问题，分析了包括传媒的主体性、新闻舆论工作与国家治理能力的适配性、政治沟通与决策模式的变化、互联网治理面临的挑战等在内的问题单。本文认为，厘清传媒的角色，构建一个多元治理的模式，才能更好地适应复杂多元的传播环境。

关键词：国家治理体系，治理能力现代化，传媒角色，新闻舆论工作

Abstract: To modernize China' s governance system and capacity for governance is one of the major problems faced by China' s deepen reform. This paper studies the role of media in China' s modern state governance system. There is "the question list" the paper analyzed: the subjectivity of media, the adaptability of journalistic work to the state governance capabilities, the change of political communication and decision model, as well as the challenge of internet governance. It is assumed that clarifying the role of media, and building a multiple governance model can make it better adapt to the complex and diverse communication environment.

Keywords: the state governance system, the modernization of governance capabilities, the role of media, journalistic work

---

* 本文系国家社会科学基金青年项目"新时代中国特色社会主义新闻观念结构与演进研究"（批准号18CXW002）的阶段性成果。

引发社会舆论高度关注的“河南林州警察摔婴案”(简称“摔婴案”)在时隔半年后的2014年终于画上了句号。然而,这起事件留下的教训及带来的反思却并未终止。最受关注的有两方面:一是“信息公开”,二是“政府行为”。互联网已经成为社会生活基本配置的信息时代真正具备了“天下没有不透风的墙”的信息环境,试图掩盖信息的行为往往适得其反,因此在公共事件中主动公开信息是政府的必然之举。政府被动应对公共事件时产生的负面效应,有时甚至会使其陷入“塔西佗陷阱”,即使发布的是事实的真相,但依然无法让公众相信。“摔婴案”这起事件中的媒体报道、舆论与政府行为,揭示了国家治理中媒体所发挥的重要角色,以及在互联网传播环境下国家治理与媒介体制之间的互动关系。

一、国家治理体系中传媒的主体性

近年来,国家治理及其现代化研究已经成为政治学、管理学、社会学、经济学、法学等多个学科的热门议题。政治学一般认为,治理(governance)是与统治(government)有着很大区别的概念。国家治理、社会治理与国家统治,三者在权力的主体、来源、性质、过程、范围、目标等方面都是有所差异的。俞可平指出,国家治理体系就是规范社会权力运行和维护公共秩序的一系列制度和程序,它包括规范行政行为、市场行为和社会行为的一系列制度和程序,政府治理、市场治理和社会治理是现代国家治理体系三个最重要的次级体系。① 可见,国家治理涵盖了政治、经济、社会乃至文化等领域,概念更为宽泛。现代国家的治理逻辑或者理想的国家治理,被认为是开放性、竞争性和限任性的结合,既要让国家有能力,又要让国家权力有所限制,实现一种混合的、合理的、制动平衡的治理结构。②

在广义的国家治理体系中,媒体作为一种公共传播的机构、组织和平台,是社会信息交往的重要渠道,自然也是国家治理体系的重要组成部分。政治过程研究、意识形态研究、公共决策研究等领域,对大众传媒都有所涉及。汤普森就

① 俞可平.推进国家治理体系和治理能力现代化[J].前线,2014(1).
② 燕继荣.国家治理及其改革[M].北京:北京大学出版社,2015:21-25.

认为,传播媒体的发展以一种根本性的方式改变了行动或事件的公共性或可见性。① 尤其在一个媒介技术发达、互联网发展迅猛的时代,“政治媒介化”或者“媒介化政治”几乎成为现实。然而,在我国的国家治理研究中,媒体要么被简单地当作一种宣传工具、“喉舌”,要么被认为只是民意的一种反映渠道,是政治输入的一种方式,很少有从我国独特的媒介体制出发对媒体的深入研究。

因而有新闻传播学的学者呼吁,参与国家和社会治理是现阶段及未来中国传媒最主要的实践,传媒要承担主体性的社会新角色、参与多元治理,而网络协商民主、政府信息开源、社会多元利益表达机制以及形成社会信任机制则是未来方向。② 实际上,媒体的主体性既关乎我们怎样看待媒体的社会功能,又意味着我们要在媒介化社会这一维度审视国家治理体系建设。当前摆在我们面前的重要问题之一,即如何创新媒介体制,充分发挥我国媒体参与国家治理的主体性作用,使其在监测社会最新变动、沟通社情民意、传播党和国家的方针政策、推动国家治理现代化等方面起到关键作用。

二、新闻舆论工作与国家治理能力的适配性

中国共产党十八届三中全会提出,全面深化改革的总目标是完善和发展中国特色社会主义制度,推进国家治理体系和治理能力现代化。中国共产党第十九次全国代表大会报告更是明确指出,要坚持全面深化改革,“必须坚持和完善中国特色社会主义制度,不断推进国家治理体系和治理能力现代化,坚决破除一切不合时宜的思想观念和体制机制弊端,突破利益固化的藩篱,吸收人类文明有益成果,构建系统完备、科学规范、运行有效的制度体系,充分发挥我国社会主义制度优越性”。③

与国家治理密切相关的另一个概念是国家能力,或者国家治理能力。很多政治学者都谈到了两者之间的关联性。比如美国政治学者福山,他在《政治秩

---

① 纳什,斯科特.布莱克维尔政治社会学指南[M].杭州:浙江人民出版社,2007:185.

② 李良荣,方师师.主体性:国家治理体系中的传媒新角色[J].现代传播,2014(9).

③ 决胜全面建成小康社会 夺取新时代中国特色社会主义伟大胜利——习近平同志代表第十八届中央委员会向大会作的报告摘登[N].人民日报,2017-10-19(2).

序的起源》中谈到,国家(the state)、法治(the rule of law)和负责制政府(accountable government)是现代国家治理的三种基本制度,只有三者平衡发展,才能够造就既有强大的国家能力又有良好治理能力的现代国家,福山称之为"强大国家和强大社会之间的平衡"。① 中国具有"强国家"传统,在国家能力建设方面拥有丰富的历史经验,不过仍需要发展现代化的国家治理体系。有研究者基于国家能力理论,总结出现代化治理能力包括四个方面:(1)能力强大(以税收提取能力为代表但不局限于此);(2)国家、市场、社会共治且相互赋权,这是现代治理能力的本质属性;(3)能力的多元化及各种能力间的协调发展而非相互冲突;(4)基于制度化和法治化,这是实现前两方面的前提。② 这四方面将国家能力贯穿其中,同时又强调了国家治理体系的现代化。

新闻舆论工作是我国国家能力建设的重要一环,尤其体现在昭示意识形态的合法性,以及国家、市场与社会之间的相互赋权和信息沟通这两个方面。革命年代,党的报刊、广播是中国共产党夺取全国胜利的主要宣传工具;1949 年中华人民共和国成立后,新闻事业成为党领导下的国家建设的重要组成部分;改革开放以来,传媒一方面是"为经济建设创造良好的安定团结的舆论环境",是中国特色社会主义意识形态和思想政治工作的关键,另一方面其本身又作为我国现代化建设的一部分,传媒业的现代化正是改革开放的题中之意。在我国,传媒与政治有着极为紧密的联系,"党的新闻舆论工作是党的一项重要工作,是治国理政、定国安邦的大事"。③ 可以说,新闻舆论工作的水平体现了党的执政能力,也在一定程度上反映了国家能力建设的水平。

当前一个突出的问题是,新闻舆论工作中还存在着与国家能力建设不相匹配的方面。2013 年习近平在全国宣传思想工作会议上用"明者因时而变,知者随事而制"来形容宣传思想工作创新,并且提出重点要抓好理念创新、手段创

① 福山.政治秩序的起源:从前人类时代到法国大革命[M].毛俊杰,译.广西:广西师范大学出版社,2012:16,470.

② 张长东.国家治理能力现代化研究:基于国家能力理论视角[J].法学评论,2014(3).

③ 杜尚泽.习近平在党的新闻舆论工作座谈会上强调:坚持正确方向创新方法手段 提高新闻舆论传播力引导力[N].人民日报,2016-02-20.

新、基层工作创新。① 2016 年习近平在党的新闻舆论工作座谈会上进一步指出,“随着形势发展,党的新闻舆论工作必须创新理念、内容、体裁、形式、方法、手段、业态、体制、机制,增强针对性和实效性”,并且在谈到加强党对新闻舆论工作的领导时,明确提到“领导干部要增强同媒体打交道的能力,善于运用媒体宣讲政策主张、了解社情民意、发现矛盾问题、引导社会情绪、动员人民群众、推动实际工作”。② 国家能力建设需要与之相匹配的信息传播能力、社会动员能力、意识形态领导力,这也正是近年来党和国家反复提出要增强“四力”(传播力、引导力、公信力、影响力)的重要考量。

三、信息公开、政治沟通与决策模式的变化

2008 年 5 月 1 日起施行的《中华人民共和国政府信息公开条例》,明确规定了政府信息公开的范围、方式、程序、监督和保障,保障了公民的知情权、表达权、监督权与参与权,是国家治理现代化建设中具有标志性的一部行政法规。有研究者评价道,这部法规的颁布结束了我国没有全国性的、专门的信息公开法的历史,政府信息从单向信息公开到整体信息公开,并且从只有零星的公开措施到实现信息公开制度化。③ 信息公开的制度化一方面是政府职能转型、建设服务型政府的重要举措,另一方面则是在新媒体发展改变信息传播结构的背景下的主动之举。有学者分析道,民众和舆论是服务型政府建设的一种动力机制——外压力,该机制通过信息公开、权利意识、媒体监督、网络监督等得以发挥。④ 总体上看,政府信息公开、党的新闻舆论监督、政府新闻发言人等机制发挥了相当大的作用。

国家治理中的政治沟通十分关键,良好的、充分的、有效的政治沟通有助于政府决策的科学化、理性化、制度化。在中国目前的决策结构中,大众传媒的参

① 习近平.意识形态工作是党的一项极端重要的工作[EB/OL].(2013-08-20).http://news.xinhuanet.com/politics/2013-08/20/c_117021464.htm.

② 杜尚泽.习近平在党的新闻舆论工作座谈会上强调:坚持正确方向创新方法手段 提高新闻舆论传播力引导力[N].人民日报,2016-02-20.

③ 魏永征.新闻传播法教程(第四版)[M].北京:中国人民大学出版社,2013:26-27.

④ 燕继荣.国家治理及其改革[M].北京:北京大学出版社,2015:224-226.

与程度渐深,市场化媒体和互联网的兴起为不同利益群体提供了更为便捷的参与平台,知识精英和普通民众影响决策的渠道更为多样化。[①] 实际上,改革开放以来中国传媒业在坚持党的领导下推动市场化改革,尤其是近 20 年来互联网新媒体的快速发展,使媒体在政治决策过程中的影响已经超出了输入/输出的模式而深刻地影响政治议程。有政治学者认为中国有六种政策议程设置模式(关门模式、动员模式、内参模式、借力模式、上书模式、外压模式),在潜在压力转换为现实压力的过程中,大众传媒的转型和互联网的兴起也发挥了关键性作用,网络媒体和传统媒体的交叉作用改变着公众议程的设置逻辑,中国的最高决策层对网络也越来越重视。[②]

除了影响常规的公众议程和政治议程外,在突发公共事件处置中媒体所扮演的角色更为关键。正如本文开篇所谈的"摔婴案"那样,由于当地政府发布信息的迟缓拖延、遮遮掩掩,媒体议程与公众议程、政治议程三者之间不同程度的错位,使该事件最终演变为舆论热点事件,引发了当地政府一定程度的信任危机。在当今这样一个无远弗届的信息传播环境下,这样的教训是十分深刻的。新闻媒体是突发事件报道的传播主体,担负着信息沟通、抚慰民众、监督政府、动员社会的重要使命,应坚持"及时发声、有力发声、理性发声"的报道原则,要坚持信息公开,使公众对政府行为和重大事件的走向有一个合理预期。[③] 在《政府信息公开条例》实施 10 多年后,我们在政治决策模式转变,政府主动公开信息以及利用媒体及时、公开报道公共事件等方面有了很大进步,但还需要理顺各个主体之间的关系,形成政府信息公开——媒体主动报道与舆论引导——政治沟通渠道畅通——政治决策科学化、理性化、制度化这样的良性循环。

四、传统的新闻传播管理模式与互联网治理挑战

这里所谓"传统的新闻传播管理",是基于我国媒体所有制基础上的新闻传

---

① 王磊,胡鞍钢.结构、能力与机制:中国决策模式变化的实证分析[J].探索与争鸣,2010(6).

② 王绍光.中国公共政策议程设置的模式[J].中国社会科学,2006(5).

③ 本书编写组.实践中的马克思主义新闻观:新闻报道经典案例评析[M].北京:高等教育出版社,2015:201-207.

播管理方式,即党和政府如何管理报纸、杂志、广播、电视等传统媒体。在所有制形式上,中国的新闻传媒实行国家所有制,国有资产是中国新闻传媒的主体,从法律、政策和新闻传媒业在产业结构中的定位来看,其性质和主要功能是不会变的。① 也就是说,在这一传媒基本制度下,媒体在资本和运营的市场化、产业化、集团化等方面的改革创新,并没有改变“党管媒体”的核心逻辑,媒体不仅有明确的主管主办单位,而且各级党委、政府和相关部门都负有管理媒体的职责。总体上,中国传媒制度设计的核心理念是“宣传新闻主义”(宣传既是新闻的根本出发点,也是新闻的主要归宿处,新闻在“宣传新闻主义”的实践中,作为宣传的工具和手段是其本质特征),资产所有制上是国家所有制,新闻业态性质是三种属性(意识形态属性、产业属性、公共属性),传播取向上具备新闻与宣传两种主要功能。②

这就决定了中国的新闻传播管理模式是具有中国特色的模式,不管称之为“中国模式”还是“中国特色社会主义新闻传播模式”,都凸显了其与国家基本政治制度、经济制度、意识形态、社会结构等方面的“耦合”性。童兵先生在比较了美、日、中、德四国对新闻传播的调控(调节、控制)之后指出了它们的异同,其中我国以政党调控为主,西方以法律调控为主。③ 党和政府对传统媒体的管理,主要就是这样一种调控模式,并且在几十年的新闻管理实践中已经形成了一套较为行之有效的理念、方法和模式。但需要注意的是,这一管理模式的有效性主要体现在划定了传统新闻媒体实践的主题和边界,而非管理者取代了新闻从业者的角色或者两者处于绝对的“上下级关系”。比如有研究发现,在具体新闻生产过程中,管理者与被管理者之间的“权力关系”是辩证的,其间大量存在的是一种合作/冲突、冲突/合作的互动关系。从这个意义上说,新闻生产同时也是新闻生产关系的再生产。④

然而即便如此,在互联网时代,传统的新闻传播管理模式也面临着巨大的

---

① 童兵.比较新闻传播学[M].北京:中国人民大学出版社,2002:155-158.

② 杨保军.新闻领域的中国模式:描述、概括与反思(上)[J].新闻界,2011(4).

③ 童兵.比较新闻传播学[M].北京:中国人民大学出版社,2002:238-239.

④ 芮必峰.新闻生产与新闻生产关系的再生产——以“宣传通知”及其执行情况为例[J].新闻大学,2010(1).

挑战。一方面，互联网的发展正在加剧改变人们的生活、工作、交往、认同等各个领域，带来人类文明的再一次变革，也使国家治理必须充分将互联网治理纳入其中。有学者指出，网络化时代社会结构发生了再次转型，这些变化是在新的社会展开形式、存在基础和权力关系中的变化，是用传统概念框架和研究方式难以说明的新现象、新问题。① 在很大程度上，互联网的治理需要国家与社会、技术与观念、制度与人才等多方面的协同。2016年习近平在全国网络安全和信息化工作座谈会上讲到，“有专家提出，我们的国家治理中存在信息共享、资源统筹、工作协调不够等问题，制约了国家治理效率和公共服务水平。这个问题要深入研究。我们提出推进国家治理体系和治理能力现代化，信息是国家治理的重要依据，要发挥其在这个进程中的重要作用”。习近平同时还指出要建设网络良好生态，发挥网络引导舆论、反映民意的作用，“善于运用网络了解民意、开展工作，是新形势下领导干部做好工作的基本功。各级干部特别是领导干部一定要不断提高这项本领”。②

另一方面，互联网的治理在很大程度上已经超出传统的新闻传播管理模式范畴，也就是说既有的媒介体制很难适应互联网治理的需要。互联网发展初期，其主要被当作一种通信设施、信息技术，此后互联网的新闻传播属性被重视起来，网络传播也极大地扩展了新闻传播的边界。自20世纪90年代末开始，互联网相关管理规定逐步完善起来，也逐步形成了与传统媒体有所不同的管理方式。互联网公司的资本所有制形式并非国有资本所有或者国有资本控股，在经营模式上是较充分的市场化、公司化、商业化运作，拥有独立的企业法人资质及自主的人事权。对这样的市场主体进行管理和规范主要依靠法律法规，而宣传指令、宣传纪律、行政管理、人事权管理等传统的新闻传播管理政策则难以行之有效。③ 因此，互联网新媒体与传统媒体的管理之间就形成了两套模式、两套

① 刘少杰.网络化时代的社会结构变迁[J].学术月刊，2012(10).

② 习近平在网络安全和信息化工作座谈会上的讲话(2016年4月19日)，新华社北京4月25日电。

③ 有学者指出，20世纪90年代初期以来新闻管理体系比以前丰富，主要分为四个层次：一是法规政策，属于政府管理；二是红头文件，包括“通知”“讲话”“座谈会纪要”“意见”等；三是具体指令和协调，包括办学习班、新闻“通气会”制度、“打招呼”、谈话制度、监听监看制度、新闻阅评制度、新闻发布制度、新闻调研制度等；四是各类、各级别的新闻评奖活动。参见夏倩芳.党管媒体与改善新闻管理体制——一种政策和官方话语分析[J].新闻与传播评论，2004(1).

系统,而随着媒介技术的迭代,两套模式之间的张力就更加凸显,互联网管理遭遇的挑战、难度和压力则更大。在国家治理体系现代化的框架下改进传统的新闻传播管理模式以适应互联网的发展,或者在更宏观的层面统合两套管理模式,是当前的一大挑战。

五、多元治理模式下的传媒角色

上文我们主要讨论了传媒在现代国家治理体系中所扮演的主体性角色,以及在媒介技术变革和信息传播环境变迁下所面临的一系列挑战,由此引发了新闻舆论工作如何更好地适配国家治理能力现代化转型问题的思考。在新闻传播学的经典论述中,大众传媒的功能主要是监测社会环境、协调社会关系和传承社会遗产(拉斯韦尔的“三功能说”),或者是环境监视、解释与规定、社会化和提供娱乐(赖特的“四功能说”)。在媒介与现代化的关系讨论中,发展传播学认为政治过程与传播过程有着十分紧密的关系,现代传播体系可以促进国家和社会的现代化,“一个现代传播体系是由高技术和特殊而专业的传播过程的结合组成的,与之伴随的还有非正式、以社会为基础、非专业化的人际传播过程”。[①].尽管大众传媒的社会功能以及发展传播学的主导范式都经过一段时期的“低谷”,但是其解释力并未完全消退,特别是可以帮助我们审视互联网时代的传播与社会发展所面临的新问题,简言之即数字信息技术带来的社会结构的变迁,及其背后所涉及的传播、媒介与国家治理的现实问题。

应当说,在国家治理能力现代化转型的过程中,大众传媒在国家治理体系中发挥主体性作用已经毋庸置疑。互联网时代,个人被激活、以人的社会关系作为社会传播“最后一公里”已成为当下社会性传播的基本现实。[②] 在国家治理体系中,传统意义的大众传播媒体已经延展为包括机构媒体、组织化媒体、自媒体在内的多维度构成,涵盖了大众传播、群体传播、组织传播、人际传播等多个范畴的传播网络。因此,在政府治理、市场治理和社会治理这样一个国家治理结构下,互联网时代的传媒角色和功能是一个整体性的问题,从政治传播的

① 派伊.政治发展面面观[M].任晓,王元,译.天津:天津人民出版社,2009:180-181.

② 喻国明.关系赋权范式下的传媒影响力再造[J].新闻与写作,2016(7).

角度来看其贯穿于各个治理体系中,并非一个单独的系统或角色。这一点是不应当被忽略的。

如果说政府、市场和社会构成了一个多元治理的模式,那么我们可以将传媒的主体性角色定位于政府、市场和社会之间,扮演了三者的“桥梁”。一方面,在我国大众传媒是党和政府、人民的“耳目喉舌”这一意识形态属性是稳固的,也就是说传媒参与社会治理是扮演了一种政治沟通的角色。“新闻媒体要在党和政府同人民群众之间发挥好桥梁和纽带作用,努力把体现党的主张和反映人民的心声统一起来”,“做党、政府和人民的耳目喉舌是我国新闻事业的根本性质,新闻媒体要积极发挥耳目喉舌功能,自觉地服务于党和人民”。① 另一方面,传媒本身并不是国家治理的行动主体,这一点必须是明确的,这也是改革开放以来新闻业从“一元”属性到“多元”属性、回归“新闻本位”的宝贵经验,是现代社会系统对各类主体及其功能的区分所规定的,否则会发生功能的混乱和冲突。有学者就论述过,从具体的管理结构和运行体制上来看,媒体改革和治理逻辑经历着从“国家一元论”向“国家——市场”二元逻辑的转变。② 从新闻传播学的视角审视,国家治理能力的现代化就是充分发挥信息在国家治理体系中的作用,让政府、市场与社会之间的信息沟通顺畅、充分和均衡,从而促进治理体系的现代化以及媒介体制的现代化,以适配网络社会对新闻传播业提出的需求。“制度发源于这块土地,扎根于人性,因此制度应对的有些问题甚至许多问题一定源远流长,不会到此为止,还未流向未来”。③ 面对国家治理现代化的问题,我们应当坚持实事求是的态度,充分研究新闻传播规律与新媒体传播规律,改进媒介管理和制度,大力发展网信事业,建设网络良好生态,厘清多元治理模式下的传媒角色,充分发挥互联网时代传媒参与社会治理的功能和作用。

〔涂凌波,中国传媒大学新闻传播学部电视学院副教授〕

① 本书编写组.马克思主义新闻观十二讲[M].北京:高等教育出版社,2019:51-53.

② 殷琦.从“国家一元论”到多元治理框架的构建路径:中国传媒治理结构改革的逻辑及其转型取向分析[J].新闻与传播研究,2012(4).

③ 苏力.大国宪制:历史中国的制度构成[M].北京:北京大学出版社,2018:542.

关系强度对移动社交媒体传播效果的影响分析

The Influence of Relation Tie Strength on the Communication Effect of Mobile Social Media

◎ 丁文慧　罗　昶

Ding Wenhui, Luo Chang

摘要：近年来，随着社交媒体应用的不断发展，关于其覆盖率、传播内容、经营模式等议题的讨论层出不穷。多数研究仅停留在一般的量化统计，而对媒体深层次的传播效果研究止步不前。本研究以当下应用最为广泛的两种社交媒体微信朋友圈及微博作为研究对象，对大学生的移动社交媒体使用习惯进行调查，并发现用户关系强度与社交媒体的传播效果存在着显著的正相关关系。

关键词：移动社交，微信朋友圈，微博，关系强度，传播效果

Abstract: With the unceasing development of social media application, countless studies of its coverage rate, communication contents, business pattern and other topics have been emerged. However, most of the researches merely remained at a general quantitative statistics, few people had tried to look into the communication effects in depth. This research takes two of the most widely used social medias, WeChat and Micro-blog, as its study objects, observes the mobile social media usage habit of university students and has found out that the relation tie strength and the communication effects have positive correlation one to the other.

Keywords: mobile social, wechat friendship circle, micro-blog, relation tie strength, communication effect

一、问题提出

第 39 次《中国互联网络发展状况统计报告》显示,截至 2016 年 12 月,我国手机网民规模达 6.95 亿人,增长率连续三年超过 10%。① 而在智能手机的各类应用程序中,人们对社交媒体的使用量最大,其占据了人们大量的上网时间。移动社交媒体以其丰富的传播形式弥补了人们在沟通中关系信息的缺位;同时,即时地信息传送大大降低了传播的不确定性,提高了交流双方之间的亲密度,因而广受网民欢迎。有学者指出,新媒介通过多向传播将信息渠道进一步拓宽,打破传统媒介惯常"一对多""中心化"的传播格局,开启社会资本配置的新范式和网络重构社会连接之下新的关系赋权模式。②

微信作为当今中国现有社交媒体中最受欢迎的平台之一,其朋友圈的功能与微博一样有着明显的社交媒体特征,因而常被人们加以比较。回顾前人对社交媒体的研究,学者们多采用使用与满足理论分析社交媒体对人们信息需求或马斯洛各需求层次满足的情况,再或是探究用户黏性、用户使用忠诚状况及营销策略的应用。且由于社交媒体的发展历程仍很短暂,理论研究只停留在人们社交媒体使用次数、频率、偏好等表层的探讨,并没有探究不同媒体传播效果差异背后的原因问题。事实上,随着移动社交媒体功能的发展与便捷性的提升,人们在使用微博时的"点赞""分享""转发"等行为已不足以说明态度上的认可或是行为上的改变。

本研究旨在探究用户的关系强度对传播效果的影响。在研究过程中,本文同时也分析其他变量,如社交媒体的社交属性、媒体属性、传播内容、传播形式等对传播效果的影响;分析两两之间的相关关系,以逐步回归的方式分析关系强度各要素对传播效果影响的重要性排序;探究以"参与"和"互动"为核心的社交媒体使用者间的关系强度对传播效果的影响,并提出与之匹配的测量方法/问卷编制。

---

① 中国互联网络信息中心.第 39 次中国互联网络发展状况统计报告[R/OL].http://cnnic.cn/hlwfzyj/hlwxzbg/hlwtjbg/201701/P020170123364672657408.pdf.

② 喻国明,凉爽.移动互联时代:场景的凸显及其价值分析[J].当代传播,2017(1).

二、文献综述

(一)关系强度

关系强度理论最先由美国社会学家马克·格兰诺维特于1974年提出。格兰诺维特在其《弱连带的强度》(*The Strength of the Weak Ties*)论文中提出"弱连带优势理论"。他用"强连带"和"弱连带"两个概念来指称不同的社会关系,通过"互动频率""情感强度""亲密关系"和"互惠交换"四个指标来衡量关系的强弱。① 1992年,美国著名的社会学家罗纳德·伯特在《结构洞:竞争的社会结构》一书中同样提出了"弱连带"与"强连带"的概念。他认为,这两个概念表征了人际关系的亲疏远近,并提出人际关系的强弱决定了实现人际传播的可能性。② 而社会学家库利则在其研究中提出了强关系比弱关系对人们情感支持、行为改变等作用更为显著的观点。③ 国内学者边燕杰通过对关系强度与提供资源之间关系的研究,提出了与格兰诺维特截然不同的"强关系假设"。他认为,在中国人情关系网存在风险的背景下,双方若是强关系,则会更加互相信任,从而实现互动和资源流动;双方若是弱关系,则更倾向于选择保守的互动关系。边燕杰在研究结论中指出,有更高信任感和紧密度的强关系更有可能提供"影响",弱关系则更可能提供"信息"。④

(二)传播效果

传播效果指带有说服动机的传播行为在受传者身上引起的心理、态度和行为的变化,是传播媒介的活动对受传者和社会所产生的一切影响和结果的总体。⑤ 传播效果通常意味着传播活动在多大程度上实现了传播者的意图或目的。根据学者们大体一致的看法,传播效果依其发生的逻辑顺序或表现阶段可

---

① 李晓娥.社会化媒体中关系强度对信息扩散的影响[D].武汉:华中科技大学,2012.
② 关琮严.人际传播中的第三方力量[J].南方电视学刊,2011(2).
③ 郑志勇.网络社会群体研究:2006中国传播学论坛论文集(Ⅱ)[C].上海:中国传播学论坛,2006.
④ 李晓娥.社会化媒体中关系强度对信息扩散的影响[D].武汉:华中科技大学,2012.
⑤ 郭庆光.传播学教程[M].北京:中国人民大学出版社,2011:172.

以分为三个层面:认知层面、态度层面、行动层面。从认知到态度再到行动,是一个效果的累积、深化和扩大的过程。① 国内学者陈远与袁艳红在《微博信息传播效果实证研究》中借由心理学研究的结论,指出认知是情感和行动的前提基础,而情感和行动又可调节认知的加工过程,促进或阻碍认知的发展。三者是相互影响、相互作用且不可分割的整体。② 宫广宇则在《对社交网络信息传播模式与效果的思考——以人人网为例》一文中提出了与前人不同的理念,他认为社交网络信息传播在影响受众态度、行为方面效果有限。信息传播对受众态度、行为的影响更多的是“强化”而不是“改变”。③

三、研究方法

(一)研究对象

本研究以移动社交的关系强度及传播效果为研究重点,以微信朋友圈为例,并引入微博的使用状况作为对比项,在中国政法大学、北京工商大学、北京信息科技大学3所院校采取问卷调查的方式,调查对象为全日制在校大学生。抽样方式为方便抽样与判断抽样相结合。共发放问卷500份,回收问卷500份,回收率为100%。最后筛选出有效问卷463份,问卷有效率为92.6%。

(二)研究工具

根据研究重点,笔者通过文献查阅、专家访谈及个案访谈等方式,编制了相应的问卷。问卷包括三个部分。

1.移动社交媒体使用情况调查问卷

当前对移动社交媒体使用情况的测量多采用对特定数据统计公司或传媒单位的大数据进行分析。调查内容包括地区内移动终端设备(主要为手机)的覆盖率、社交媒体的使用率、移动社交媒体的使用率及同比增长率;不同移动社

① 罗莹,刘冰.网络信息传播效果研究[J].情报科学,2009(10).
② 陈远,袁艳红.微博信息传播效果实证研究[J].信息资源管理学报,2012(3).
③ 宫广宇.对社交网络信息传播模式与效果的思考——以人人网为例[J].媒体时代,2011(4).

交媒体的覆盖率比较；人们使用移动社交媒体时所借助的不同移动终端的比例差异；人们使用移动社交媒体的时间、频率、用户黏性；移动社交媒体的使用动机与目的；使用后的感受等。本次问卷调查在测量以上内容之外，还针对微信朋友圈的使用特点，增设了传播形式偏好和人们主要分享、搜寻的信息的调查等。

2.关系强度测量问卷

本研究中，关系强度的测量涉及定序量表及李克特五度量表等形式。研究采用格兰诺维特所提出的四个维度：互动频率、互惠交换、情感强度、亲密关系，分别设定两组相应的问题，对被试进行测量。在区别情感强度与亲密关系时，本研究将情感强度定义为单向度的情感认知与期待，而亲密关系则为双向的关系强度；测量情感强度时主要根据关系形成的方式、朋友或关注/被关注者的来源方式；互惠交换包括微信朋友圈/微博给予人们信息需求的满足和使用者所感受到的社会支持两方面；互动频率则覆盖了单纯的社交路过和互动两个方面。

3.传播效果问卷

本研究将认知细化为外部世界认知和自我认知两方面：一方面问询微信朋友圈/微博是否能够满足被试对外部信息的需求；另一方面，根据约哈里之窗的自我披露与反馈理论，判断被试在微信朋友圈/微博的使用过程中对朋友及自我的认知窗格的变化。测量态度时考虑到了态度可能发生转变的三种形式：无态度转变、产生或形成态度、态度扭转；行为测量则包含线上使用行为和线下行为变化两部分。

4.调查结果的处理

调查结果采用 SPSS17.0 及 Excel 2007 进行统计分析，主要分析方法包括描述性统计分析、均值比较分析、逐步回归分析、Pearson 积差相关等。

四、研究结果

(一)移动社交媒体——微信朋友圈的一般使用特点

在收回的463份有效问卷中,90.7%的被试使用微信,且微信使用者均使用微信的朋友圈功能。相比之下,微博的使用率略低,为81.6%。

超过半数(59.8%)的微信朋友圈用户会在一天内多次使用朋友圈;另有20.3%的被试表示平均一天会登录查看一次朋友圈。仅此两者便占据了用户使用频率构成的80. 1%。31.1%的被试表示几乎不更新朋友圈状态;11.7%的人表示只浏览,从不更新状态;更新频率较高的如“一天多次”及“大约一天一次”者仅占总体的32.4%。

73.9%的被试表示会利用碎片化时间“刷”朋友圈。而根据对部分学生的访谈,学生对碎片化时间的认知为“早晨起床前”“坐车途中”“上课或上班时”“排队等候时”“吃饭时”等。

在对被访者微信朋友圈功能使用的不同选项分别进行赋值与相应的计数统计后,本研究发现,虽然微信朋友圈支持“地理位置报告”“转载”“音乐分享”等功能,而位于人们主要使用功能排名前三位的依然是最基础的“图片配文字”“文字发布”及“图片发布”功能(见表1)。

表1 用户使用微信朋友圈的常用功能排序

排名	常用功能
1	图片发布配文字说明
2	文字发布
3	图片发布
4	由其他网站/微博链接转载
5	QQ 音乐转载
6	LBS 地理位置报告

用户对微信朋友圈的使用特性认知主要为相互分享、娱乐性、碎片性、便捷性及私密性(见图1)。

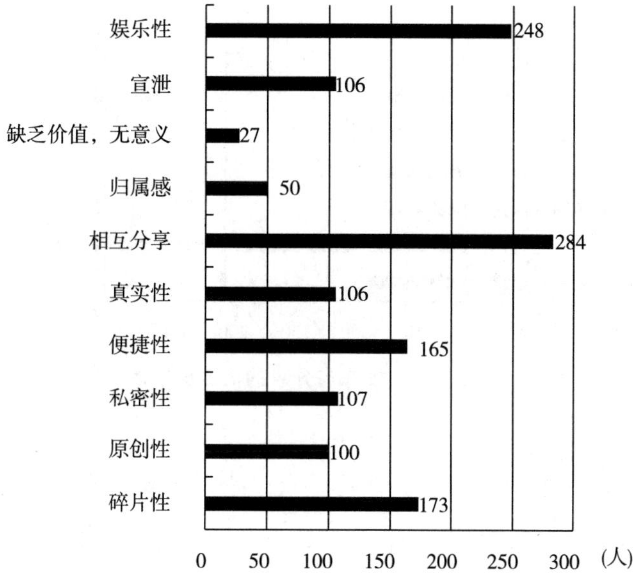

图 1　微信朋友圈用户使用特性认知

用户通常希望在微信朋友圈得到朋友的最新动态,生活健康常识、美食及旅游信息,社会热点现象及评论(见图 2)。

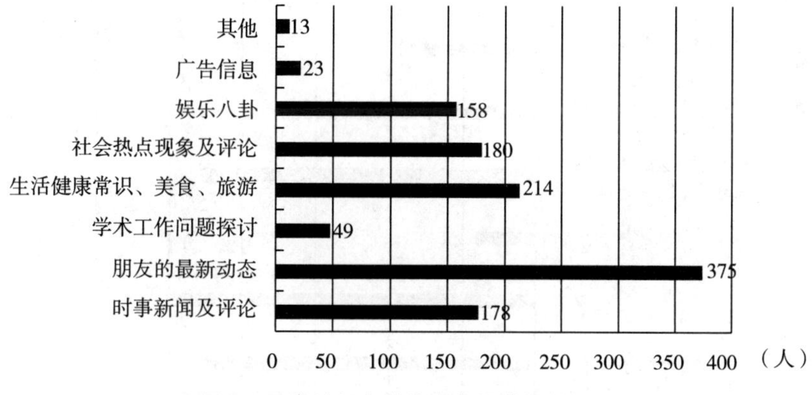

图 2　用户希望在微信朋友圈获得的信息

用户发布与分享的内容主要涉及个人生活记述、情绪表达,生活健康常识、美食、旅游信息,社会热点现象及评论等(见图 3)。与用户希望从微信朋友圈获得的内容一致。

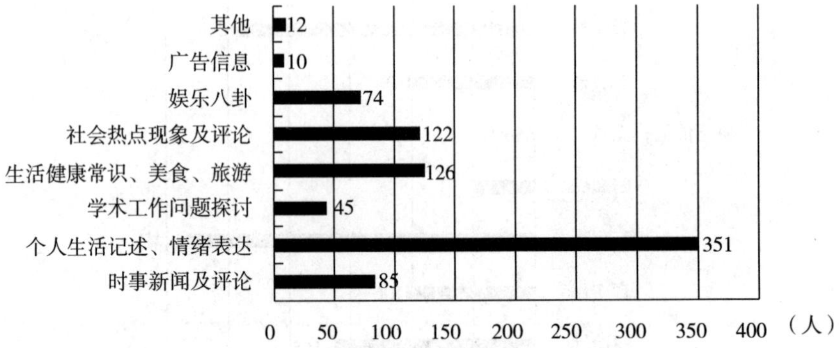

图 3　用户发布与分享的信息类别

在报告微信朋友圈的使用动机时,受众多表示希望通过这个平台进行"自我表达"并"获取信息"(见图 4),而且其线下的朋友都在使用微信朋友圈,自己使用它能够更加方便交流。

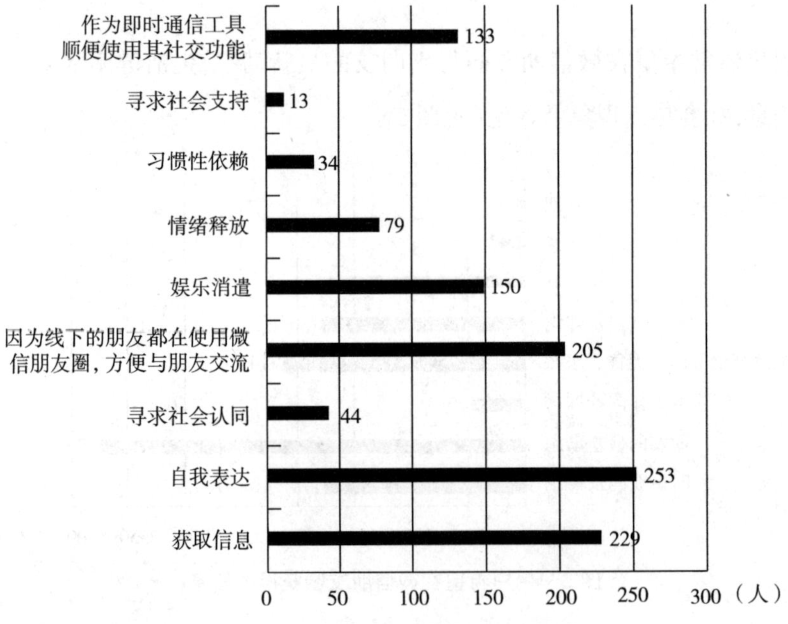

图 4　用户微信朋友圈的使用动机

(二)关系强度

微信友人主要源自通讯录及 QQ 友人(见图 5),而微博粉丝则部分源自线下友人/家人,24%源于社会名流/名人(见图6)。相比之下,微博用户的关系强度略低于微信。

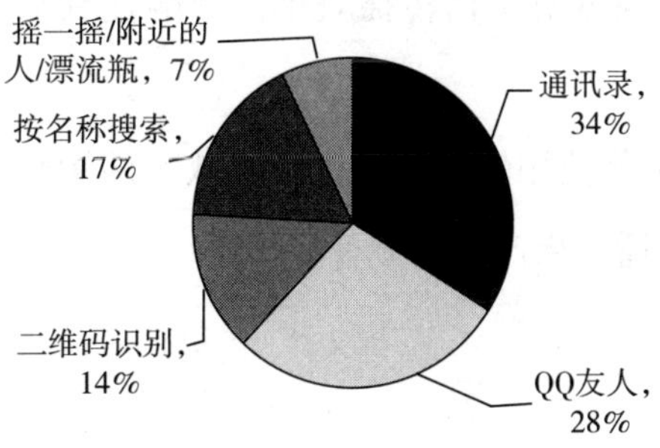

图5 微信朋友圈构成

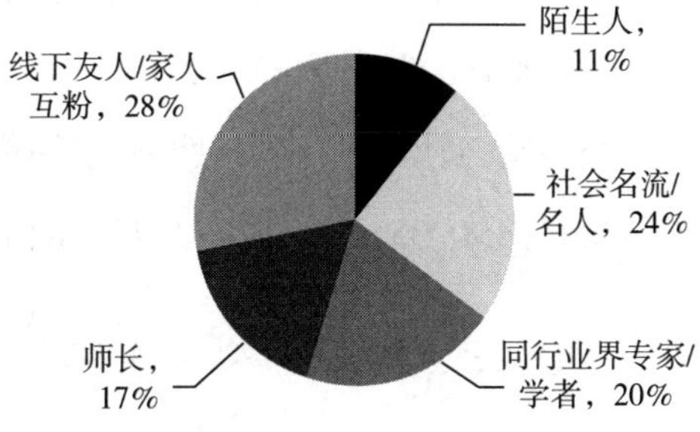

图6 微博粉丝/友人构成

通过微信与微博关系强度均值的对比数据发现,亲密关系、互动频率、互惠交换、情感强度共同影响、作用于关系强度。从整体看,微信用户的关系强度(26.44)高于微博用户的关系强度(21.33)。其中,微信各项关系强度指标的均值均高于微博。

为进一步验证微信朋友圈及微博用户关系强度的差异显著性,本研究采用了非参数卡方检验法,发现两平台关系强度的差异值 $p=0.000<0.01$,达到显著。

(三)传播效果

通过微信及微博传播效果均值的数据比较发现,微信朋友圈传播效果总分(平均44.29分)高于微博传播效果总分(平均37.99分)。

微信朋友圈在认知、态度、行为三个层面的传播效果均优于微博。在微信朋友圈及微博各自的传播效果层次中,"认知"效果分值均高于"态度"与"行为"分值。其中,微信"行为"得分高于其"态度"得分,微博则是"态度"得分高于"行为"得分。经检验,微信朋友圈及微博的传播效果存在显著性差异,$p=0.000<0.01$。

为探究微信朋友圈及微博传播效果差异的原因,本研究引入了性别、年龄、使用频率、使用情景及关系强度五个因素,对其与两平台传播效果进行了线性回归比较。经逐步回归检验发现,年龄、性别对微信传播效果的影响不显著,分别为 p=0. 785>0. 05,p=0. 105>0. 05;使用频率对微信传播效果的影响 p 值为 0. 013,接近显著水平;而使用情景与关系强度对微信传播效果的影响达到显著,p=0. 000<0. 01。

经检验,微博用户年龄、性别、使用频率及使用情景对微博传播效果的影响均不显著,p>0. 05;仅有关系强度对微博传播效果产生了显著的影响。

(四)关系强度对传播效果的影响

1.关系强度与传播效果的相关性检验

微信关系强度与传播效果的相关性检验、微博关系强度与传播效果的相关性检验数据显示,微信及微博关系强度的各项指标(互动频率、互惠交换、情感强度、亲密关系)与两平台传播效果的三个层次(认知、态度、行为)分别存在正相关关系,p<0.01,相关水平达到显著。说明用户关系强度越强,传播效果越好。两平台均体现了这样的特征。

2.逐步回归检验各自变量对传播效果的贡献程度

在对微信传播效果的影响因素检验过程中,微信用户的"互惠交换"首先进入方程,其 B 值也较其他三因素——"亲密关系""情感强度""互动频率"略高。说明微信朋友圈用户的"互惠交换"对其传播效果影响最大,其后依次为"亲密关系""情感强度"及"互动频率"。

微博关系强度的各因素对传播效果影响的程度与微信朋友圈相比,略有差异。其中贡献度最高的为微博用户的"互惠交换",其次为"亲密关系",第三位为"互动频率",最后为"情感强度"。

总体上看,两平台关系强度的各个因素分别对其传播效果产生了显著的影响,p 值均为 0.000<0.01。

五、研究结论与讨论

本研究考察了大学生移动社交媒体的使用状况,并比较了微信朋友圈与微博两平台关系强度对传播效果的影响，主要得出以下结论：第一，人们多利用碎片化时间来使用移动社交媒体；第二，大学生微信使用频率高于微博；第三，微信朋友圈关系强度高于微博；第四，微信朋友圈传播效果高于微博；第五，移动社交媒体传播效果的年龄、性别、使用频率、使用情景主效应不显著；第六，关系强度对传播效果的影响显著，关系强度各指标得分与传播效果各维度得分呈正相关关系。

（一）移动社交媒体的一般使用特点

1.大学生微信朋友圈使用率高于微博

2013年以后的两年时间内，有多项研究指出，微博客类媒体应用的月活跃用户量出现了较大幅度的下滑。虽然2015年以来微博通过向垂直领域倾斜、向低线城市下沉等策略再次崛起，但微博的舆论影响力、普通用户的内容发布量仍难回其鼎盛时期。相比之下，同一时期，以微信朋友圈为代表的基于即时通信工具的社交媒体平台异军突起。

访谈结果显示，一方面受众认为微博上信息过载、噪音过多，而微信朋友圈的内容足以满足自己对日常生活信息的需求；另一方面，用户在微信朋友圈感受到了更多的交互主体性，即交流双方在信息的共享中达到了相互认同、相互沟通、相互理解等目的。在两平台存在着部分相似之处的情况下，诸多使用者选择了摒弃其中一种，即抛弃微博，转向朋友圈的怀抱。

此外，随着人们手机使用量的增加，各式优质的移动端新闻资讯类应用的快速发展抢占了部分微博用户，而微博的商业化倾向又日益激进，优质内容减少，吸引力降低等，进一步导致了微博的降温。①

2.微信朋友圈的使用存在“社交路过”现象

在调查中，80%的被试表示会在一天中“一次或多次”登录查看朋友圈，而只有30%的人会较频繁地更新朋友圈状态。这就体现了斯坦福大学与

① 199IT.Facebook & 微博真的不行了吗？［EB/OL］.（2014－01－27）.http://www.199it.com/archives/190325.html.

Facebook 数据团队曾提出的“社交路过”的说法,即“看客多,反馈少”。“反馈”不仅包括用户间相互评论、点赞、转发等形式,也应包括用户通过自我披露或者搜寻信息、随即转载信息来丰富其与友人所处的信息世界等。

“社交路过”现象的加剧,可能会导致社交媒体上信息愈发单一,致使用户最终放弃相关应用的使用。

3.用户的碎片化使用习惯与需求满足

本研究的统计数据显示,73.9%的用户会利用碎片化时间来登录微信朋友圈。这显然与当今人们的生活习惯与方式有关。

在报告其对微信朋友圈的认知时,人们多以“相互分享”“娱乐性”“碎片性”“便捷性”“私密性”等词语来描述自身的使用感受。人们旨在通过类似社交媒体的使用,填补碎片化时间的空白,并通过相互分享信息、浏览娱乐化信息的方式满足其社会化需求与娱乐需求。

美国学者 Clark、Boyer 和 Lee 曾将美国大学生 facebook 的使用需求概括为信息分享、维系人际关系、娱乐消遣以及社会互动。① 而经被试描述,微信朋友圈正是能够向人提供以上功能的社交媒体平台。

(二)微信朋友圈的关系强度高于微博

被试微信友人的来源由多到少依次为通讯录(34%)、QQ 友人(28%)、按名称搜索(17%)、二维码识别(14%)、摇一摇/附近的人/漂流瓶(7%);而微博粉丝/友人的来源则依次为线下友人/家人互粉(28%)、社会名流/名人(24%)、同行业界专家/学者(20%)、师长(17%)、陌生人(11%)。

仅从以上描述来看,微信朋友圈中的友人关系强度比微博略高。再看微信朋友圈与微博的关系强度各因素均值对比,微信也高于微博。这可能与微信朋友圈的“圈子属性”有关。

首先,微信朋友圈中的友人多来自被试的线下生活。人们借助微信朋友圈这一去中心化的平台,以期延伸日常生活交往的范围,因而微信朋友圈的关系

---

① 刘振声.社交媒体依赖与媒介需求研究——以大学生微博依赖为例[J].新闻大学,2013(01).

强度基础就高于微博。

其次,早在人们接纳他人进入朋友圈之前,人们就已形成了特定的关系定位认知。人们往往将相似的经验、动机、价值观、目标与需求作为准入机制,一边衡量他人与自身的相似性,一边逐渐经历着“自我类化”,向所属群体趋同改变。此时的微信朋友圈更像是一个虚拟社区,人们不仅能够从中获取信息,还能够获得相应的归属感、影响力、需求满足与情感连结。在建立身份感、可识别感,相互提供支持的过程中,人们之间的关系强度进一步加强。[①] 由此,封闭式的朋友圈的关系强度提升使其不可逆地与开放式的微博的关系强度拉开了距离。

(三)微信朋友圈传播效果优于微博

1.微信朋友圈传播效果分值高于微博

研究结果表明,微信朋友圈的传播效果好于微博。

单从微博角度而言,微博拥有成为新闻媒介和营销媒介的潜力,但传播效果更多考察的是具有说服效果的,在受众身上发生的心理、态度和行为的变化。尽管微博作为自媒体已对传统的传播方式产生了难以估量的影响:传者与受者间的界限愈发模糊,人人都可享有平等的发布、分享信息内容的权利。但这并不能说明舆论领袖所处的地位正在降低,而是越来越多的人加入到设置议程、发表意见、把关信息、评论信息的过程中来。

意见领袖的数量越多,层级越复杂,再解读越频繁,信息噪音就越多,信息的失真度也就越高。当受众最终从最后一级意见领袖获得信息时,其内涵往往与最初的信源有了差别,甚至发生变形与失真,造成传播效果各层面分值的降低。随着开放式的微博上信息内容重复率升高、可信度降低等现象的发生,人们对微博上的信息多持“看看罢了”的心态,而不会被影响到深层次的行为改变。

既往的媒体平台只看到传播活动的单一工具性质,却忽视了人与人之间的

---

① ANITA L.BLANCHARD.Sense of Virtual Community,Maintaining the Experience of Belonging:Proceedings of International Conference on System Sciences[C].Hawaii:HICSS,2002.

接触、联系与互动,以及那些思想与情感领域意味深长的表达或表现。微信朋友圈正是注意到了这一点,因而从众多社交媒体平台中脱颖而出。

微信朋友圈不同于微博的是,它是一个闭合的信息场域。人们从缺少交互式的对话现场抽离出来,正逐渐转向能够自主选择发起传播活动、控制传播内容并随时终止传播(即停止传递信息或拒绝作出反应)的平等传播语境中来。微信朋友圈重视人性化的、深度的人际交往。人们在相互交流信息的过程中表现出较高的情感投入。与其说人们是在朋友圈中搜寻信息,不如说是在试图加强情感联系。在相互支持与鼓励的过程中,传播的态度及行为影响悄然发生。微信朋友圈的强关系属性切实弥补了其弱媒体属性的缺憾。

2.研究结果与现实冲突

从研究结果看,微博的传播效果总分略低于微信朋友圈。这似乎说明了微博在认知效果的传递方面不及微信朋友圈,但有一类现象值得关注:在现实生活中,当突发事件发生时,人们往往会首先转向微博而非朋友圈搜寻最新消息。本研究认为,这源于认知效果本身所包含的两方面含义:一方面在于对外部信息世界的认知,人们选择从媒体获取信息,从而消除相应的不确定性;另一方面则类似约哈里之窗所论述,在于人们心理层面上对自我和他人认知窗格的改变。

微博在媒体属性方面所体现的认知优势便是一般语意表达下的信息认知优势。如 2014 年马航 MH370 失联事件、2015 年天津港爆炸事故发生时,人们多登录微博以期获得最新的进展、最全面的资讯。

微信朋友圈的组成人员普遍为关系强度较强的“强连带”群体,其内部相似性较高,个体所了解的事物、事件、获得信息的信息源经常是相同的,所以通过强关系获得的信息资源经常是冗余的。而在类似微博这样的弱关系媒体中,来自不同领域、有着极大人口统计学差异的群体,跨越了不同的信息源,分享着多元化视角的消息,相互之间能够起到信息桥的作用。因此这类媒体在传播社会信息方面有着难以超越的优势,微博的媒体属性也因此一直高于微信朋友圈。

(四)关系强度与传播效果存在显著正相关

尽管微信朋友圈与微博在关系强度及传播效果两方面都存在着一定的差异,但是分别从两者的关系强度与传播效果的相关性分析来看,关系强度的各项指标与传播效果三个层次的分值均成正相关关系,并达到了显著水平。此现象证实了社会学家库利曾提出的强关系比弱关系对人们情感支持、行为改变等作用更加显著的观点。

由于关系强度较强的人彼此更加熟悉了解,人们更青睐于相信确定的人所提供的信息内容。国内学者边燕杰也曾在研究中指出,有更高信任感和紧密度的强关系更有可能提供"影响"。而传播效果考量的正是媒体内容给人们带来的"影响",因而关系强度强的人群分享的内容也就具有更好的传播效果。

从逐步回归分析的结果来看,微信朋友圈中友人的"互惠交换"水平对传播效果的贡献率最大,其次为"亲密关系""情感强度"及"互动频率"。而微博中友人的"互动频率"对传播效果的贡献度高于其"情感强度"。这可能是因为微博的友人及粉丝关系强度相对较弱,人们在情感强度低于微信朋友圈水平的情况下,唯有加强"互动频率"才可能使其传播效果保持在相应的水平之上。

〔丁文慧,荷兰阿姆斯特丹自由大学政治科学专业2017级博士生;罗昶,北京工商大学艺术与传媒学院副教授,博士〕

理论与历史

新媒体环境下当代中国社会共识构建研究　周晓萌　秦瑜明
新媒体视域下马克思主义新闻观的研究版图　王婧雯　方格格

新媒体环境下当代中国社会共识构建研究*

Research on the Construction of Contemporary Chinese Social Consensus in the New Media Environment

◎ 周晓萌　秦瑜明

Zhou Xiaomeng, Qin Yuming

摘要： 当前我国社会事件的真实细节往往伴随着大众的质疑逐渐抽丝剥茧地显露出来。这一过程是缓慢而滞后的，信息的不确定性和不唯一性导致舆论的声音剧烈激荡。现象级社会事件往往发酵于互联网空间，而争论的主战场也在互联网空间，借助微信、微博等社交媒介，一些网友充分表达自己的想法，每个人都有自己独特的见解，最终众多声音争鸣，一时之间难以达成共识。本文从社会共识的变局、互联网背景下舆论格局、群体性表达与互联网情绪传播方面来阐述新媒体环境下当代中国社会共识的构建。

关键词： 社会共识，新媒体，舆论场

Abstract: The real details of current social events in China are always gradually presenting along with the public's query. This process is slow and hysteretic, uncertainty and non- uniqueness of information lead to considerable conflicts of the public opinion. Phenomenal social events always happened on the internet, meanwhile, the main battlefield of controversy also happens on the internet, people fully express their views by social mediums like WeChat and Microblog, and everyone has their unique opinions, so that numerous voices form the dispute, it is difficult to reach a consensus in a short period. This article expounds the construction of contemporary Chinese social consensus under the new media environment from aspects of the changed situation of social consensus and the

* 本文是国家社科基金重大项目“中国特色社会主义新闻传播理论的建构”阶段性成果，项目编号：2015MZD019.

pattern of public opinion under the background of the internet as well as the group expression and internet emotional communication.

Keywords: social consensus, new media, public opinion field

"共识"(Consensus)在字面意义上指在一定时空环境内人们对价值理念以及达成价值理念的方式的公共认可。"共"表明其明确的"共有"特征,意味着一定范围内的普遍承认;而"识"表明认识或态度,意味着一种消极意义的认可态度。[①] 形成"共识",是大众传播的应有之意,是一次传播行而有效的标志,也是大众传播进入一定阶段后的最佳结果。然而近几年来我国互联网空间中的舆情呈现出共识稀缺、危机频发的态势。

一、社会共识的撕裂与舆论场的变局

在互联网出现之前的传统媒体时代,一起大事件被公开报道和被公众讨论的流程是:(1)专业媒体报道,焦点事件爆发;(2)专业媒体迅速派出记者调查和还原事实真相;(3)形成公开报道,广泛传播;(4)多方评价,持续激荡;(5)多方形成共识,推动改变(如图1)。

图1 互联网出现前大事件报道流程

互联网时代,这一过程发生了明显的变化。第一,事件发布者和曝光者从专业媒体变成了网民大众,不管是江歌事件还是耸人听闻、发酵得满城风雨的"红黄蓝"幼儿园事件,事件的爆发本身就是由舆论推动的。第二,事件的抽丝剥茧往往伴随着大规模的讨论和争议,这和传统媒体时代先报道再讨论的顺序有所区别,并非线性时间关系而是同时进行。第三,网民的热烈讨论往往是真

① 苏颖.作为国家与社会沟通方式的政治传播——当代中国政治发展路径下的探讨[M].北京:中国社会科学出版社,2016:106.

相的助推器,呈现一种舆论倒逼“真相”的态势。在这种舆论环境下共识如何形成,舆论场如何变化就值得关注。在此过程中两个舆论场的区隔愈发明显。法国布尔迪厄较早提出“场域”这一概念,他认为“场域是位置间客观关系的一个网络或一个形构,这些位置是经过客观限制的”。以此理论为基础,若干相互刺激的因素使许多人形成共同意见的时空环境被称为舆论场。《2017 年中国互联网舆情研究报告》显示,微博已经成为中国第二大舆情源头,①虽然新闻媒体仍是网络热点及重大突发公共事件的主要舆情源头,但其绝对优势地位正在被微博等情绪传播的新介质逐渐削弱。新媒介的快速发展也改变了大众传播时代社会舆论的单一格局,使其分化为泾渭分明甚至截然相反的官方和民间两个舆论场。前者以传统大众媒体为渠道,发布官方话语;后者以网络自媒体为载体,传递民间声音。不同话语渠道和传播方式也赋予社会舆论不同的生产方式。官方舆论场通过大众传播的组织化、制度化把关选择来维持,而民间舆论场则主要通过群体传播、人际传播的自发扩散来运作。官方舆论旨在宣传解释国家和政府所提倡的主流旋律,以及符合社会主义核心价值观的舆论,反映官方(政府方面)意志;民间舆论场则是依托民众口耳相传,尤其是利用网络等手段,从自身利益、情感和意愿出发,进行民意表达、参与公共事务讨论而形成的舆论场,发出了民众的声音。在传统媒体时代,以官方媒体声音为主的官方舆论场占据了整个舆论场的绝大部分空间。而随着网络传播空间的逐渐形成,网络空间的舆论场逐渐壮大,并且逐渐成为与官方主流舆论场并存的另一个舆论场,也就是民间舆论场,并与官方舆论场形成鲜明对比。

从近年来的舆情态势看,这两个舆论场域之间渐成区隔,而且这种区隔越发明显。早在 2011 年 7 月,人民网舆情监测室在人民网发表网评《打通“两个舆论场”》,分析了几年来舆论场的一种尴尬:以党报、国家电视台、国家通讯社为代表的主流媒体舆论场,和以互联网“自媒体”为代表的民间舆论场,有交集也有隔阂,在一些突发事件和公共议题上经常存在较大分歧。人民网舆情监测室对 2007 年至 2016 年间 1600 多个热点舆情事件的评估表明:主流媒体、意见领袖和网民这三大舆论场域,已经走出 2009 年共识度的最低值,并在 2015 年

---

① 参见《艾媒报告:2017 年 9 月中国 app 活跃用户排行榜 TOP450》.

达到最高值。三大舆论场域对政府在热点事件中的表现的认同度，也从2009年开始逐渐上升，2013年略有下降，2016年达到最大值。在湖北邓玉娇案、云南“躲猫猫”事件、杭州“70码事件”等一系列负面舆情事件中，互联网民间舆论场与主流媒体舆论场共识度很低，但网民和意见领袖舆论场内部各自的共识度高，批判质疑的声音非常一致，三大舆论场相互之间的认同度非常低。可以说，2009年社会舆论处于各说各话的状态，产生了舆论撕裂。2011年政务微博等主流话语开始大规模进入网络舆论场，官方舆论场和民间舆论场逐渐融合，整个互联网舆论生态进入调整时期。此前，舆论场内部共识度与其对政府的认同度负相关，即舆论越是质疑和批评政府，舆论共识度就越高。但2011年之后变为正相关，即各舆论场越是质疑和批评政府，其内部争议就越多，而在对政府进行积极评价时则更显得团结一致。近年来，一些主流媒体出于宣传需要，使官方舆论场成了宣传场，于是就有了官方舆论场近年来的突出特点：信息权威，但公信力受损；发言谨慎，但信息传播速度滞后；凸显主流价值观，但话语传播呆板化。实际上网络舆论场与主流媒体宣传场的分歧与对峙，把宣传场与舆论场混为一谈，不仅偏离了舆论的本质，也模糊了网络与主流媒体传播内容的重大差别。①

与此同时，以网络空间为主的民间舆论场正在不断壮大并且逐渐形成自己独有的特点。一方面，成熟的社交媒体为人们提供了充分自我表达的机会，满足人们更多的表达欲望；另一方面，短视频和直播这两种以视频为主要形式的传播方式，以实时性和现场感强的传播样态，丰富了民众表达形式，使民间舆论场的角力从言论层面逐渐转为事实层面。在媒介的催生下，这两个舆论场之间的隔阂逐渐增大，与此同时，舆论区隔下的共识撕裂愈发明显。

二、互联网赋权下的舆论格局

早在20世纪，李普曼就曾对公众舆论与社会共识的形成进行过探讨，公众舆论并不是针对公共事务的纯粹产物，而是会受到各种“公众”私人身份相关的

---

① 刘建明.“两个舆论场”若干歧义的破解[J].中国记者，2013(1).

可能因素的影响。[①] 纯粹的公众舆论和社会共识是一种想象。李普曼在公众舆论问题上似乎是个理想主义者,他在用一种没有明示的理想标准衡量现实,那结论自然是悲观的。事实上,舆论之所以成为舆论,就在于人们以各自方式自由表达意见,最终形成舆论趋势,这与舆论是否正确合理是两回事。无论传统新闻学中“观点自由市场”是否发展成熟,每个人的心里早已为意见的自由留下一块空地,而所谓的共同体,也存在于想象之中。个体所站立的土地各不相同,经验与认知也大有差异,这些都会影响一个人对事实和观点的判断。分歧永远都会存在,舆论与官方言论的分歧以及舆论本身的分歧,是自有社会以来的一种常态,是和社会相伴共存的产物。然而,公众舆论与生俱来的分歧与我们尚未提及的舆论撕裂并不相同。分歧与社会相伴相生,甚至永远无法消除。但是,撕裂却不是一个良好社会应有的产物。当下社会,某些事件的观点会出现极度撕裂。这种撕裂呈现出一种极难调和,甚至混沌不清的状态。这应该引起重视,并且着力消除。诚然,我们不能忽视互联网对整个时代尤其是对媒介生态的影响,从微博和微信出现起,舆论的生态就发生了根本性的变化,也是那时起,这种撕裂开始初见端倪并且愈演愈烈。互联网的出现看作是共识撕裂的导火索,但导火索并不是问题的根本原因,也不是这场舆论大爆炸的罪魁祸首,众声本就喧哗,互联网是一台扩音器。在信息技术不够发达的状况下,这种撕裂无法表征,甚至无法浮出水面。对于这种状况的出现,互联网更像是温度计和示波器。互联网的出现究竟对舆论生态的演进起到了什么样的作用,为何在互联网出现以后这种共识撕裂愈发明显,这需要冷静客观地进行分析。

学界常常把互联网这伟大的产物比作一种赋权器,学者认为随着移动互联网的迅猛发展,赋权和赋权器使个体和群体在心理、技能、知识、生存上获得了自由裁量的权力。[②] 互联网充分赋予人信息获取和表达的权利之外,更大的变革在于,它将人的某些天性诸如兴趣、悲悯、愤怒等进行充分的释放。这也和马克思笔下的人的全面发展有着异曲同工之妙。在这种赋权下,互联网空间的舆论生态所发生的变化是前所未有的,是巨大而复杂的。从网络自身的特征看,

---

① 李普曼.舆论学[M].林珊,译.北京:华夏出版社,1989.

② 师曾志,金锦萍.新媒介赋权:国家与社会的协同演进[M].北京:社会科学文献出版社,2013:21-22.

网络主体的多元化,网络意识与现实规范的冲突与矛盾,网络的虚拟性、匿名性,网络传播的多媒体化、交互性、主动性,传播与控制权的多元化,情绪表达的隐匿性、夸张性及网络情绪传播的广泛性、突然性、快捷性等促成了网络信息的复杂化。① 而在这种赋权下,舆论的格局正在发生显著的变化。多伊奇的“瀑布模型”曾生动地说明了公众舆论的形成过程。多伊奇认为舆论以多阶梯方式向下流淌,就像瀑布被系列水潭切断一样。从上至下依次为:经济和社会精英的水潭——政治和社会精英的水潭——大众传播媒介的水潭——舆论领袖的水潭——人民大众的水潭。

然而,在互联网出现后,这种垂直排列的、自上而下的瀑布模型急速倾塌,自上而下的天然势能正在被互联网逐渐削减直到消失。我们今天已经看不到瀑布的样子,留下的只是水平分布、互相区隔、剧烈波动的汪洋大海。在这片汪洋大海中,你中有我,我中有你,不分你我。在互联网的赋权下,人被重新定义了,且人的身份建构有多重方式。此时的信息接收者,会在彼时成为信息的传播者;此时愤怒群体中的一员,会转而在另一件事上成为狂欢的一分子;今天站在道德制高点上进行批判,明天又会只顾一己私利地祈求同情。和过去相比,单一的模块化格局瓦解融化,最终演化成多变无形的液态形式。这便是舆论新格局的真实状况,在这样一种格局下,共识的形成变得更加困难,舆论引导也面临着重重障碍。

互联网时代的传播活动正经历着一系列变化:其一是传播者非专业化。大众传播时代,社会信息的提供者主要是专业化的媒介组织和传播人士,非专业者大多作为受众被动地接受传播者的信息发送活动。互联网时代,媒介资源的丰富性增加和可得性降低,使社会传播媒介不再垄断在少数社会精英手里,普通大众也可以通过互联网、手机等多种方式发起和参与各种传播活动,也就是说,每个人都可以是传播者,都能在技术许可范围内自由地参与传播活动。其二是传播媒介多样化。大众传播时代,社会传播媒介主要是广播电视、报刊杂志等大众传媒。群体传播时代,除了传统的四大媒体之外,基于互联网技术、移动技术等新媒介技术的传播手段层出不穷,微博微信等社会化媒体争奇斗艳,

① 金云波,许远理.网络异化对网络情绪传播的影响[J].重庆文理学院学报,2011(2).

各有所长又相互融合,达到了传统大众媒体所不能。其三是传播内容个性化。大众传播时代,传播活动是一种组织行为,专业化的媒介组织依据一定的标准,通过特有的把关机制决定传播内容。互联网时代,每个人都是传播者,把关机制的组织性减弱,个人选择的随意性、多元性增大,很多无法进入大众传媒渠道的内容通过个人媒介进入群体传播渠道,传播内容更趋多样化、个性化。其四是传播过程多向化。大众传播过程基本上是从传播者到受众的单向流动,新媒介的双向互动性赋予了受众反馈的可能性,传播活动的接受者可以及时、快速地与传播者进行反馈互动。不仅如此,互联网技术下大部分新媒介形态天然具有开放性,这使每个人都能随意与别人对话,参与某些话题的讨论,且不限于一对一的对话,更多的是多对多的交流,因而呈现出相互交织的多向化传播过程。以上种种传播特征集合起来,鲜明地指向了互联网传播方式。社会成员交流意见、分享信息的方式,在任何时代、任何地方都存在,只不过在互联网出现之前,公众舆论只能被局限在具体的物理范围内,互联网打破了物理空间的限制,将这种传播形态从狭小的现实空间中解放出来,置于无限广阔的虚拟空间中。同时,受众不再是大众传播时代一盘散沙式的存在,而是通过各种新媒介相互联系、相互交流,在广阔的虚拟空间内连接成一个整体。互联网群体不仅更加活跃,而且在更大的范围内产生。如微博的公开性使其理论上成为一个无限大的群体集合,任何人都可以发起话题并与他人展开讨论。

在当下中国的舆论生态下,传统的新闻价值正在被重新定义。余家宏主编的《新闻学词典》关于新闻价值的解释是:“新闻价值是选择和衡量新闻事实的客观标准,即事实本身所具有的足以构成新闻的种种特殊素质的总和。素质的级数越高,价值就越大。”构成公共关系新闻的事实和材料本身所具有的能够满足社会公众对公共关系新闻需要的素质,是新闻事实满足传播主体新闻需求的承受度。其实质是对新闻本质及其特性的量化把握,是新闻系统的内在构成。互联网空间提供了兴趣选择的可能,越发丰富的内容让传统的大众传播被肢解,以不同标签和不同群组为特点的分众传播正在成为主要传播格局。富媒体语境下,兴趣成为接受的首要要素,与以往相比,传统媒体的传播效度正在递减。向用户的兴趣靠拢,借助用户的兴趣进行有效传播,成为其在互联网空间内找回主动权和引导力的有效方法。公众少有清静的时空环境，不太能理性冷静地依据新闻报道形成并发表公共意见，思想被浸泡在噪音之中。

此外，在互联网空间里，个体自身关注点的不同直接影响公众对新闻事件真伪的判断。这种凭借自身兴趣来进行新闻价值判断的权利被互联网重新赋予并有所增强，传统新闻价值的要素正在被重新结构，传统传播的排兵布阵也纷纷失灵。于是便可以解释，为什么对某一种观点，甚至是既定的事实，有人恒信，有人不信。舆论并不是人们对真相认知的确切表达，而是在对事实模糊了解情况下的现象表达，这是基本符合实际的。在现实中，即使那些严肃理性的公众，往往表达的也只是自己对可能事实的看法，而非针对新闻事实的意见。舆论往往只是以新闻为由头的意见表达，更多针对的是相似的社会现象，而非具体的新闻事实。公众实际上是相当模糊的存在，构成公众的个体间有着很大差异，大众意见到底是谁的意见，就不是那么简单了，至于意见的性质、质量就更是问题了。往往信息在传播的第一关就面临了严重的挑战，更不用说舆论引导、议程设置这种更为深层的传播行为了。

所谓互联网赋权，最明显的表征就是民众获得了大众传播的条件和可能。除此之外，在互联网的赋权下，传统的传播还遭遇了异化。传播赋权下，旧时的话语格局被打破。首先，民众终于获得了大众传播的条件和机会。以往信息发布的主体只有官方一个渠道，而现在却有了千千万万条渠道。人人皆有麦克风，人人皆是传声筒。在互联网空间里，一些重大突发事件还没等官方媒体反应过来，真真假假的信息就已经铺天盖地。传播赋权下，信息的势能增强，信息的扰动更加剧烈，在这种扰动下，共识的形成便更加困难。其次，信息传播环境与公众心理发生变化。在较为封闭的社会信息环境下，德国社会学家伊丽莎白·诺尔-诺依曼的“沉默的螺旋”理论从社会心理学的角度，把舆论视为一种社会控制的力量。她认为舆论不是事实上的多数人意见的集合，而是感觉上的多数意见，即可以公开表达的意见。在个人发表自己的意见之前，出于对群体孤立及社会惩罚的恐惧，人们会先观察周围的意见环境，判断自己是否属于群体多数派，如果是则大胆地公开意见，反之则沉默不语。这样，一方的沉默造成另一方意见的增强，反过来又会迫使更多的人沉默，感觉上的优势意见便会呈现出螺旋增强的特点。在这一理论中，意见环境是一个核心概念，其对于个人意见的表达和社会舆论的形成至关重要，因而具有一种控制作用，谁能影响意见环境谁就能左右社会舆论。而在互联网赋权下，个体对环境的预估条件受到了质疑，开放的网络环境和匿名的舆论空间、大量的表达机会使个体不再需要时刻紧盯报纸等有限的媒体资源所营造的拟态舆论环境。往往一些事实还在传播的过程中，信息环境就已经几番波折，如江歌事件中那扇敲不开的门、杨达才的手表、周久耕的烟，这些本来不被作为传播主体内容的细节被网友发现并且迅速成为新的传播“刺点”，吸引了公众眼球，甚至偏离了原本事实传播中的主体目标。在这种情境下，传播的靶向功能被大大削减，信息的传播速度和方向都发生了显著的变化。第三，富媒介赋予民众更多的对话能力。随着短视频、直播等媒介形式的出现，影像化的信息表达替代了过去的文字传输，富媒介给予民众传播核心事实的可能。一些事件最初的真实影像就来源于网友的自拍短视频，这让事实的确定更加直接。而直播这一形式更是将一些事件实时影像化传播。观感直接、传递迅速，这些特点给官方媒体的应对带来新挑战。无论是质疑还是博弈亦或是对抗，占有影像资料的民众都有了更多的“筹码”。

三、群体性表达与互联网情绪传播

传统媒体时代，以报纸为代表的严肃媒体常常以“理客中”进行自我标榜，如果传统媒体时代给人的感觉是客观的、理性的，那么当下的互联网新媒体时代则可以被看作是感性的、情绪的。情绪在传统媒体时代往往被看作增强传播效果的调剂品，其最主要的载体则是软新闻，西方新闻界有一句名言“坏新闻就是好消息”，但即使是骇人听闻的重磅新闻，惨痛的事故，人祸天灾，悲痛的表达也往往是克制而压抑的，像是低声地掩面哭泣。而如今在时代的变革和互联网的放大下，情绪的表达正在改变着一切消息的传播，像一代人压抑了一个时代后的悲恸嚎啕。公众的同情、愤怒、狂欢、惊叹、欢呼，在群体中以新闻事件为载体像流感传染一样横扫舆论场成为我们分析公众舆论、社会共识绕不开的课题。国外的专家学者对情绪的研究主要是在心理学的研究范畴中。在社交媒体上，我们可以用评论、转发、点赞等非常简单的方式去表达我们的情绪，而这种情绪又会影响他人。在同理心的作用下，一种情绪汇聚成为一种巨大的力量，牵引不同群体不同观念向着完全不同的方向涌动，使得共识撕裂更加严重，而且弥合变得更加困难。江歌案在网络中的舆情表现就是一个典型的情绪传播超越事实传递的例子。微信朋友圈中疯传的那篇《刘鑫，江歌带血的馄饨，好不好吃？》可以视为情绪传播的极佳案例，极具感性色彩的辞藻，含泪的述说，透过互联网，一个十恶不赦的"毒闺蜜"跃然眼前。在这里先不去讨论案件本身的是与非，也不定义人性善恶，只是针对这篇文章本身而言，颇具讽刺意味的是深谙情绪传播奥义的反而是营销公众号。一位悲痛欲绝的失独单身母亲，对比另外一个善恶不分、恶语相向的母亲；一个勤奋向上，在苦难中成长却从未放弃梦想的女孩，对比一个精致的利己主义者。这样的人设一旦建立瞬间就能勾起大多数人的同理心，让人们生发愤怒，一种群体情绪表达在网络蔓延。在事件的另一个重要推动者《局面》新闻的报道下，平行剪辑的制片方式使对比尤为突出。情绪盖过了事实的传播，直接影响了舆论导向的正常运作。在情绪赋权的背景下，情绪传播为舆论引导带来新的困难。情绪的疑团让政治传播的正常有效路径出现层层阻碍，有时情绪的集中抵触会给舆论引导带来更大危机。因此，如何疏导情绪，削减情绪传播的势能，让舆论引导回归正常路径，重新构筑共识，成为当前一个急需解决的问题。

早在1872年，英国生物学家、进化论的奠基人达尔文出版了《人类与动物的情绪表达》一书，这本影响深远的巨作将人类情感表达的研究从面相学引入科学的殿堂。他认为，情绪是与生俱来的，并且源于生理存在的原始状态。最基本的情绪如喜、怒、哀、乐等，其原始表情是具有全人类性的。1916年，精神分析学的创始人弗洛伊德出版了《精神分析概论》一书，他为情绪赋予了具有动力的性质，他认为，"情绪是一种欲表露的、源于本能的心理能量的释放过程"。19世纪中后期，情绪成为科学探索和研究的焦点，欧洲的社会心理学研究中的群体情感、群体情绪等概念都属于社会情绪的范畴。法国社会心理学家、社会学家勒庞在他的代表作《乌合之众》一书中提出，"在群体中，每种感情和行动都有传染性""各种观念、感情、情绪和信念，对于群体来说，都具有强大的传染力"。社会化媒体在自身的传播过程中，如微博发布者与关注者通过转发、评论以期表达出相同或相近的世界观和价值观。总的说来，用户对自己社交媒体上关注的人都属于信任或有好感的、有兴趣的，对他们所传递的信息及观点也较为容易接受和认同。但是，在以微博为代表的社交平台中，尤其是一些附带批判情绪的内容极易引起其他关注者的转发和评论，这也为微博中负面情绪在更大范围扩散传播提供了条件。当代中国，以微博为代表的自媒体已经把我们带到了一个群体传播的新时代，我们完全可以通过微博、贴吧、网络论坛、网站、手机群发短信等各种新的传播媒介和传播形式，形成病毒式指数式大爆炸式的扩散传播，使个人情绪群体化、阶层化乃至社会化，对全社会产生影响。尤其是 140 个字的微博，难以准确、客观、具体、完整地描述事件，这导致更易于传播的不是事件信息，而是情绪化的信息。传统媒体传播时代难以通过大众传媒来表达的个人情绪，在群体传播时代获得了传播的更多方式、渠道和可能，完全可能成为社会情绪的导火索。

情绪本身也是信息。情绪是反映中国社会各种复杂社会矛盾的特殊信息，情绪不单是客观信息的附属品，也不仅仅是公众表达情感、传播思想的重要方式，其本身是传播内容的一部分，而且对于意义理解和传播效果也有着重要的影响。如果从经典传播学范式来分析情绪传播，从信源来看，作为传播内容，情绪可以是客观事实本身携带的，也可以是传播者主观情感表达所致，不论是哪种情绪，在传播活动中都会受到暗示与感染机制的影响。尤其在互联网环境下，在社会群体极化的社会环境下，当诸如江歌案这种争议性社会事件发生时，舆论的方向、网民意见的表达往往不是通过直接的说服或强制的价值观输出，而是通过情感的感染、直接或间接的示意使人接受某种观点或从事某种行为。学者指出，感染是指某种观念、情绪或行为在暗示机制的作用下以异常的速度在人群中蔓延开来的过程，[①]无论什么样的传播活动，情绪多多少少都会受到影响，只不过受影响的程度大小视传播参与者的理性程度等情况而有所不同。在传播者失去理智的情况下，如骚乱、恐慌等群体集合行为中，情绪间的相互暗示相互感染尤其严重，某种观点或情绪会迅速地支配整个人群，甚至引发整个人群的过激行为。除了人与人之间的横向传染，情绪在纵向上还会不断积累，尤

① 隋岩，曹飞.论群体传播时代的莅临[J].北京大学学报，2012(5).

其是负面情绪,会暂时隐藏起来,长此以往,负面情绪的积累便可能随着时间的推移愈演愈烈。2017 年下半年,日本留学生被杀事件、携程幼儿园事件、红黄蓝幼儿园事件、大兴火灾事件,持续引起社会关注,随着负面情绪叠加,开始有人反复提及中国社会是否面临塔西佗陷阱,实际上与其说这一系列的事件是塔西佗陷阱前兆,不如说是情绪引导的失控、信息公开的失败与社会共识构建的缺失。

公众情绪是社会舆论或者说是社会共识中不可缺少的一部分,它并不是独立存在的,它常常伴随着信息而传播,本身就是一种态度。情绪对公众舆论的影响,不仅在于它左右人们对所接触的社会事件、新闻信息的认知,还在于其对行为的指导性和信念的维系。从微观来看,处于不同的情绪中,对同一信息的看法会有不同,相应的行为也会有差异,积极的情绪促进人们积极地认识世界,消极的情绪则可能对他人甚至整个社会带来破坏性后果。在情绪失控的情况下,人很容易不顾后果地做出反常的举动。情绪虽然是个体的心理体验,但是通过传播交流,很容易变成社会群体成员的共同心理特征,因而个人情绪不仅会存在于个体自身或人际关系中,还会扩大到整个社会层面。与大众传播时代的信息传播不同,社交媒体时代个人情绪的社会化传播呈现出新的传播特征:传播活动既是信息的沟通也是情绪的交流。以往的传播活动多指信息传播,即以信息传递为主,以情绪传播为辅,情绪交流是为了更好地理解信息,分享意义。然而当下的很多传播活动呈现出弱信息、强情绪的特征,在某种强烈的情绪推动下,一些情绪化的信息广为流传,尤其是当某种情绪获得了广泛的心理共鸣时,就更容易获得追捧。

网络中的谩骂、互撕、恶搞等一切表达的情绪化,都是公众情绪宣泄的出口,也是不满、无奈情绪的叠加。网络空间充斥着责斥、不满等负面情绪,自媒体上各领域的负面事件平均占总话题数的八成以上,微博等自媒体平台负面事件远高于传统媒体,即便是那些正面的事件,也往往被人们暴力解码,解构出与传播本意完全相反的意义来。可见当前社会存在诸多负面情绪,社会怨恨情绪尤其严重。中国社会科学院发布的《中国社会心态研究报告》称群体性怨恨已经成为当前典型的社会心态,[①]也是当前诸多热点事件背后的民众情绪基础,群体性事件不仅频繁发生,而且呈现出非阶级性和无直接利益参与的特性。这正是社会积怨广泛而且深重的重要表现。媒介手段的丰富性,释放了公众的传播需求,不仅扩大了个人情绪的传播路径,也加快了其传播速度,扩大了影响范围。互联网技术与移动多媒体技术的拓展和融合,使传统的通信工具手机成了最重要的自媒体终端,微博、微信、社交网站等各类互联网应用日趋便捷化,人际传播和群体传播也更加活跃,私人情绪只要迎合了某种普遍的社会心态,经由自媒体进入传播渠道后在群体传播和人际传播的交织作用下,就会如同病毒般大规模快速复制和感染,瞬间传遍网络空间,成为热点事件,甚至进入大众传播和组织传播等官方传播渠道,从而影响社会现实。个人情绪经过传播发酵变成社会情绪之后更容易进入大众传播和组织传播渠道,自下而上地影响议程设置框架,因而更具有了舆论的功能。传统政治学认为,社会共识也是一种社会合意,经由问题产生——社会讨论——合意达成这样一个理性过程而产生。而事实上,人类传播活动是一种社会心理过程,受到各种传播心理因素和一系列传播机制的影响,社会讨论不可能是完全理性的、充分的。

伊丽莎白·诺尔-诺依曼认为,影响人们感知意见环境的力量主要有两个,一是人们所处的社会群体,二是大众传播,后者的影响尤其大,是营造意见环境的主要力量。不可否认,在诺曼提出沉默螺旋理论的20世纪七八十年代,大众传播空前繁荣,是人们认识客观现实、感知意见环境的主要力量,对社会舆论的形成和走向发挥着至关重要的作用。新媒体传播时代,这一情况发生了很大变化,信息获取渠道的多样性降低了人们对大众传播的依赖性,社会群体对意见环境的影响日益突出,基于各种新媒介的群体传播日渐成为营造意见环境的重要力量。网络成为人们爆料的首要选择,在网络空间里,人们跨越了年龄、阶层、地域的限制,集合成一个公民有机体,每一次自发的跟帖、转发、评论,都不自觉地以群体传播方式参与了社会意见环境的建构,都是社会共识生成过程的体现。在新媒介条件下,经过人际传播、群体传播甚至大众传播的作用,个人某一具体的情绪很容易发展为没有具体指向而是针对某一类社会现象、某一社会

① 王潇,李文忠,杜建刚.情绪感染理论研究述评[J].心理科学进展,2010(8).

团体或阶层的社会整体情绪,就像大众媒体的信息传播形成的信息环境会影响人们对社会现实的感知一样,当前社会整体情绪偏向负面的特征也必然会影响人们的感知和判断。就是说,个人情绪以自媒介为中心借助多种媒介的社会化扩散过程,也是建构意见环境、影响社会舆论生成的过程。网络具有匿名性、便捷性、公开性,成为个人表达诉求、释放情绪的最佳途径。在现实利益沟通机制不畅或情绪表达受阻的情况下,网络这一舆论平台常常能成功地为大众传媒、企业乃至政府设置议程,可以顺利舒解个人情绪。于是人们纷纷意识到,“有问题发微博”。于是,网络成为了各种负面情绪滋生和蔓延的温床,每一起个人恩怨情仇扩大为社会热点事件后,情绪被调动起来的社会大众便会积极参与讨论、表达、传播,自发形成民间舆论场,民间舆论场影响官方舆论场,进而影响政府机构的决策,或为推动事情解决的重要渠道,或为倒逼整改、完善制度、促进发展的重要手段。但是也应当看到,一般而言个人情绪倾向于维护自身利益,本身并不完全是理性的,其在传播过程中还会受到暗示、感染、群体压力等复杂心理因素的影响,形成的社会情绪同样也不能保证绝对理性。因此,基于情绪而形成的社会舆论无论从形成过程还是从实践结果来说都不能确保其正当性和合理性。这样,经由个人情绪而形成的社会舆论会常常因带有非理性、情绪化的因素而产生负面影响。

〔周晓萌,中国传媒大学电视学院博士研究生;秦瑜明,中国传媒大学电视学院教授〕

新媒体视域下马克思主义新闻观的研究版图

An Outlook of Marxist Views of Journalism in China from the Perspective of New Media

◎ 王婧雯　方格格

Wang Jingwen, Fang Gege

摘要: 近年来,活跃的新闻传播实践与深刻变革的社会媒介环境激发了学界、业界的研究兴趣,开拓了学术视野与思路,形成了马克思主义新闻观研究的新视点,为中国特色新闻理论与思想研究的转型与创新奠定了基础。21 世纪以来,越来越多的研究者在经典研究论著的基础上将马克思主义新闻思想进一步深化,致力于构建体系化、中国化的马克思主义新闻观,体现出研究者的思想深度和较为成熟的历史眼光。党的十九大宣示了中国特色社会主义进入新时代。站在六十载马克思主义新闻观研究的历史积淀之上,面对新的媒体生态现实,一系列新理念、新思想、新表述进一步拓展了马克思主义新闻观的研究脉络。

关键词: 马克思主义新闻观,新媒体,研究综述

Abstract: In recent years, the active practice of journalism and the profound changes in media ecology have inspired the academic research of Marxist views of journalism, opened up the academic vision and enriched the Marxist theory, which laid a solid foundation for the innovation of journalism theory with Chinese characteristics. Since the 21st century, an increasing number of researchers have deepened Marxist views of journalism on the basis of classic research works, and devoted themselves to constructing a systematic and sinicized journalism view, which reflects the depth of their thoughts and a mature historical outlook. The 19th CPC national congress declared that socialism with Chinese characteristics had entered a new era. Under this new media ecology, a series of new ideas and sights have further expanded the research context of Marxism.

Keywords: Marxist views of journalism, new media, research outlook

习近平总书记在党的新闻舆论工作座谈会上的重要讲话中指出，新闻观是新闻舆论工作的灵魂。十八大以来，我国新闻传播领域深入贯彻习近平总书记系列重要讲话精神，以马克思主义新闻思想为指导，进行了富有成效的新闻传播实践。与此同时，由互联网技术带来的结构性变革进一步催生了传播生态和新闻业态的变化。活跃的新闻传播实践与深刻变革的社会媒介环境为新时期马克思主义新闻观的学术研究提供了丰富的资料，激发了学界、业界的研究兴趣，开拓了学术视野与思路，形成了新媒体环境下马克思主义新闻观研究的新视点，为中国特色新闻理论与思想研究的转型与创新奠定了基础。

近年来，我国新闻传播领域的管理者、实践者和研究者，纷纷围绕马克思主义新闻观的当代价值、互联网环境下的舆论引导、新媒体实践的党性与人民性、新闻宣传工作的话语转向、习近平总书记的新闻舆论观等多个热点议题，产出了一大批观点独到、内容丰富、形式多样的专业著作和学术文章。这些文献通过归纳新的社会媒介环境下马克思主义新闻观的创新理念与实践经验，展现了当代中国新闻传播行业的新格局、新面貌和新表现，形成了中国特色新闻传播理论与实践相辅相成、互为促进的良好氛围，也为马克思主义新闻观理论体系的扩充与新闻舆论工作的未来发展提供了有益参考。

一、研究方法

在研究方法上，当前对马克思主义新闻观的研究主要采取定性研究方法，有的学者从案例切入，通过对中央电视台、新华社、《人民日报》等主流媒体的新闻传播实践活动进行个案研究，在不断演变、创新的新闻实践中，分析马克思主义新闻观与时俱进的时代内涵。有的学者从宏观角度，以媒介融合和新媒体兴起为大背景，基于互联网对信息传播模式的重塑，探讨马克思主义新闻观在新时期新闻传播工作中的指导作用。另外，在马克思主义新闻观教育领域，有学者采用定量研究方法，通过调查问卷对当代大学生对马克思主义新闻观的了解程度进行测量，以此为基础对新闻传播领域培养具备马克思主义新闻观的人才提出建议。

为总结当前研究成果、发现本研究的主要着力点与探讨空间，课题组首先梳理了马克思主义新闻观研究的发展历程与理论体系，建立起马克思主义新闻观研究的历史坐标，并以此为基础，进一步使用文献分析法，以十八大以来的六年（2012~2017 年）为时间限定，将"马克思主义新闻观""马克思主义新闻理论"等设为关键词，对文献资料进行检索、梳理和研读，并利用数据可视化分析工具，以形象化的图表描述数据特征，旨在了解我国马克思主义新闻观研究的基本面貌、重要思潮和主流观点，描绘出新时代马克思主义新闻观的研究版图。

基于 CNKI（中国知网），研究者共检索出了 1080 篇期刊论文。从文献检索结果可见，近年来马克思主义新闻观领域的研究成果丰富，形成了较好的研究基础和规模。本研究将对上述研究成果进行研读、整理、统计和分析，分别从文献数量、文献来源、研究方法、当前研究的方向与观点等方面入手，总结马克思主义新闻观与新媒体实践相关研究的基本面貌和主要特点，发现可供借鉴的视点与研究进路。

二、马克思主义新闻观的研究历程与范畴

（一）马克思主义新闻思想研究的基本维度

我国的马克思主义新闻观研究自 20 世纪 50 年代开始兴起，但由于当时马克思的相关著述还未经过系统全面的翻译，这一时期的研究以较为粗略的马克思新闻实践的分析文章为主。改革开放之后，马克思主义新闻观的研究得到了极大的丰富和发展。

1983 年，中国社会科学院新闻研究所等单位主办了我国第一个马克思新闻思想叙述研讨会"纪念马克思逝世一百周年研讨会"，对马克思的新闻思想、报刊实践及其发展演变历程进行了较为深入的探讨，将马克思主义新闻观研究提升到了中国新闻学科发展的关键地位。这一时期的研究为我国的马克思主义新闻思想研究奠定了重要基础，大量的经典论著得以出版，初步形成了中国马

克思主义新闻思想体系。这部分研究多以专著的形式发表,代表性的书籍包括《马克思恩格斯论新闻》《马列主义新闻学经典论著》《马克思主义新闻思想史稿》《马克思报刊活动评传》《列宁论报刊与写作》《马克思恩格斯列宁的报刊理论与实践》等。[①] 这些研究系统地梳理了马克思主义新闻思想的发展脉络,以"回归科学,把握精髓"[②]的研究取向,深刻地启发了此后的相关研究。

进入90年代,马克思主义新闻观研究视野逐渐开阔,研究者开始引入传播学的研究视角和更宽广的学术思维。比如《精神交往——论马克思恩格斯的传播观》一书从历史唯物的传播理论和世界交往的理念出发,对马克思、恩格斯新闻观中的传播观进行了剖析。

新世纪以来,越来越多的研究者在经典研究论著的基础上将马克思主义新闻思想进一步深化,致力于构建体系化、中国化的马克思主义新闻观,体现出研究者的思想深度和较为成熟的历史眼光。《马克思主义新闻思想研究》《马克思主义新闻观十五讲》等专著总结过去研究成果,集纳学界大家经验;《马克思主义新闻学词典》以词条的形式阐释了马克思、恩格斯、列宁、斯大林、毛泽东等人关于新闻传播、党报党刊的思想理念,并对一百多年来各国马克思主义政党重大事件做出梳理,建立了一份完整的马克思主义新闻观历史演进档案。此外,《马克思主义新闻经典教程》《马克思主义新闻观教程》等一系列系统化、理论化的专业教程出版,为学科发展与新闻专业教育提供了有益的指导。

(二)马克思主义新闻观核心内容和方法论

在马克思主义新闻观的核心内容与方法论研究中,研究者围绕马克思主义新闻思想的经典内容,结合中国本土特色,对马克思主义新闻观进行解剖和细化,提出了丰富的理论与观点。有学者指出,马克思主义新闻观的基本观点为

---

① 这类译著和著作分别是:ЛенитВ.И.列宁论报刊与写作[M].杨春华,星华,译.北京:新华出版社,1983;马克思,恩格斯.马克思恩格斯论新闻[M].北京:新华出版社,1985;陈力丹.马列主义新闻学经典论著[M].北京:人民日报出版社,1987;童兵.马克思主义新闻思想史稿[M].北京:中国人民大学出版社,1989;谭一.马克思报刊活动评传[M].陕西:陕西人民出版社,1989;夏鼎铭.马克思恩格斯列宁的报刊理论与实践[M].上海:复旦大学出版社,1991.

② 丁柏铨,彭娉.60年来马克思主义新闻思想研究评析[J].西南民族大学学报(人文社会科学版),2010(1).

喉舌观、党性观、功能观、真实观、自由观。① 有学者归纳出新闻本体观、功能观、事业观、传播观和艺术观等五个一级命题,从整体入手梳理了马克思主义新闻观的多级命题及其理论体系。② 在《论马克思主义新闻观的时代内涵》中,作者则将马克思主义时代内涵具化为新闻舆论工作中的五个观点:使命观、政治观、人民观、真实观、创新观。③

方法论研究方面,研究者提出马克思主义新闻理论的三种研究视角:在基础层面,马克思主义新闻思想在新闻理论实践领域是具有相当"民间"基础的价值观和方法论。在中间层面,马克思主义是一种理论体系,作为文本符号系统蕴含"知识分子"的学术立场和特征,具备独特的学术批评价值和科学理性特征。在高级层面,作为意识形态体系,马克思主义是马克思主义政党领导的国家上层建筑与思想的观念,对新闻传播事业等意识形态领域具有指导作用。④

(三)马克思主义新闻观的实践原则和效果

关于马克思主义新闻观的实践原则,许多新闻传播从业者基于实践经验提出看法。研究者认为,马克思主义新闻观来源于实践,其价值在于指导实践。有学者指出,实事求是是马克思主义新闻观的实践原则,坚持新闻真实,必须从理念层面、文本层面和效果层面的递进关系中去追求观念真实、微观真实、宏观真实、抽象真实和本质真实。按新闻规律办事,才能够真正建设一个公信力强、文明和谐、与时俱进、富有创新能力的媒介文化。⑤

在理论和实践相结合的案例研究中,研究者结合中国当下的新闻宣传实践,对马克思主义新闻观的当代价值与实践发展进行诠释,集中分析舆论宣传领域的当下变革、官方与民间双重话语体系的融合等问题,对正确认识中国特色社会主义制度下的舆论引导与舆论监督关系颇有启发意义。⑥

---

① 盛沛林.关于马克思主义新闻观的若干思考[J].南京政治学院学报,2002(5):93-97.

② 彭菊华.马克思主义新闻观的多级命题及其理论体系[J].新闻记者,2004(5):6-7.

③ 胡钰.论马克思主义新闻观的时代内涵[J].思想教育研究,2016(3):26-30.

④ 刘卫东.马克思主义新闻理论建设的方法论问题[J].新闻与传播研究,2005(1):16.

⑤ 方延明.马克思主义新闻实践观的比较研究[J].江海学刊,2009(4):111-117.

⑥ 薛国林.舆论"引导"与舆论"监督"的关系新解——马克思主义舆论观当代价值与实践发展诠释[J].新闻与传播研究,2009(6):19-25.

(四)党和国家领导人的新闻思想

对中国共产党几代领导人新闻思想的整理和归纳是马克思主义新闻观研究的热点与重点。研究者从党和国家建设的大局考察新闻传媒的地位与作用,《邓小平新闻宣传理论研究》和《江泽民新闻宣传思想研究》等相关学术专著分析了一代领导人新闻思想的时代特征与历史意义。有学者将毛泽东、刘少奇、邓小平和江泽民等中央领导同志关于新闻宣传工作的重要论述融会贯通,对其共同点与特点进行比较分析。有研究者基于互联网时代的大背景,探讨了胡锦涛对马克思主义新闻思想的新发展,并对主流媒体与新兴媒体的协调发展进行了关注。① 此外,2005 年出版的《中国共产党新闻思想史》成为全面研究中国共产党新闻思想发展历程及主要观点的第一部理论专著。②

三、新媒体环境下马克思主义新闻观的理论延伸与实践

党的十九大宣示了中国特色社会主义进入新时代。站在六十载马克思主义新闻观研究的历史积淀之上,面对新的媒体生态现实,一系列新理念、新思想、新表述进一步拓展了马克思主义新闻观研究脉络。如上文所述,本研究对 CNKI(中国知网)2012 年至 2017 年间马克思主义新闻观研究领域的 1080 篇文献进行了多角度的数据统计分析。总体而言,这些文献体量庞大、内容丰富,主题多元、方法多样,下文将通过具体分析尝试勾勒出新时代马克思主义新闻观的研究版图。

(一)马克思主义新闻观研究的成果分布(2012~2017 年)

1.多产年代:马克思主义新闻观研究文献数量激增

文献数量是对学术面貌的基本反映,它从规模和体量方面说明了某一领域学术研究的活跃程度和丰富程度,也从侧面映衬了行业本身的发展状况。

---

① 张昆.网络时代马克思主义新闻思想的新发展[J].新闻与传播研究,2008(4):8-12.

② 郑保卫.中国共产党新闻思想史[M].福州:福建人民出版社,2005.

2012年以来,随着党的十八大对新闻宣传工作的聚焦与引领,我国的新闻传播事业高度繁荣,新闻传播领域出现了一系列新现象、新趋势、新问题,为学术研究带来了更加多样的议题。这一时期,习总书记就如何适应媒体格局和舆论生态的深刻变化、如何应对新媒体带来的深刻改变多次发表重要讲话,围绕马克思主义新闻观的学术研究也开始逐渐活跃,进入了一个"多产年代"。如图1所示,2012年至2017年11月14日,共有1080篇相关文献。2012年仅有80篇文献关注这一领域,硕博士论文鲜有问津;而到2016年,相关学术文献已达330篇,研究成果数量基本呈现逐年攀升趋势。2016年2月19日,习近平总书记在党的新闻舆论工作座谈会上发表重要讲话,深刻论述了新的时代条件下党的新闻舆论工作的职责使命,对新时期马克思主义新闻思想提出了纲领性的指导,进一步丰富了马克思主义新闻思想的内涵,与之相对应的学术研究也出现了数量上的激增,无论是总体文献数量还是报纸文章、硕博士论文数量都在2016年出现了大幅度增长。

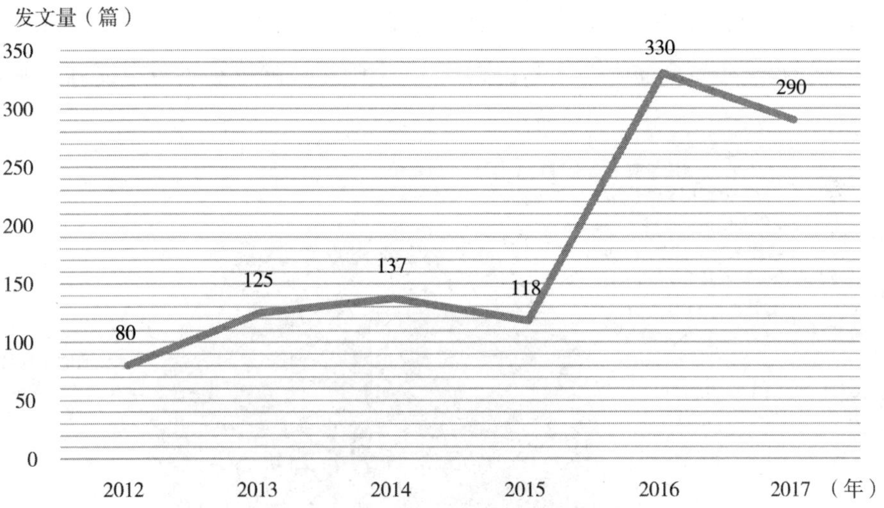

图1　2012~2017年马克思主义新闻观研究文献数量

高度引领的国家布局、深刻变革的媒介环境、开拓创新的行业实践等综合因素激发了研究者的热情。2012年至2017年马克思主义新闻观研究文献数量的变化趋势初步勾勒出了新媒体环境下马克思主义新闻观的学术场域,在逐步升温的学术研究氛围中，中国特色马克思主义新闻观进入了繁荣发展的黄金时期。

2.层次丰富：从理论到实践的马克思主义新闻观研究范畴

通过对 2012 年至 2017 年相关研究的领域范畴分析统计可知，新时期马克思主义新闻观的研究涉及基础理论研究、行业指导研究、职业指导研究、政策研究等主要领域。从理论体系的论证，到新闻传播业界的实践应用，再到国家政府层面的顶层设计，这些研究较为系统全面地勾勒出新媒体环境下马克思主义新闻观的研究版图，呈现出政、产、学、研互联互通的良好协同发展趋势。

如图 2 所示，在 1080 篇学术文章中，基础研究占 40.09%，这部分研究在继承经典马克思主义理论的基础上，结合新的时代特征和传播规律不断进行理论创新，延展马克思主义新闻理论框架，为提升理论研究的当代价值与本土适应性做出了较为扎实的理论贡献。而结合新闻传播学科的深刻实践性，41.57% 的研究聚焦在行业与职业指导中。近年来我国新闻传播行业顺应国家发展战略，积极践行马克思主义新闻观，在诸多融合创新、新闻改革中走在了前沿，为研究者提供了丰富的研究范本与思路启发，也因此成就了马克思主义新闻观行

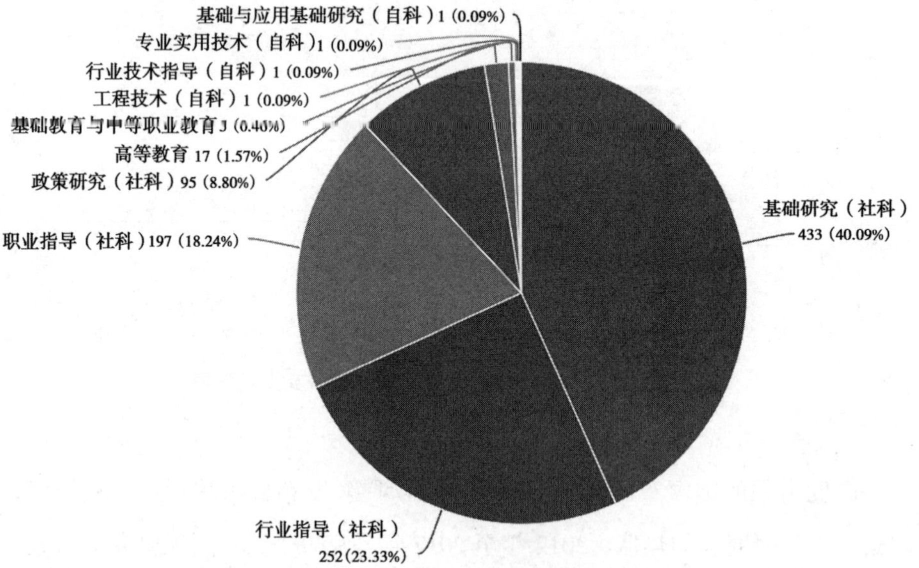

图 2　2012~2017 年马克思主义新闻观研究范畴分布

业与职业指导研究的繁荣。除此之外,第三大研究层次为政策研究,相比理论与行业研究,政策研究成果相对较少,仅占比 8.80%。进入新时代以来,发展中国特色社会主义新闻理论体系被提升到了哲学社会科学研究的关键位置,以深入的学术研究辅助马克思主义新闻观的政策制定与实施,努力发挥智库作用应成为未来学术研究的重要方向。

3.学者云集:高等院校为主要研究阵地,主流媒体实践者参与其中

通过统计研究文献的作者来源与研究机构来源可以看出,当前马克思主义新闻观研究初步形成了以高等院校为主要阵地,以理论研究者为研究主体的研究态势。

通过对研究者研究成果数量及被引量的统计分析,以发文数量为半径、以文章转引量为弧度,可得出如图 3 所示 2012 年至 2017 年主要研究者的分布图。其扇形的面积可在一定程度上代表研究者在马克思主义新闻观研究领域的影响力。其中,新闻传播专业的高校教师做出了重要的理论贡献,在研究者当中占据绝对主体地位。

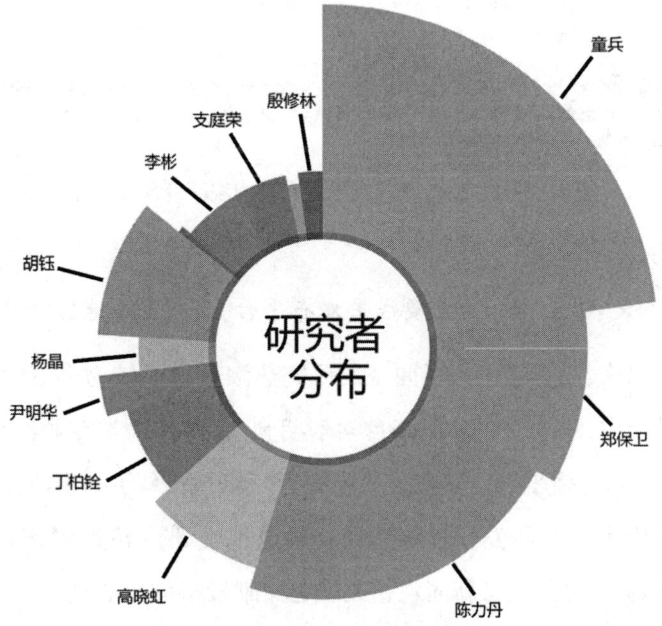

其他研究者:孙宝国、蔡惠福、孙愈中、杨骁、叶俊

图 3　2012~2017 年马克思主义新闻观研究者分布

与此同时，当前马克思主义新闻观正向着媒介变革前沿不断拓展和延伸，从图 4 对 1080 篇文献来源（机构和单位）分析可以看出，处在新闻工作实践一线的创作者、专业管理人员，如人民日报社、中央电视台、新华社等国家主流媒体从业人员也积极参与了相关研究，将新鲜的新媒介案例与经验注入研究阵营中。当下新闻机构媒体实践对学术研究的反哺也显示出新媒体环境下马克思主义新闻观与新闻事业的密切联系，理论与实践协调统一。在日新月异的媒介生态变革中，马克思主义新闻观始终是中国新闻事业的核心与旗帜。

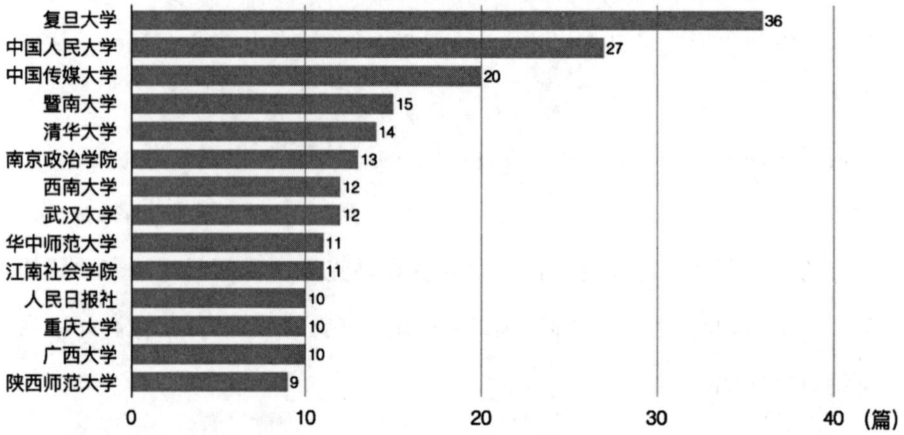

其他单位：
东华大学、安徽师范大学、重庆交通大学、四川大学、河北大学、中国中央电视台、浙江越秀外国语学院、重庆师范大学、南京大学、山东师范大学、天津师范大学、北京师范大学、新华通讯社、中国社会科学院新闻与传播研究所、华中科技大学、新疆大学

图 4　2012~2017 年马克思主义新闻观研究单位分布

4.分布广泛：专业期刊为主要成果发布平台，北京上海地区研究成果比重大

2012 年以来，马克思主义新闻观的研究热潮带来了较为丰富的研究成果，1080 篇文献当中，84.35%的文献来自学术期刊，新闻传播学专业期刊成为最主要的成果发布与传播平台。其中，《青年记者》《新闻战线》《中国记者》《新闻与写作》《当代传播》《新闻爱好者》《中国广播电视学刊》《传媒》《现代传播》《新闻大学》为刊发马克思主义新闻观相关主题文献较多的核心期刊（见图 5）。总体来看，马克思主义新闻观研究相关文献的刊发平台层次多样，既有 CSSCI 来源期刊、北大核心期刊，也有大量普通学术期刊，分布广泛。

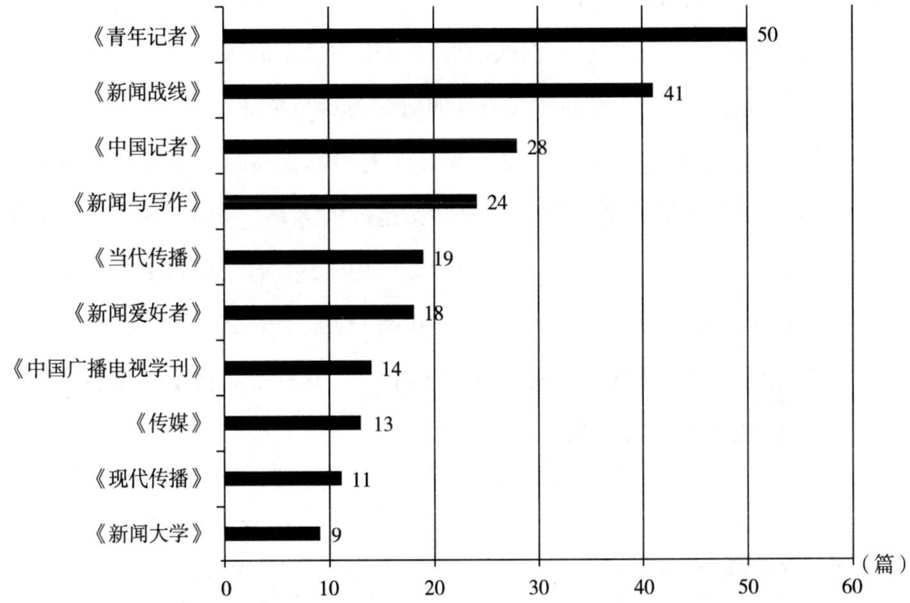

图5　2012~2017年马克思主义新闻观研究成果刊载数量前十位的核心期刊

核心期刊的刊载是对研究成果专业性、权威性的肯定，在一定程度上能够反映该研究领域的学术走向，凸显在该领域具有影响力与引领作用的代表学者。在2012年至2017年的1080篇文献当中，发表于核心期刊的文章总篇数为304篇，通过对核心期刊中文章作者所在地（以作者就职单位所在地为准）分析可以粗略得出，北京地区93篇，上海地区43篇，重庆地区35篇，武汉地区28篇，广州地区15篇，南京地区13篇，天津地区12篇。可以看出，北京作为政治文化中心，重点高校与权威社会科学研究机构云集，学术资源丰富，首善之都在中国特色社会主义新闻理论建设方面触角敏锐，在相关研究成果数量方面居于第一位；东南部沿海地区经济实力雄厚，新闻传播事业活跃，创新实践经验成熟，学术成果较多；中部地区经济发达，高校资源丰富的重庆市和武汉市学术研究成果较为突出。总体形成了以北京为中心，辐射全国的研究网络。

5.与时俱进：关键词聚焦新时代特征，理论体系丰富扩充

中国特色新闻理论的构建是一项逐步完善、积极拓展的研究过程，马克思主义新闻观是一个与时俱进的理论体系，它与媒介前沿、社会现实、顶层设计时

刻深度关联,每个研究阶段都带有鲜明的时代特征。研究文献的关键词高度概括了研究内容的主要关注点,十八大前后马克思主义新闻观领域研究文献的关键词统计在宏观上呈现了不同时代进程的研究视点与特征。

“词云”以可视化表达的方式对文本中出现频率较高的关键词进行渲染和突出,以字号大小的形式来形象化呈现各关键词的多寡。如图 6 所示,左图为在 CNKI(中国知网)检索出的 2006 年至 2011 年的 591 篇马克思主义新闻观相关文献的关键词词云,右图为 CNKI(中国知网)检索出的 2012 年至 2017 年的 1080 篇马克思主义新闻观相关文献的关键词词云,这在一定程度上分别代表了十八大前后该领域的学术研究焦点。

图 6 马克思主义新闻观研究词云(左图为 2006~2011 年,右图为 2012~2017 年)

对比二者可以看出马克思主义新闻观研究产生了较大变化:2006~2011 年的六年时间里,由于研究文献相对较少,关键词分布范围较为有限,更多地依托经典马克思主义新闻理论,涉及新闻宣传、党性原则、马克思主义新闻思想、政治家办报、舆论引导等。同时,随着时任国家领导人胡锦涛提出“以人为本”的治国理念,以及新闻战线“三项学习教育”活动的广泛开展,与此相关的关键词也突显出来。而在 2012 年至 2017 年的六年时间里,马克思主义新闻观的研究得到了极大的丰富与拓展,研究焦点呈现出鲜明的新时代气息:结合媒介生态演变,“新媒体”“媒体融合”成为热点议题,研究者们站在经典理论基础之上探讨马克思主义新闻观在新媒体实践中的“当代价值”;在习近平新时代中国特色社会主义思想的引领下,“马克思主义的中国化”“中国特色社会主义新闻学”被研究者重视,以“走转改”“群众路线”为代表的马克思主义新闻观的中国实践成为学术研究的典型案例,为马克思主义新闻观植根于中国本土拓宽了路径。此外,在“双一流”建设的战略背景下,全国“部校共建”开展得如火如荼,“马克思主义新闻观教育”、新时代的“人才培养”理念进入了研究视域。

在研究热点的差异性之外,通过比较前后两个阶段的共通点,可以发现党性与人民性原则、职业道德、舆论监督、舆论导向等议题是马克思主义新闻观一以贯之的研究重点,在两个关键词词云中都占据着醒目的位置。在新时代条件下,马克思主义舆论思想得到进一步发展,“网络舆论”这一关键词进入马克思主义新闻观研究的中心,舆论引导的主阵地逐渐从网下转移到网上。如何在互联网环境下坚持党性与人民性的统一,坚守新闻舆论工作者的职业素养,强化网络舆论引导,打造清朗网络空间已成为马克思主义新闻观研究的重心。

6.庞大版图:以经典文献为根基,新研究聚点互通互鉴

对文献互引网络的研究分析,可在一定程度上梳理新时期马克思主义新闻观研究脉络,了解相关学术研究之间的交流与渗透,并锁定具有引领地位的关键性文献。为了在海量的研究文献中较为清晰地描绘互引网络,本文基于2012年至2017年的1080篇研究文献,选取其中被引次数大于1的153个样本进行文献互引网络数据统计。从互引统计可以看出,2012年至2017年的核心学术研究之间有着密切良好的互动趋势,马克思、恩格斯、列宁、毛泽东、刘少奇、邓小平等早期马克思主义理论奠基者依然是当下新时代马克思主义新闻观研究的最主要理论根基,发挥着关联各类研究的中枢作用,2012年以来的研究成果均由此生发而来,并在经典文献之外形成了新的研究聚点,极大地扩充了马克思主义新闻观的研究版图。

该互引网络为本文继续进行更加深入的内容研究提供了丰富的样本,基于互引网络中的核心文章,本文将继续探讨新媒体环境下马克思主义新闻观的主要研究方向与热点。

(二)新媒体环境下马克思主义新闻观研究的方向与热点

1.理论创新:兼收并蓄的马克思主义理论体系

马克思主义新闻观自马克思、恩格斯创立以来,经历了漫长的发展和创新

过程。中国特色社会主义新闻实践活动所产生的新问题、新方法、新视野拓展了马克思主义新闻观的内涵,让其成为一门与时俱进的具有指导价值的理论体系。新时期,对马克思主义新闻观的理论内涵进行重新解读和构建成为学术研究热点,许多学者结合当下时代背景,对马克思主义新闻观的内涵进行延展和补充。时任中共安徽省委宣传部部长的曹征海,结合自己的新闻宣传工作经验,提出了构建中国特色社会主义新闻观的必要性与必然性;从宏观层面提出马克思主义新闻观是中国特色社会主义新闻理论的组成部分和重要理论基础,随着中国经济的发展,为了适应新的时代环境和新闻传播业务的新变化,需要对相关新闻传播指导思想进行丰富和扩充。①

有学者以马克思主义新闻观的历史演进路径为脉络,将马克思主义新闻观的核心思想如“喉舌”论、党性原则和真实性等放在当下语境中做出新的解读。② 有学者将马克思主义新闻观的核心理念与当下媒介环境结合起来,说明其指导价值,并对各个核心理念之间的关系作出梳理。③ 有学者将马克思主义新闻观中的某一理念拓展开来,谈该理念在不同时代内涵的一致性和实践方式的转变,分析新媒体实践对该理念的运用和丰富。④ 除此之外,从习近平总书记的讲话中整理、提炼国家领导人在宏观层面对马克思主义新闻观高屋建瓴的创新与发展,也是许多学者进行研究的主题。有学者整理了十八大以来习近平总书记的一系列关于新闻、宣传、舆论工作的重要讲话,从中总结出我国新一届领导人在坚持党的领导、坚守正确的政治方向、立足为人民服务的立场、尊重新闻传播规律、创新新闻传播工作、发展对外传播战略等六个方面继承和发展了马克思主义新闻观。这是当代马克思主义新闻观中国化的最新成果,是指导中国特色社会主义新闻事业发展的科学理论。⑤ 还有学者根据习近平总书记在2014年12月的中共中央政治局集体学习上的讲话,思考怎样将中国的马克思主义新闻观与世界联系到一起。习近平总书记曾就当时的世界发展趋势指出:

---

① 曹征海.论中国特色社会主义新闻传播的理论构建[J].学术界,2015(9):5-41.

② 徐华东,冯文华.论马克思主义新闻观的历史演进及其当代延展[J].辽宁大学学报(哲学社会科学版),2017(1):107-114.

③ 杨保军.当前我国马克思主义新闻观的核心观念及其基本关系[J].新闻大学,2017(4):18-25.

④ 姚成得.马克思主义新闻观党性立场的传承与创新[J].社科纵横,2017(6):10-15.

⑤ 杨晶.论习近平对马克思主义新闻观的继承与发展[J].中共杭州市委党校学报,2017(1):29-34.

“如果我们对世界大势认识不清，甚至茫然无知，就难以把握时代的脉搏，我们的事业就难以有新的开拓。”刘卫东教授从沃勒斯坦的“世界体系”理论出发，阐述了“世界体系”理论与马克思主义人类社会发展理论的关系，着重分析了当代中国在全面融入“世界体系”的过程中，坚持马克思主义新闻观，成功地走出了一条区别于西方国家和任何其他民族国家的“现代化”新闻传播事业的道路。[①]

2.话语创新：党的“喉舌”与人民的代言人

在马克思主义新闻观引导下的主流媒体新闻实践中，基于新媒体平台和互联网传播新特点的社交化话语方式构建是一项重要成果。

首先，业界涌现了大量根据具体案例来探讨新闻传播理念的文章，有的业内人士从《人民日报》官方微博为切入点，具体分析其成功运营的原因，总结出内容的原创性、品牌的延伸与拓展以及满足受众的互动需求是构建官方微博良好社交形象和提升其吸引力的重要因素。[②]

其次，传统媒体的社交化转型是时代趋势，也是业内人士的关注重点。在实践中，各家媒体树立鲜明的个性风格，构建人格化的传播主体形象，纷纷推出自己的标志性用语。新华社凭借通讯社消息“快”的优势，创造性地打造了“刚刚体”这一取标题和文章开头的方式，曾在社会引起广泛的讨论并收获好评。有业内人士便以“刚刚体”为切入点，分析新华社在社交平台上的话语方式转型，从受众心理学和传播规律视域对其走红原因做出归纳。[③]

传统主流媒体的新媒体转型不仅体现在社交平台上，还体现在融媒体报道的话语形态中。具体表现在：使用“接地气”的网络流行语拉近与年轻人的距离；传播内容上取材更贴近人民；使用独家的具有标志性的用词构建人格化传播主体形象等。有的学者从主流媒体具有独创性的“口头禅”出发，探讨其互联网平台上新栏目的话语风格，提出类似“安”这样的简短有力的结束语一方面营

① 刘卫东.马克思主义新闻观科学化大众化的时代表达[J].中国地质大学学报(社会科学版)，2016(3).

② 李志伟，陈宁.传统媒体转型的社交化路径——人民日报法人微博的运营与探索[J].中国报业，2013(5).

③ 周继坚，张倩.“刚刚体”走红，新华社“小编”如何专业卖萌[J].传媒评论，2017(7)：33-35.

造出温馨的信息交流氛围，另一方面也贴合栏目形象，树立起独一无二的话语风格。[①] 有的学者以国家大事件为坐标，从纵向的时间线来观察中国主流媒体的报道形态变迁，以全国“两会”为例，对 1978 年到 2012 年《人民日报》的“两会”报道进行分析，一方面对主流媒体在国家民主进程中所扮演的角色进行归纳，另一方面也通过媒体报道来观察中国不断开放、透明、高效的民主政治制度。[②]

3.实践创新：主流媒体和政府机构的融媒体实践研究

互联网全球化和媒介融合的时代潮流，使马克思主义新闻观面临着新的挑战，新闻传播学界展开了关于新媒介环境下马克思主义新闻观的时代内涵和指导意义的讨论。

目前，不少学者将马克思主义新闻观与当下新闻实践活动联系起来。考察报告《〈广州日报〉：新时期马克思主义新闻观的成功实践》颇具代表性。该文分析《广州日报》能够取得成功的重要原因是坚持了社会主义新闻事业的党性原则，并践行“全党办报、群众办报”方针，尊重新闻价值规律，依靠群众办报，将党报办成了读者读得懂、愿意读的通俗化精英报纸。[③] 2014 年，中共中央宣传部和教育部根据中央领导同志指示精神，组织全国十三所高校新闻传播院系的知名学者和来自人民日报社、新华通讯社、中央电视台、中央人民广播电台等中央级新闻媒体以及北京、上海、湖北等地方新闻界的资深人士会聚北京，共同编撰一本名为《实践中的马克思主义新闻观》的案例教材，使马克思主义新闻观教育案例教材缺位的遗憾成为“过去时态”。[④] 该书收录了大量经典的新闻报道实例，每个案例由“案例概述”“专家评析”“采写手记”“延伸阅读”和“思考题”五个部分组成，并附有详细的多媒体链接，具有时代记录价值和很强的实践参

① 张梓轩，雷建军.党报微博转变政治传播话语体系的探索—以“@人民日报”“你好，明天”栏目为例[J].新闻记者，2013(8)：51-55.

② 贺蕾，黄芝晓.媒介与民主——《人民日报》1978-2012“两会”报道框架分析[J].新闻大学，2012(5)：47-55.

③ 马婕，张诗倩.《广州日报》：新时期马克思主义新闻观的成功实践[J].新闻世界，2009(08).

④ 黄瑚.马克思主义新闻观与当代中国新闻实践的有机结合——评《实践中的马克思主义新闻观》[J].中国记者，2015(2)：29-30.

考性。以互联网时代和新媒体的兴起作为新背景，许多研究者对马克思主义新闻观的核心理念有了切合时代的新解释。首先，研究者认为当下的传播环境给了马克思主义新闻传播活动新的优势，新媒体的发展使新闻传播的受众面不断扩大，马克思主义新闻观引领下的新闻传播能够真正做到“从群众中来，到群众中去”，在广度和深度上有所突破。[①] 另外，研究者提出无论媒介环境怎样变化，坚持马克思主义新闻观中的“党性原则”是保持正确方向的核心与关键。在此观点下，有研究从市场经济的竞争环境切入，讨论在追求经济效益的同时，新闻事业依旧要坚持“向党看齐”，承担起引导舆论、开化民智的社会责任。[②] 有研究从网络时代传播模式和样态的变迁切入，观照中国特色社会主义新闻事业的具体实践，对马克思主义新闻观的发展脉络做出梳理。[③]

2015年，《人民日报》发表评论文章《“互联网+”时代尤须恪守马克思主义新闻观》，提纲挈领地总结了新时代的新闻传播实践活动为何需要坚持马克思主义新闻观的正确引导，怎么将马克思主义新闻观运用到新闻实践生产中去，并倡议广大新闻工作者做到“学而信”“学而用”“学而行”。

马克思主义新闻观是与时俱进、不断发展完善的理论体系，在媒体融合趋势下，主流媒体积极拓展中国特色新闻实践，将马克思主义新闻观融入各类融媒体实践中，同时也从新闻传播的实践中总结出新的规律以丰富马克思主义新闻观的理论体系。近年来，对媒体融合转型中的主流媒体新闻传播理念与实践的理论研究具有较高价值。2014年8月18日，中央全面深化改革领导小组第四次会议审议通过了《关于推动传统媒体和新兴媒体融合发展的指导意见》，标志着我国新旧媒体融合上升到国家战略高度。近年来，我国主流媒体顺应媒介融合的大趋势，建立“两微一端”“三微一端”的信息传播模式，以人民日报社、新华通讯社、中央电视台为代表的主流媒体大胆探索“中央厨房”“全媒体平台”，积极进行传播生产方式的变革，建立起传统产业的“互联网+”新常态。

---

① 曹金名，徐文杰.马克思主义新闻观与当代新媒体的融合运用[J].新闻研究导刊，2015(10)：171-172.

② 乔君.市场经济条件下新闻事业的党性原则研究[D].重庆：重庆交通大学，2012.

③ 赵婵媛.网络时代马克思主义新闻观的继承与发展[D].重庆：重庆交通大学，2012.

在针对主流媒体的融媒体实践活动的研究中,对新闻传播新模式“中央厨房”的实践经验总结是近年来学术研究的热点之一。在中观层面,有的学者深入分析了“中央厨房”新闻生产模式的特征,认为树立分众理念是新时代媒体生产理念创新的关键。① 有的学者以所掌握的业界一手资料为依据,对“中央厨房”模式的具体操作过程和优势做出详细的梳理和总结。《人民日报》推出“中央厨房”融媒体平台,也受到业内的广泛关注。《南京晨报》副总编辑丁晓斌曾写《“中央厨房”,烹制媒体融合大餐》一文,探讨“中央厨房”战略的优势,提到“中央厨房”模式“不仅带来了系统内部的融合,更可根据订户的菜单‘烹制’不同形式信息大餐,还可为普通受众提供个性化的信息和场景服务”。该文从业界务实的视角分析了“中央厨房”的发展前景:解放传统媒体的生产力,改善用户的阅读体验,适应移动传播和媒体融合时代各方的需求。②

除了 2017 年兴起的“中央厨房”,近年来“两微一端”的实践探索研究一直是学界关注的焦点,在传统媒体的微博运营方面,已有许多成熟的案例分析报告。有学者以《人民日报》官方微博的“你好,明天”和“微评论”的 349 个样本为基础,对《人民日报》微博新闻评论的选题内容、呈现方式、发布时机、评论视角、评论意图、高频词等进行实证分析。③

在传统主流媒体的微信公众号运营研究方面,出现了大量基于不同主流媒体的横向比较研究。有的学者以《人民日报》、新华通讯社、中央电视台、中央人民广播电台等媒体作为研究对象,对其微信传播策略、特点和发展趋势做出总结。④ 有的学者以《人民日报》《新京报》的微信公众号为研究对象,对主流媒体在传统纸质媒体和新媒体平台上的报道选材、文风和排版方面做出对比研究。⑤

在传统主流媒体的客户端探索方面,有学者通过横向比较研究的方法较为

① 姚丽亚.基于“中央厨房”模式的新闻生产理念创新[J].新闻界,2015(14):63-67.

② 何炜,张旸.“中央厨房”烹制新闻美味——人民日报全媒体平台创新融合发展途径的实践[J].中国报业,2016(4):16-18.

③ 董天策,梁辰曦,夏侯命波.试论人民日报官方微博新闻评论的特征——基于“你好,明天”“微评论”的实证研究[J].国际新闻界,2013(9):81-91.

④ 黄楚新,王丹.主流媒体微信公众号:现状、特点与发展趋势[J].新闻战线,2016(5):39-42.

⑤ 方惠,古俊生,孙小婷.微信公众平台在纸质媒体中的角色——人民日报、新京报微信公众号的文本分析[J].青年学者论坛,2015(8):54-59.

详细地分析了目前国内两种具有代表性的新闻客户端：新华社新闻栏目《中国网事》新媒体客户端及网易新闻客户端。他们分别从新闻内容定位、新闻更新速度、互动性等七个方面对两种新闻客户端的异同与优劣势做出测量。①

在宏观层面的研究论述中，研究者从产业链角度解析了媒介融合背景下中国四大主流传媒机构的新媒体战略：第一，通过战略结盟，整合内容、技术、渠道和终端资源，避免沦为纯粹内容供应商的风险；第二，引进外部资本，依靠资本化、市场化、公司化的手段整合产业链；第三，品牌化主导，赢得市场竞争的主导权，创造多方共赢的市场新格局。② 另外，有研究者对主流媒体“两微一端”的运营情况做出综合评价，用量化研究的方式探讨微博、微信等新媒体在新闻传播中的积极作用，并对传统媒体如何实现新媒体融合提出策略性参考。③ 还有研究者从个案切入，对传统媒体如何借助新媒体平台发挥新闻传播的及时性和交互性做出分析，梳理传统媒体官微在突发性灾难报道中的问题及原因，总结出若干改进建议。④ 此外，有研究者采用跨学科视角，从商业资本的角度出发，从“两微一端”各自特征入手，梳理受众转移的路径指向，借此探析纸媒利用“两微一端”的盈利逻辑和实现路径。⑤

数据新闻也是行业内新媒体实践的方向之一，关于数据新闻的兴起和前景，业界和学界都有大量研究文献。新华通讯社社长蔡名照在新华社客户端3.0版新闻发布会上曾发表过一篇题为《“现场新闻”拉开主流媒体全面数字化转型的帷幕》的致辞，对“现场新闻”这一概念内涵做出了多维度的解释，提出今后新闻报道的趋势是受众参与生产和沉浸式虚拟报道。有学者对当前数据新闻的两个分支——大数据新闻和小数据新闻各自的优劣势做出分析，提出在“大数据”+“小数据”的基础上对治国理政与民间热点进行量化分析，将“记者前线

---

① 张永芹，王诗根.新媒体新闻客户端特点比较研究——以新华社新闻栏目《中国网事》与网易新闻移动客户端为例[J].滁州学院学报，2012(1)：67-69.

② 梁智勇.媒介融合背景下传媒集团新媒体战略比较——以CCTV、SMG、凤凰卫视与新华社为例的研究[J].新闻大学，2009(1).

③ 王春盛，焦晓洁，沈阳.百花齐放 方兴未艾——2015年传统媒体“两微一端”的梳理和分析[J].新闻与写作，2015(12)：09-14.

④ 方毅华，赵斌艺.人民日报官方微博马航失联报道研究[J].现代传播，2014(6)：20-22.

⑤ 张凌霄.纸媒“两微一端”的盈利逻辑探析[J].传媒产业，2016(3)：70-72.

+编辑后方”的简单模式深化为“数据支持+记者前线+可视化融入+极速推广+产品经理统筹”的多线性协作模式,让新闻成为产品,将编辑记者个体整合为新闻产品团队。[①]

4.方法创新:马克思主义新闻观与网络时代舆论引导研究

舆论监督是新时代马克思主义新闻观研究中的热点议题,有的学者从实践追寻理论,针对互联网环境中传播模式的变化,提出当前社会舆论引导工作面临新的挑战;社会热点讨论中网民情绪化更加严重以及层出不穷的网络暴力事件皆需要马克思主义新闻观的引领。[②] 有的学者从理论观照现实,将马克思主义新闻观的经典理论“世界交往”融入互联网时代“地球村”的大背景并对其做出重新解读,提出互联网“多对多”的传播模式对以往的媒体运营方式造成冲击,这要求媒体和政府遵循传播规律,重视网络舆论并积极引导网络舆论。[③] 也有研究者从历史回溯到追问现实,在深入探析马克思主义新闻观中舆论引导思想内涵的基础上,探讨正确舆论引导的重要性以及马克思主义新闻观怎样指导当下新闻传播活动。[④] 还有学者从具体的实践过程着眼,探讨怎样在马克思主义新闻观的引导下,把握好舆论引导工作中的时、效、度。[⑤]

许多媒体一线的从业者也将马克思主义新闻观与互联网时代的舆论引导工作联系起来。中国新闻社新疆分社记者朱景明所写的《论新媒体背景下马克思主义新闻观的现实意义》一文,站在新闻一线视角,提出互联网社会背景下信息失实、舆论暴力等新问题,认为在新时代用马克思主义新闻观引领新闻舆论引导工作具有如下现实意义:有利于维护新闻的真实性,确保媒体的信誉;有利于提高政府和媒体的舆论引导能力,促进社会和谐发展;有利于社会效益和经济效益的统一。

---

① 叶蓁蓁,关玉霞,戴玉,周祎,魏贺.人民日报中央厨房:“大数据+”模式推动媒体供给侧改革[J].新闻战线,2017(6):10-13.

② 曹陇华,赵文辉,张梦寒.马克思主义新闻观视角下的网络舆论监督——理智力量的挣扎与回归[J].科学·经济·社会,2012(4):152-155.

③ 陈林彬.新媒体视域下马克思主义媒体观的再解读[J].浙江社会科学,2015(2):92-97.

④ 张璇.马克思主义新闻思想中的舆论监督观[J].青年记者,2013(1):20-22.

⑤ 张洪超,吴青熹.在舆论引导中把握好时、度、效[J].新闻爱好者,2013(12):39-41.

5.人才创新:以马克思主义新闻观为指导的人才教育培养研究

在教育领域,培养具备马克思主义新闻观的新闻人才也是热议话题之一。有学者提出,高校培养具备马克思主义新闻观的人才需要从以下三个方面入手:理解马克思主义新闻观的理论精髓;完善马克思主义新闻观的教学体系;推进马克思主义新闻观的教材建设。[①] 有学者认为,在"世界体系"的背景下,马克思主义新闻思想的研究与教学应该有更广阔的视角,应遵循其自身与时俱进的理论品质,立足符合中国人民根本利益的全球视野和国家战略文化的整体布局,密切关注国内外两个大局,关注"世界体系"和"世界历史"语境下的人类未来发展趋势,关注当代中国全面深化改革面临的现实问题,以长时段历史发展和多元化国际文化视角,给予其科学系统的审视。[②] 有学者认为,在马克思主义新闻观的引导下,创建中国特色社会主义新闻学势在必行,并提出新闻传播教育体系和人才培养政策的目标指向与核心内涵是培养中国特色社会主义新闻事业接班人——"人民记者"。新闻传播教育和人才培养的一切工作必须紧紧围绕这一目标指向进行,这也是新闻传播教育工作的终极目标。该文还从治教、选教和施教三个方面做出论述:一是在培养方案上做好制度设计,确保马克思主义新闻思想融入传媒人才培养全过程;二是在师资队伍构成上,做好以高尚的人格形塑新闻教育者师魂品性的德育体系建设;三是在教材建设与教学教法上,做好以马克思主义新闻观"培养思想的生产者"课程体系的科学设计。

马克思主义新闻观强调因地制宜、顺应时代发展。在新媒体时代怎样培养具备时代视野和新媒体技术的新闻人才也成为各高校关注的话题。中国人民大学新闻学院新闻传播教育课题小组曾发表一篇名为《媒介融合时代的中国新闻传播教育:基于18所国内新闻传播院系的调研报告》的研究报告,对全国18家新闻传播院系进行深入调研,从培养方案、师资、教学管理机制以及与业界合作情况等诸多方面对各个院系的新闻传播教学工作进行综合考量和测评,总结出18家国内新闻传播院系发展面临的共性问题与教改的主要内容,并提出加

---

① 高晓虹,赵希婧.马克思主义新闻观与新时期新闻传播高等教育[J].中国大学教育,2016(12):11.

② 刘卫东.以科学的马克思主义新闻思想为统领,完善中国特色新闻教育体系[J].中国大学教育,2016(12):19-24.

强马克思主义新闻观教育、培养媒介融合复合型人才是未来新闻传播教育改革的重要关注点。

在教育培养模式的实践中,当下中国新闻教育界出现一股新热潮——部校共建,即全国多家高等教育院校与国家级、省级、地市级宣传部或媒体开展共建新闻学院活动。有学者对部校共建这一举措的目标、动力和具体合作方式做了详细分析,认为部校共建的优势在于新闻学院与主流媒体共同培养新闻从业者能够给予学生更多实践机会,为课堂带来前沿知识和一线经验。同时各级国家宣传部门参与到高校新闻传播教学活动中,能够为培养马克思主义新闻观人才提供软硬件设施、国际交流等方面的支持。①

6.国际视野:外文文献多维度展现中国新闻事业新面貌

许多中国学者在国际期刊上发表相关论述,将中国特色马克思主义新闻观的最新实践成果与世界分享。有学者通过科学的大数据分析对"中国无言论自由"的刻板印象做出反驳,在132亿条微博数据的基础上,列举了大量预测性报道和突发性报道,展现中国政府在回应突发事件时的及时和有效处理,对中国的舆论引导和新闻传播现状做出客观的整理。② 有的学者从新媒体的工具性出发,考量新媒体在民众政治参与中所扮演的积极角色,认为新媒体的运用在政府与民众的信息交流方面起到了积极作用。③ 有的学者致力于研究中国政府通过新闻传播进行舆论引导的实践活动,以中国的全国人民代表大会和中国人民政治协商会议作为具体研究案例,对历年"两会"报道内容背后所折射的政治民主图景做出描绘。④

〔王婧雯,中国传媒大学电视学院教师;方格格,中国传媒大学电视学院研究生〕

---

① 王大丽,吴廷俊.中国新闻教育新热潮:部校共建[J].新闻大学,2015(1).

② BEI QIN,DAVID STRÖMBERG,YANHUI WU.Why Does China Allow Freer Social Media? Protests versus Surveillance and Propaganda[J].Journal of Economic Perspectives,2013(31).

③ ZHUANG MEIXI,MORGAN,STEPHEN L.Citizen-Media Interaction in China's Local Participatory Reform:A Contingent Participation Model[J].Journal of Contemporary China,2017(8):1-17.

④ XUJIA DU, JOHANNA, RENDLE-SHORT. Journalist Questions: Comparing Adversarialness in Chinese Political Press Conferences[J].Discourse,Context and Media,2016(12):51 - 58.

视听传播

文化维权:新时代主流媒体的担当与责任

——基于三沙卫视多元传播模式的探索

Protecting Rights by Culture: the Responsibility of Mainstream Media in the New Era: Based on the Exploration of the Multiple Communication Model of Sansha Satellite TV

◎ 叶　明

Ye Ming

摘要:我国不仅是陆地大国,也是海洋大国,拥有十分广泛的海洋战略利益。经过多年发展积淀,我国海洋事业正进入有史以来最好的发展时期。我们在海洋事业上所取得的各项成就,也为建设海洋强国打下了坚实的基础。2018年4月12日,习近平总书记在海南考察时指出,建设海洋强国是中国特色社会主义事业的重要组成部分。党的十八大作出了建设海洋强国的重大部署。实施这一重大部署,对推动经济持续健康发展,对维护国家主权、安全、发展利益,对实现全面建成小康社会目标,进而实现中华民族伟大复兴都具有重大而深远的意义。要进一步关心海洋、认识海洋、经略海洋,推动我国海洋强国建设不断取得新成就。三沙卫视作为海洋类专业频道,自觉扛起服务海洋强国建设的媒体担当,助推广大民众海洋意识的觉醒与复苏,并以文化维权为使命,为国家海洋强国建设发挥独特的作用,绘就万里海疆文化地图。

关键词:海洋强国,三沙卫视,媒体担当,海洋意识,文化维权

Abstract: China is not only a land country, but also an ocean country, with a very wide range of marine strategic interests. After years of development and accumulation, the marine cause in China is entering the best development period in history. The achievements we have made in the marine cause have also laid a solid foundation for building a strong maritime country. On April 12, 2018, during his visit to Hainan, President Xi pointed out that building a strong maritime country is an important part of socialism cause with Chinese characteristics. The Eighteenth National Congress of the Communist Party in China has made major plans for building a powerful maritime country. Implementing this major deployment is of great and far-reaching significance for promoting sustained and healthy economic development, safeguarding national sovereignty, security and development interests, achieving the goal of building a well-off society in an all-round way and achieving the great rejuvenation of the Chinese nation. We should pay more attention to the oceans, recognize them, and make economic and strategic progress, so as to make new achievements in the construction of China's marine power. As a professional marine channel, Sansha Satellite TV consciously plays the role of serving the construction of marine power, helping to promote the awakening and revival of the ocean consciousness of the general public, and taking cultural rights protection as its mission, playing a unique role in the construction of national marine power, drawing a cultural map of vast coastal areas.

Keywords: marine power, Sansha Satellite TV, media responsibility, ocean consciousness, protecting rights by culture

三沙拥有200多万平方公里的“蓝色国土”，海洋国土辽阔、海洋资源丰富、海洋风光旖旎，是中国人走向深蓝的广袤宝地。作为跨区域新兴媒体的三沙卫视，自2013年9月诞生之日起，就以习近平总书记赋予三沙的“维权、维稳、保护、开发”八字方针为使命，以海洋文化的传播者、中华文明的传承者为追求目标，在服务国家重大战略、推动海洋事业发展上自觉扛起媒体担当，致力于打造《巡航祖宗海》《从海出发》《博物馆里的海洋》《快乐海钓》等精品专题节目，从全面认知海洋、深度了解海洋、体验海洋等各个角度，形成不同层次不同认知受众的全覆盖，并通过全媒体手段，探寻出一条独特的“主权三沙”文化维权之路。

一、史实为据，新理念为指向，筑牢海洋文化传播基石

作为自古以来就拥有独特海洋意识和海洋文化的国家，早在旧石器时代，中国沿海地区就出现了人类活动的足迹。从三国时期一直到明朝，在一千多年的时间里，中国古代的航海业和航海技术，一直处于世界领先水平。对海洋的关注、崇拜与热爱，在历代文人的诗词作品中也有层出不穷的表现，三国时期曹操的“东临碣石，以观沧海”，唐代李白的“长风破浪会有时，直挂云帆济沧海”，唐代张九龄的“海上生明月，天涯共此时”等，都是妇孺皆知、传颂恒久的名诗佳句。由此足见，海洋自古以来就是中华文化的基因渊源和有机组成部分。无论从我国海洋历史文化、海洋军事文化、海洋旅游文化或海洋民俗文化中，都能挖掘出不胜枚举的亮点。比较有代表性的，如郑和七次下西洋的壮举，历史性开辟了亚非海上航路，极大传播了中华物产和中华文明。在与不同国家进行文化、经济交流的同时，没有占领别国一寸土地，没有建立一个要塞，没有掠夺一分财富，郑和下西洋代表了中华民族发展和平共处、睦邻友好关系的精神实质。作为国际间相互尊重、和平友好的伟大实践，其不仅完美展示了中华民族友睦邦交的优良传统，也成为人类文明发展进程中的一个杰出范本。这种先进的中华文化所包含的先进海洋文化，正是我们涉海洋媒体应该大力传播的蓝色文明和用心讲述的中国故事。

同样也要看到，从元末明初开始，为防御倭寇，两朝政府实施了长达两百多年的海禁政策，直到肃清倭寇之后的明朝隆庆元年（1567 年）才解除海禁。到清政府时期，其闭关锁国更是让中国的海洋事业发展远远落后于世界海洋大国。纵观当今世界强国，其发达强国之路，无一不是从海洋开始的，而没落往往也是从海洋开始的。

新中国成立伊始便重视海洋权益维护和海洋事业发展。党的十八大报告提出，提高海洋资源开发能力，发展海洋经济，保护海洋生态环境，坚决维护国家海洋权益，建设海洋强国。这也昭示着我国开启了从海洋大国向海洋强国迈进的步伐，我们的海洋事业迎来了大发展、大繁荣的新时代。2012 年三沙设市，是我国加强西南中沙群岛及其海域管辖、维护中国南海权益的重大举措。习近

平主席提出海洋命运共同体重要理念和共建21世纪海上丝绸之路的倡议,表明我国海洋事业的发展站在了全球视野这一高点上,表达了促进与各国海上互联互通、推动蓝色经济发展、推动海洋文化交融、共同增进海洋福祉的美好愿望,更显示了中国愿与各国共同维护海洋和平安宁的大国担当,为维护和促进海洋和平与繁荣、惠及全球海洋可持续发展贡献中国智慧、中国方案。这也从更高更深远的角度,为我们开展"主权三沙"文化维权确立了新航标。

从繁荣到落后,从落后再到复兴和繁荣,理清脉络才能更好了解我国海洋发展的沿革变迁,通过国际间的横向了解与比较,以及对新时代中国海洋强国战略新思想、新理念的准确领悟,才能更清晰地认知海洋建设对国家发展的重要性,更深刻地理解我国走向蓝海、走向深海的战略要义。对于涉海媒体而言,只有全面认知海洋,紧紧把握并践行海洋强国战略的思想内核,拓开以文化经略海洋和文化维权的广阔视野,才能筑牢海洋文化传播的基石,在海洋强国战略中提高站位、把握机遇、扮好角色。这也正是三沙卫视找准定位、谋定后动的航标和路径。

二、讲好中国故事,找准"主权三沙"文化维权落脚点

古代海上丝绸之路在唐、宋、元、明几个朝代曾几度达到高峰,迄今为止考古出水的中国古代沉船或货物的"中国制造"都足以印证,在上千年的漫长时间里,中国都是这条海路的主要拥有者、经营者和守护者。

在专题节目《中国海岸行 福建・泉州(上)》中,三沙卫视记者在泉州涂门街,找到了今年44岁的嘉宾许世吟娥。从小在泉州长大的许世吟娥,外表看与普通的闽南女子并没有什么不同,但其身份却并不一般。据史料记载,公元1459年锡兰(今斯里兰卡)国王世利巴来耶为了增进与中国的交往,专门派遣王子世利巴交喇惹来中国进贡,在回国途经泉州时,王子因归国无望便留在了泉州。许世吟娥就是世利巴交喇惹王子的第十九代后裔。而她作为斯里兰卡公主的身份也得到了斯里兰卡政府的认可。2002年6月,斯里兰卡政府向许世吟娥发出访问邀请。许世吟娥回到了她祖先生活的地方,斯里兰卡以最高礼仪欢迎她的到来。一位政府部长致辞说:欢迎公主回家。而说到和斯里兰卡的关

系,则要追溯到郑和那个年代。据史料记载,1409 年,郑和第三次到达锡兰,入锡兰山寺布施,并建“布施锡兰山佛寺碑”,目前此碑收在科伦坡博物馆。郑和此次锡兰之行,还被迫打了一场自卫战。当时锡兰国王亚烈苦奈儿意图谋害郑和,被郑和轻松打败并且活捉。按说这个国家已经被郑和灭国,但郑和却选择了宽容,锡兰国也就此臣服明朝政府。

三沙卫视在节目中,对这段故事进行了详实描述。从斯里兰卡王子世利巴交喇惹所处时代来看,中国在当时的海上地位不言自明。从古及今,由今溯古,中国海洋文明的魅力与海洋精神,就在这一个个中国故事当中呈现、展露出来。

《南海捕鱼日记》《我们的更路簿》《环海南岛海岸行·琼海》等专题片,从海南渔民最早命名南海各岛礁的名称开始,讲述中国渔民世代耕牧南海的难忘经历。被海南渔民称为南海天书的《更路簿》记载:永兴岛叫猫注,半月礁叫海公,西沙北礁叫干豆,太平岛叫黄山马。不仅如此,海南渔民还对鱼获有着海南话通俗的命名,例如:水字螺被命名为笔架螺或六角螺,黑海参被命名为黑狗参。这些方言名称是长辈们口口相传下来的,至今仍在使用,出海作业时就会脱口而出,尤其鱼获俗名的叫法从未改变。这些都是中国人最早发现、命名、开发南海最直接的证明。专题片《老船长》不仅对南海天书《更路簿》进行了详尽阐述,更是对风帆时代的老船长进行了“抢救性”拍摄和采访,让观众更多了解老船长们闯三沙的故事。《三沙岛礁行》专题片探访了西沙甘泉岛“唐宋居住遗址”“甘泉井”等文化遗存,这些都是唐宋时期三沙岛礁已有中国先民生活的直接明证。海南渔民传统捕捞方式、海洋民俗、文化遗存等文化内容的媒体呈现,无可辩驳地佐证了南海主权属于中国的历史事实。

用镜头讲述中国海洋故事,以实景实物和真人真事展现中国人的海洋足迹,以媒体传播的方式展露海洋文化维权的强大威力,正是三沙卫视孜孜以求的自觉担当和努力方向,为海洋强国战略做出了令人欣喜的文化注脚。

三、以海洋传统文化为凭依,增强文化维权辐射力

2017 年 3 月,三沙卫视启动大型策划“环海南岛海岸行”,制作了 14 集系列

专题片。摄制团队在3个月时间里,从海南文昌木兰头出发,途经12个市县,用脚步丈量了海南1800多公里的海岸线。专题片以广阔的视角和多种拍摄手段展现大海的震撼之美,对海南12个沿海市县的港湾、码头进行了系统梳理,以美食、故事、非遗技艺等元素为焦点,展示与南海息息相关的人文风情。

三沙卫视并没有局限于三沙和海南,而是放眼全国。2017年7月开始,三沙卫视"中国海岸行"摄制组从中国大陆海岸线的西南端广西北仑河口出发,沿着中国大陆1.8万多公里的海岸线一路前行,途经广西、广东、福建、浙江、上海、江苏、山东、河北、天津到达辽宁丹东,以地级市为拍摄单位制作100集大型专题片,将我国沿海各市县的神奇自然、历史人文、海洋民俗等内容一一呈现。

三沙卫视也成为目前唯一一个走遍三沙海域、海南岛海岸线、中国大陆海岸线摄制节目的媒体。实地拍摄与走访,才能对海洋文化有更深入的了解和认知,才能逐渐彰显文化维权的深远影响力,对海洋传统文化的保护、传承与传播也才更为有力、更为有效。

1.系统展现优秀海洋传统文化,促进民众海洋意识复苏

与海洋相关的传统文化是我国沿海人民智慧的结晶,也是无价瑰宝。它记录着我国海洋事业的文化面貌,也反映着我国独特的海洋精神。在一部分海洋类文化传承面临断代、海洋技艺面临失传、海洋民歌面临衰竭的现实境况下,三沙卫视对部分海洋民俗进行挽救性拍摄,系列制作"中国海岸行"才变得刻不容缓,也更需要知难而进。比如对广西的高跷捕鱼技艺、虾灯捕捞,浙江、江苏的渔民号子等进行采访拍摄,对这些流散在民间的文化传统予以拉网式的真实记录,并以媒体传播的方式让更多的人了解和关注,催发更广泛的支持、更有效的传承。

其中,三沙卫视集中对沿海地区几十项与海洋有关的表演艺术进行了拍摄,如琼海潭门鲤鱼灯制作与表演、惠州渔家婚俗、惠东渔歌、汕尾渔歌、舟山锣鼓、滨州渔鼓戏等,这些民间表演艺术均源自渔民原生态的生产生活。只不过随着经济的发展和劳作方式的改变,很多有传承价值的民间表演艺术渐渐失去了舞台,面临着式微乃至失传的危险。经过媒体的持续性关注和打捞式宣传,吸引更多的人从事和保护这些文化遗产,更重要的是帮助它们重新找到舞台,

重新恢复生存的能力和发展的活力,形成传统海洋文化新的良性循环,这是媒体主动靠前、充分发挥传播功效的自觉使命。

经国务院批准列入第一批国家级非物质文化遗产名录的舟山锣鼓,其乐器配制齐全,两大主奏乐器分别是由十三面锣组成的排锣和由五面鼓组成的排鼓,演奏风格独特,音量对比鲜明,音响色彩丰富。代表作品有《渔舟凯歌》《东海渔歌》《渔民欢乐》等。1957 年莫斯科举办的世界青年联欢节上,舟山锣鼓曾荣获世界民间音乐比赛金质奖章。20 世纪 80 年代以后,随着市场经济发展和文化娱乐形式多样化,舟山锣鼓这一区域性文化表现形式被逐渐边缘化,舟山锣鼓出现了青黄不接的局面。三沙卫视在节目中对舟山锣鼓进行了较为全面的介绍,为其制作宣传片,利用新媒体平台对其予以多种宣传。这种传统意义上的海洋文化内容,登上了崭新的传播平台,那些保存较好、运营良好的技艺和艺术被陆续推出,一批将要失传的文化项目得到推介。三沙卫视以润物无声的文化关注与传播,保护着传统海洋文化的传承和发展,唤醒民众海洋意识不断走向复苏。

2.反映海洋民俗随时代而发展,让海洋意识代代相传

海洋类传统风俗、礼仪和节庆,与艺术表演情况又不一样。时代发展、科技进步和生态环境保护的要求,使这些海洋传统也在不断改变。渔家婚俗作为中国传统婚俗的一部分,可以说是海洋文化的“活化石”。广东惠州渔家婚俗文化,是岭南地域一朵绚丽的滨海民俗奇葩。渔家婚礼风格独特,源远流长,是渔家文化的重要组成部分。渔家婚嫁全程分为岸上和水上两部分,水上部分以划船表演为主,岸上部分以舞蹈和歌唱为主。

三沙卫视对惠州渔家婚俗进行了记录式的拍摄。从新郎迎亲队伍的梳妆开始,到近五十人的迎亲队伍在航行中的渔船上唱渔歌跳划桨舞,再到新娘家门口的渔歌对唱,最后回到男方家中的婚宴和仪式,全程充满海洋元素。惠州渔家婚俗的延续,得益于这一传统习俗能与时俱进,既符合时代发展需求,也符合现代人的生活需求,因而得以一直流传。

西方舆论常常用缺乏海洋精神来批评中国人,其实我们的海洋精神就蕴含在我国丰富的海洋文化之中,已传承两千多年,只是和西方所指的海洋精神并

非同一概念。三沙卫视通过镜头探讨关于海洋文化保护与传播等一系列问题,将海洋文化这个话题做得更接地气。海洋文化并非高不可攀,它蕴含在沿海人民的劳作与生活中。三沙卫视着力于海洋传统文化的传播,不仅因为它承载着我国沿海人民的智慧与审美,更因为它承载着中国人的海洋精神,承载着海洋文化维权的重大意义。

为国家海洋强国建设不断发挥媒体独特的作用,用丰富的镜头绘就万里海疆文化地图,三沙卫视正是以更加开阔的海洋文化视野,开启了一条属于新时代波澜壮阔的文化蓝海之路。

〔叶明,海南广播电视总台副台长〕

5G 时代仍然至关重要的电视新闻

TV News Remains Essential in 5G Age

◎ 吴信训

Wu Xinxun

摘要：网络与数字化时代，各种传统媒体日渐式微，如何认识广播电视，尤其是电视、电视新闻的地位与价值？本文从符号学的视角，通过梳理人类信息传播发展历史，尤其是电视新闻传播的四次革命，阐明了信息传播进入 5G 时代，无论是在网站上还是手机上传播的“形声并茂”的视频新闻，还是带有新闻内涵的微视频、视频博客，在本质上与电视新闻“基因相同”，都是以影像和声音综合构成的新闻节目，其基本符号特征、基本修辞逻辑、基本语法规范、基本表现形态、基本结构技巧，以及其社会功能并没有发生本质的变化。就电视新闻的传播而言，在某种意义上可以说，互联网、手机等新媒体只是电视新闻传播平台的扩展与延伸。新闻是媒体的旗帜和灵魂。迄今为止，电视新闻仍然是反映现实社会生活最生动、最及时、最有感染力、最重要的信息传播媒介。

关键词：5G 时代，符号学，电视新闻

Abstract: How to define the status and value of radio and television, especially the TV and TV news in the age of internet and digitalization when traditional media are destined to decline? This article expounds, from the perspective of semiology by going through historical trends of the development of human information dissemination, especially the four revolutions of TV news dissemination, the identity of TV news and new media whether they are the fully visualized audible video news or the micro videos or vlogs with news connotation that spread through websites and mobile phones when it enters the 5G age, as news programs composed of images and sounds which haven' t mutated in terms of basic symbol feature, basic rhetoric logic, basic grammar norms, basic performance patterns, basic structure and skills as well as social functions. In a sense, for TV news, new media available on internet and mobile phones are just the expansion and extension of its communication platform. The news is the banner and soul of the media. So far TV news remains the most vivid, timely, appealing and essential communication medium reflecting trends of social lives.

Keywords: 5G age , semiology, TV news

一、电视新闻传播“四次革命”独领风骚

在网络与数字化时代,毋庸讳言,各种传统媒体都面临着式微的命运,广播电视也不例外。在这样的大潮下,传统媒体及其产业的核心价值体现——新闻、新闻记者、新闻行业似乎也较以往黯然失色。

究竟该如何认识与判定广播电视,尤其是电视、电视新闻的未来命运,我们无妨从符号学的视角回顾电视与电视新闻在人类信息传播发展历史中所处的地位。我们会清晰地看到,人类的信息传播符号发展历经语言、文字、绘画、照片(黑白、彩色)、活动影像、电影(无声、有声、黑白、彩色)、电视(录播、直播)等。

我们会发现,有史以来人类对信息符号传播境界的追求,似有一种本能的力量,推动信息符号传播层次的不断提升,致力于“信息符号传播反映现实生活的形声并茂性、快速时效性”。在形声并茂性方面,电影最早独占鳌头。在快速时效性方面,广播最早独占鳌头。而迄今为止,在形声并茂性、快速时效性方面能同时居前列的,唯有电视,尤其是电视新闻。电视“先睹为快胜电影,形声并茂胜广播”。

信息传播进入今天的5G时代,各种媒体终端呈现的信息符号,无论何种创新变化,最终都还没有突破电视的独家优势。电视媒介科技自身的创新也在媒体融合的进程中,始终保持着在符号创新的潮头引领风骚,具体可见电视新闻

传播的四次革命。①

电视新闻传播的第一次革命——电视在“先睹为快胜电影,形声并茂胜广播”的基础上,首次突破“受众被动接受”局限。

电视新闻传播的第二次革命——“内容二次整合”和“延时播出”成为现实。电视新闻传播的这两次革命都发生在电视传播科技的“模拟技术”阶段。

当电视科技进入数字化时代后,就引发了电视新闻传播的第三次革命——“库传播”与“移动传播”闪亮登场。其重要标志是运用“库传播”原理,建构起有别既往的电视新闻传播新模式。同时,随着移动互联网技术的日益成熟,“移动传播”问世,改变了人们收看电视新闻的习惯与方式。“移动互联网+电视新闻”成为时代亮丽的符号。人们从此可以不必坐在家里或办公室的电视机前看电视,而是可以随时随地利用随身携带的手机、iPad 看电视新闻等视频节目。具体体现在综合运用数字技术,彻底颠覆了电视新闻传统传播模式存在的三大不足。

一是受众的完全被动。播出方式是顺时性,一次性的,常常体现为一播而过。在这种播出模式下,受众对电视新闻的的收视往往是不可选择和不可逆转的,完全是被动式的接收,参与度很低。

二是对电视新闻节目资源再利用不足。人们历来认为“新闻是易碎品”,今日新闻转眼就成明日黄花,电视新闻似乎尤甚,因为报纸尚可能重新翻阅,电视新闻却一播而过不便保存。但是,电视新闻依托人类最先进的传播科技手段,最快速、敏锐尤其是形声并茂地真实反映、记载着人类社会、政治、经济、文化等方面的重要情况,内容涉猎广泛,而且播出密度高、节奏快,海量的新闻内容业已形成了一笔宝贵而独特的社会财富和文化财富。但是,这些价值在传统播出形态下未能再开发利用,是极为可惜的。

三是创造经济效益的渠道有限。电视新闻节目的传统赢利模式还基本局限在通过吸引观众换取广告商的青睐。在现代传媒呈多元赢利模式的时代,电视新闻节目的传统赢利模式就显得颇为单一了,尚有待开发新的途径。

然而,在“库传播”与“移动传播”的新媒体环境下,电视节目生产素材及其

---

① 吴信训.新编广播电视新闻学(第三版)[M].上海:复旦大学出版社,2018.

产品的多元利用,电视节目无处不在的随身传播、随时点播、多种增值模式纷纷成为现实(见图1)。

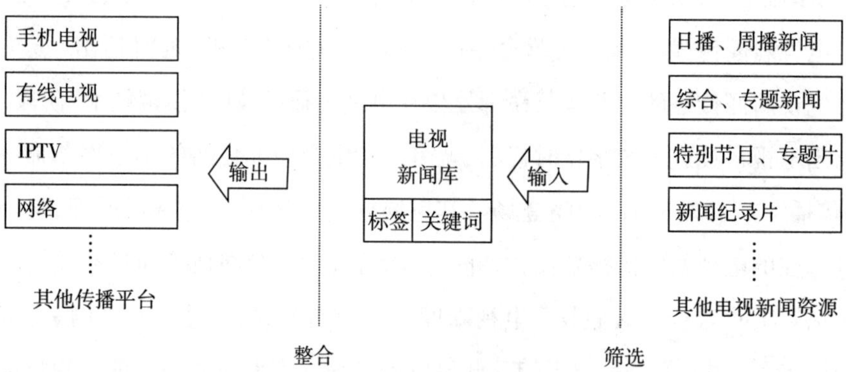

图1　电视新闻“库传播”基本原理模型

现在国内外很多电视台以及报社等媒体都打造了融媒体生产平台——“中央厨房”。“中央厨房”实际上就是融媒体中心,它是对“一次采集,多渠道发布”这种新型新闻生产模式的形象比拟。“中央厨房”的记者将采集来的各种新闻素材放入全媒体数据库(又称“成品稿库”),然后媒体集团内部的各种子媒体可以根据需要,对这些素材进行二次加工、三次加工,重新排列整合以后生产出各种不同形态的终端新闻产品。最后,新闻编辑部按照需要将新闻产品通过多种媒体逐级逐层发布、传播。这种多媒体、全媒体的团队通过内容的集约化制作,实现新闻信息的多级开发和利用,增强新闻传播效果,节约新闻制作和传播的成本。

电视台的“中央厨房”不仅融合了传统电视新闻的文字排版工具、音频视频处理软件,还有数据新闻、VR(虚拟现实)新闻、机器人新闻、H5页面等富有表现力的融媒体新闻生产工具,电视新闻记者和新媒体工作者可以在平台共享内容资源和技术资源,快速上手制作融媒体新闻产品。所以说“中央厨房”既是共享内容、共享技术的平台,也是造就新型新闻人才的平台。

新闻传播渠道的创新也实现了质的飞跃:“移动互联网+电视新闻”的融合媒体布局初步显现。从中央电视台到省级广电集团,均建设微博、微信、客户端“两微一端”,面向移动互联网所布局的融媒体系统基本显现全貌。

中央电视台充分发挥视频优势,2016 年 5 月在主流媒体中率先创建了自有直播平台“央视新闻+”,利用遍布全球的海外记者、覆盖全国的国内记者的强大报道资源,在 14 个月内进行了 2000 多场新媒体直播,内容涵盖里约奥运会开幕式、盐城龙卷风特大事故、美国大选、金正男被刺杀事件等几乎全年所有重大突发新闻。央视新闻新媒体的网络直播技术,创新性地与新浪微博和今日头条等社交媒体合作,首创性地实现将直播流推送到社交媒体平台,有效拓展了用户渠道。同时,利用新浪微博的“弹幕”等功能,有力提升其用户的参与度,因此其网络直播在短期内获得了很好的传播效果。

中央电视台在 Facebook 和 Twitter 上开设的“央视新闻”账号得到相当高的关注度,形成自己的新媒体品牌。央视新闻在“天宫二号发射”“台风‘莫兰蒂’”“最佳赏月地”等报道中,实现 4.5 小时不间断移动端交互直播,首次实现手机移动直播信号直接引入大屏,大小屏同源同步直播,使“多屏收视”“多终端收看”成为重大新闻报道的一种常态。

2017 年 2 月 19 日,在习近平总书记“2 · 19”讲话一周年之际,新华社正式启动了“现场云”全国服务平台,旨在与国内媒体共享成熟的“现场新闻”直播态产品,为国内媒体提供融合发展新平台。“现场云”是基于移动互联网的,以直播为主要形态的,支持基于手机的新闻在线采集、在线加工、在线分发的移动化融媒体新闻在线生产平台。通俗地讲,“记者带个手机就可以发稿了”,使用手机上的“现场云”APP,即可采集直播视频及文图稿件。记者即采即拍即传,编辑即收即审即发,全面改变了传统采编发场景。据统计数据显示,截至 2018 年 1 月,包括中央媒体、中央国家机关、地方媒体、地方党政机关在内的 2300 多家机构入驻该平台,12000 多名采编人员注册使用,发布现场直播 28000 多场次。①

还有,人工智能推送也逐步进入电视新闻的编排领域。机器通过对用户数据的收集分析,比人工编辑更了解每一位用户的喜好,并不知疲倦地将最适合用户的新闻推送到用户眼前。根据第三方机构发布的报告,在 2016 年资讯分

① 参见新华社新媒体中心 2018 年 5 月编《现场云嵌入式培训手册》。

发市场上，通过人工智能的算法来推送的内容超50%。[①]

电视新闻传播的第四次革命——“新视觉”电视新闻别开生面。“新视觉”电视新闻的特征在于不再满足对传统电视新闻“形声并茂”的“形”的表现能力，而实现了人类对更高层级的“形”的理想表现。这首先体现为突破原本不擅长表现数字等高度抽象事物而启动“可视化数据新闻”，继而体现为更高层级的VR/AR全景新闻等。

2013年12月4日，中华人民共和国工业和信息化部正式向国内三大电信运营商——中国移动通信集团公司、中国电信集团有限公司和中国联合网络通信集团有限公司颁发了“LTE/第四代数字蜂窝移动通信业务（TD-LTE）”经营许可的“4G牌照”。

从表面看，4G“并非革命性技术”，相较于1G、2G、3G通信技术，其似乎只是一种技术的演进，属于LTE的进阶产品，是移动宽带的延展。然而，4G为现实世界发展所带来的实际价值，却犹如战斗机具备了骤然爆发加速的能力。原本已是日新月异的新媒体大洋，又掀起一波天翻地覆的浪潮。因为4G标志着移动互联网应用终于突破了一度由网络带宽限制的某种“临界点”。

4G具备“一快、二高、三多”的市场特征，“一快”是从3G到4G的转化速度特别快；“二高”是用户流量高，达到GB级别，运营的ARPU值高，[②]会有力提升运营商发展动力；“三多”是多网络、多终端和多应用，因而能在多行业领域形成世界性的普及潮流。

4G开启了移动影像新时代！4G将带来一种新的最大可能，即“孕育革命性产品，并催生相关产业的革命性变化”。4G为视频数字化进程及信息消费的繁荣发展提供了强大引擎，拓展了更广阔的前景。[③] 实际上，人们对5G带来的诸多灿烂遐想是从4G就开始的。仅就移动影像而言，5G更是将其推到了无所不能的理想境界。

---

① 方师师.新闻业和你我的宿命，就是被“算法”算计？［EB/OL］.http://www.sohu.com/a/164296015_119707.

② ARPU：单位时间内，运营商可从用户获取的利润。

③ 吴信训.4G前景下我国媒体融合的新变局与进程展望［J］.新闻记者，2015(9).

移动视觉体验成为当今时代信息符号的新标签。在大数据、云计算环境下，以数据为支撑的特色数据新闻也在不遗余力地追求视觉化效果。可视化是数据新闻的基本特征，其主要目的就是将海量数据以最简洁直观的方式呈现出来，帮助受众进行更形象化和更深刻性的理解。

《数说命运共同体》是中央电视台在2015年国庆期间推出的“一带一路”特别节目，该节目在央视新闻频道“新闻联播”“新闻30分”“新闻直播间”等新闻栏目中播出。

这档电视数据新闻节目将常规新闻报道与大数据新闻报道相结合，使用国际上先进的数据可视化技术，将新闻节目通过真实的数据轨迹在电视上全景呈现，节目一共挖掘了超过1亿GB的数据，借此分析“一带一路”沿线国家40多亿老百姓之间的联系。其因新颖的新闻报道形式、极具时代感的动态图表，以及深度的思想分析获得了观众和业界的一致好评。“一带一路”沿线共有60多个国家，即使用视频来展示，也很难将国与国之间串联起来。而《数说命运共同体》采用特殊的拍摄手法配合数据使用，让主持人可以在不同场景之间自由穿越。比如在《通向世界的路》一集中，欧阳夏丹便从巴基斯坦的施工现场穿越到孟加拉首都达卡附近的帕德玛大桥施工现场，看似毫无关联的两个国家，在数据和拍摄手法的作用下产生了奇妙的联系。《数说命运共同体》特别报道节目制作组采用三维建模软件、可视化数据统计分析软件、后期合成软件完成了32组大数据可视化视频，共计97个镜头。炫目的视觉效果背后，“命运共同体”这一主题更加凸显。

VR/AR技术更是带动电视新闻拍摄和观看视角发生了奇妙的转变。VR是虚拟现实Virtual Reality的英文缩写，是一种可以创建和体验虚拟世界的计算机仿真系统。它利用计算机生成一种模拟环境，是一种多源信息融合的交互式三维动态视景和实体行为的系统仿真，能够使用户沉浸到该环境中。AR是增强现实Augmented Reality的英文缩写，是一种实时计算摄影机影像的位置及角度并加上相应图像的技术，这种技术的目标是在屏幕上把虚拟世界套入现实世界并进行互动。这种技术最早于1990年提出，随着随身电子产品运算能力的提升，增强现实的用途越来越广。

电视新闻使用 VR 技术,首推 2015 年“9 · 3”大阅兵,《人民日报》“中央厨房”引进全景 VR 设备,全方位展示阅兵式的精彩瞬间。2016 年“两会”报道中,央视、新华社以及新浪等网络媒体纷纷尝试 VR 新闻的报道模式。由于 VR 拍摄角度是 360 度全景视角,这样的角度往往带来感官上的震撼,形成独特的沉浸感、交互感,给观众带来身临其境之感,令电视观众近距离、全方位观察新闻场景和事实细节,实现从“观看”新闻到“体验”新闻的转变。2016 年国庆期间,“央视新闻”启用 VR 视角拍摄黄果树瀑布、三清山、长城等景区情况作为旅游风貌报道,虽然只有短短一分钟时间,但带给观众的视觉体验颇具新意。

电视新闻中 AR 技术的运用也在 2016 年实现。中央电视台《数说“十三五”》系列报道用虚拟数据图型将与“十三五”密切相关的数据与新闻现场拍摄实景有机结合,以物体暗喻的方式传达信息,升级了数据可视化的形态,虚实交织的呈现方式有力地加深了观众对数据的印象。2016 年 10 月 17 日,神舟十一号载人飞船发射成功,在中央电视台《筑梦天宫》直播报道中,AR 技术进一步应用到主播台上。新闻主播通过触摸主播台下方的触控面板,模拟指挥天宫二号的行进方向和转速。同时辅以全息虚拟成像技术,主播在模拟的天宫二号太空舱内部为观众讲解宇航员生活的诸多细节,令人耳目一新。

二、电视新闻、视频新闻、微视频、视频博客基因相同

在人们传统的习惯意识中,电视就是观看节目接受信息的媒介。曾几何时,电视在每个家庭中都占有重要的地位。特别是每到傍晚,全家人都会聚集在客厅看电视,那是特别温馨的时光。德国传播学者 Werner Ringe 曾经写了一部著作《第五壁的电视》,揭示了在电视时代,电视机对于每个家庭的重要意义。电视机摆放的位置基本都是每个家庭视为最重要空间的客厅的中央,宛如在拥有四壁的客厅里立起了一面巍然不动的第五面墙壁。一家人最难得的晚饭后休息时间也都是聚集在电视机前。这也是电视收视“黄金时间”理论的由来。到了今天的互联网时代,一家人未必会坐在客厅中“第五壁”的电视机前看电视了,可能会在自己书房的电脑前,或会在临睡前被窝里的 iPad 上,或者上班途中的手机上看电视了。

如果仍然从传统的习惯意识上看,电视就是人们观看节目接受信息的媒介,那电视的传播范围当然是缩小了许多。然而,当我们以更开阔的眼界和思维注意到无数人在电脑前、iPad、手机上,乃至街头巨大的LED屏上观看电视节目时,或许就会感悟,电视仍然无处不在,尤其是一些积淀深厚的电视新闻品牌,如中央电视台的《新闻联播》、国际知名的CNN等,每天还是那么强有力地通过各种屏幕吸引着人们的视线。

我们也注意到,随着互联网技术的逐步成熟,一些网站也开始传输形声并茂的信息,或许是要区别于电视,一个曾经在电视技术中区别于声音信号的图像信号专用术语——视频(声音则称为音频)开始成为网站所传输的形声并茂信息的专用概念。“视频网站”“视频新闻频道”等也应运而生。在信息传播领域,“视频”“视频新闻”似乎成了与电视风马牛不相及的事物。但是,我们只要仔细辨识一下“视频”、“视频新闻”的本质内涵,就会发现并非如此。

视频技术泛指将一系列静态影像以电信号的方式加以捕捉、记录、处理、储存、传送与重现的各种技术。连续的图像变化每秒超过24帧时,根据视觉暂留原理,人眼已无法辨别单幅的静态画面,而感觉到连续跳动的画面视觉效果,这样连续的画面叫做视频。视频技术最早是在电视系统发展的,只不过随着网络技术的发达,视频的记录片段也可以串流媒体的形式存在于互联网并可被电脑、iPad、手机接收与播放。

被誉为在中文互联网中成立最早、最权威的视频新闻门户——搜狐视频新闻频道,其对自己的特点与功能目标的定位为“为用户提供最新最全面的时事、社会、财经、名人、体育、地方等短视频资讯,看千里眼短视频,洞悉世间天下”,与传统电视新闻频道的特点和功能目标定位并无二致。至于后来再出现的新概念“微视频”,无非就是长度短小的视频或原生态片段,所以又称视频分享类短片。

近年来,还有一种新视频样式视频博客(Vlog)逐渐在全球青年中风靡。究其实质,就是视频日记,用影片的形式来记录自己的生活。在拍摄完视频之后,还可以在Vlog上添加文字、图片、音频等美化,然后再上传到平台进行发布。所以已有评论指出,Vlog和大部分短视频并没有区别,其只是一种更加强调真实性的视频记录。

综上所述,我们有必要指出,无论是在网站上还是手机上传播的“形声并茂”的“视频新闻”,或带有新闻内涵的“微视频”、Vlog,虽然概念翻新,但是在本质上,它们“基因相同”,都是以影像和声音综合构成的新闻节目,其基本符号特征、基本修辞逻辑、基本语法规范、基本表现形态、基本结构技巧,以及其社会功能并没有发生本质的变化。只要是用影像和声音综合构成的符号来反映现实生活,那无论通过何种视频终端摄录影像,都必然用到与电视相通的画面构图、景物成像与色光关系、景别大小及镜头运动与表达意趣的关系等基本原理。在后期制作中,也必然会遵从与电视相通的画面剪辑基本原理,音乐、音响、解说等声音与画面的相互关系及艺术处理原理,片头、片尾、片名、字幕等的创意设计原理。只是在数字化时代,其符号内容的生产采用了新的符号生成技术,在发布上利用了新的传播介质及传输技术。

就电视新闻的传播而言,在某种意义上可以说,互联网、手机等新媒体只是电视新闻传播平台的扩展与延伸。当然,由于互联网、手机等新媒体的特质,其传播的电视新闻在构成样式、传播模式等方面会有某些新的发展与变革,并形成某些新的特点。新闻是媒体的旗帜和灵魂。可以断言,迄今为止,电视新闻仍然是反映现实社会生活最生动、最及时、最有感染力、最重要的信息传播媒介。

〔吴信训,上海大学·上海市文化繁荣与新媒体发展研究基地主任,上海大学新闻传播学院教授、博士生导师〕

论新的时代背景下少数民族题材纪录片创作

The Creation of Documentary about Ethnic Minorities in the New Era

◎ 汪　磊

Wang Lei

摘要:随着多元文化论在全球盛行,少数民族题材纪录片创作成为广泛关注的话题,如何适应新时代发展要求创作出一批具有民族特色、细致呈现民族情境的纪录片,是创作者面临的一个重要问题。新时代的纪录片创作紧密关注民族现实生活,将民族学知识融入影片叙事,在影像纪实的基础上凸显少数民族纪录片的学术性和民族志价值。除此之外,"正能量、大情怀、综合知识丰富,艺术性强"也是必不可少的文化特征,简称"正、大、综、艺"。坚持"正、大、综、艺"的基本创作思路,反思民族生存发展之道,探究个体与民族群体之间的发展关系,是少数民族题材纪录片在新时代创新发展的极佳路径。

关键词:民族志纪录片,影片叙事,民族文化

Abstract: With the prevalence of multiculturalism in the world, the creation of documentaries on ethnic minorities has become a topic of widespread concern. How to adapt to the development of the new era and create a number of documentaries with national characteristics and detailed presentation of national situations is an important issue facing the creators. Documentary creation in the new era pays close attention to the reality of national life, integrates ethnological knowledge into film narrative, and highlights the academic and ethnographic value of minority documentary on the basis of video documentary. In addition, "positive energy, great feelings, rich comprehensive knowledge and strong artistry" are also indispensable cultural characteristics, abbreviated as "The True Variety Art ". Adhering to the basic creative thinking of "The True Variety Art", reflect on the way of national survival and development, and explore the development relationship between individuals and ethnic groups are excellent paths for the innovative development of documentaries on ethnic minorities in the new era.

Keywords: ethnographic documentary, film narrative, national culture

中国是一个多民族的国家，少数民族题材一直是我国纪录片的一个重要大类，少数民族题材纪录片既是少数民族社会、政治、经济、民俗等民族文化传承的重要载体，也是中国影视艺术中的重要宝库，少数民族文化的独特性使其成为我国纪录片创作领域的一方沃土。

新中国成立以来，少数民族题材的纪录片成为共和国历史发展的重要见证，少数民族题材纪录片真实再现我国各民族的文化，成为影视学、传播学、社会学、民族学和人类学等领域的珍贵影像资料。自 20 世纪 80 年代改革开放以来，中国少数民族题材纪录片得到来自国内外的学者、影视创作者和各民族自身文化记录者（社区影像）等多方面的关注和重视，呈现出日益繁荣的趋势，大量少数民族题材纪录片获得国内外纪录片奖项，更激发了人们对少数民族题材纪录片的探寻热情。本文通过深入挖掘少数民族在大变革时代的价值观念变化，研究外来文化对本民族社会文化和道德取向的冲击下，少数民族文化的传承与传播路径，提出在少数民族题材纪录片的创作中坚持“正、大、综、艺”的基本创作思路。

一、正——正能量和规范化

（一）正能量是核心内涵

纪录片的叙事语言是传递价值观的渠道，其记录民族文化变迁和文化遗存，在价值观的传递中具有独特文化表述功效和人道主义精神。而“正能量”则是新时代文化生产的核心内涵。“正能量”一词源于英国心理学家理查德·怀斯曼的专著《正能量》，他将物理学中的名词“正能量”引入到心理学中，把人体比作一个能量场，通过激发内在潜能，人可以表现出一个新的自我，从而更加自信、更加充满活力。

习近平总书记在党的新闻舆论工作座谈会上明确提出48字的职责使命:“高举旗帜、引领导向,围绕中心、服务大局,团结人民、鼓舞士气,成风化人、凝心聚力,澄清谬误、明辨是非,联接中外、沟通世界”。这就是新时代要传递的正能量。习近平总书记多次在多个场合谈到“正能量”一词,在历次对新闻媒体单位的视察调研中,“主旋律”和“正能量”是最重要的两大关键词,而新闻媒体在唱响主旋律、传播正能量方面取得的工作成果,也屡次得到习总书记的“点赞”。

从民族志纪录片自身的影响力来看,大型少数民族文化系列纪录片《风情中国》(英文),全方位多视角展现了我国少数民族文化风俗,以各民族最具代表性的非物质文化遗产为核心,涵盖了中国55个少数民族最主要、最典型的文化、习俗、信仰等内容,通过最直观的影像呈现,突出中国少数民族文化的发展和进步。全球纪录片共同追求的主题是幸福和爱,民族主义题材的纪录片旨在展现民族之间的友好团结和解放发展。

新时代的中国正能量是一种健康乐观、积极向上的动力和情感。所有积极的、健康的、催人奋进的、给人力量的、充满希望的人和事,都是正能量的表现内容,正能量已经上升为一个充满象征意义的符号,与我们的现实生活紧密相联,表达着我们的渴望,我们的期待。纪录片创作如何传递正能量,这也是当代影视创作的一个重要课题。传递正能量首先自己必须充满正能量,心里有了正能量才能更好地传递正能量,国家广电总局宣传司司长高长力说“纪录片人要做新时代的记录者、讴歌者、建设者”。

(二)规范化制作是基本要求

尽管不同的时代、不同的国家、不同的民族、不同的文化对美的衡量标准并不完全一致,但对影视创作的基本技术而言,美的标准,或者说是好看的标准基本上是一致的。这也就是标准化制作,或者叫做规范化制作。

马克思在《1844年经济学哲学手稿》中说,“人也按照美的规律来构造”。[①]“美的规律”在这里指人有目的性的活动,也就是创造美的过程,是人改造自身

① 马克思,恩格斯.马克思恩格斯全集·第3卷[M].北京:人民出版社,2002:274.

愿望与要求的现实表达。“当人以物的方式活动,换取物以人的方式存在的时候,人就自觉地使‘美的规律’获得了形而上规定。而这个过程就具体体现于直面‘美’的感性构造、创造‘美’的实践改造、体验‘美’的生活旨趣、实现‘美’的自由个性四个方面之中”。①

什么是标准化、规范化制作?是指任何一个类型的电视节目,包括纪录片创作,都有其特定的规范要求,摄像、采访、写作、后期编辑制作、播出,都应该按照电视节目类型的基本特点、基本规律精心制作;按照不同类型电视节目的叙事方式、叙事结构等要求进行策划,由共同元素组成特殊程式。也就是说根据不同类型的电视节目制作要求,按照一定的标准制作节目,从而实现节目的规范化和市场化。现阶段我国纪录片事业的发展已经初具规模,对于纪录片的创作也同样有一定的评价标准,尽管不同类型的纪录片评价标准不完全一致,但作为美的评价标准却是一致的。

孙曾田的《最后的山神》是早期少数民族题材纪录片的代表。在创作和展现纪录片的文化内核和影像美学时,需要前期大量的田野调查,该片从叙事角度的构思到后期影像的制作,都试图以当地人的视角去理解和重构民族文化。以真实性为原则,减少猎奇与想象。除了尊重少数民族习俗、文化,还需要避免因为文字错误、服装错误、台词争议引发民族矛盾。影视作品不是宣传宗教的渠道,要尊重宗教文化。这也是规范化和正能量要求的一个重要组成部分。纪录片在记录少数民族过程中,对客观存在并不是“有闻必录”,因为在少数民族客观存在和影像之间,存在着一种期待,即国家政策期待把少数民族塑造成什么样子,或者说存在着一个官方设置的主题,以表现少数民族主体地位。②

二、大——大情怀、大与小的关系

大情怀要通过小故事、小人物来表现,而视频的制作可以实现小成本制作,而且要坚持小成本制作。纪实作品未来创作的方向是“小成本、大情怀、正能量”。习近平总书记在纪念五四运动100周年大会上的讲话中说:“只有把自己

① 张群.“美”与人的自我生成——论马克思“美的规律”[D].长春:东北师范大学,2012.
② 王华.民族影像与现代化加冕礼[D].上海:复旦大学,2010.

的小我融入祖国的大我、人民的大我之中，与时代同步伐、与人民共命运，才能更好实现人生价值、升华人生境界。”

习总书记关于“小我与大我”关系的界定对纪录片创作者非常适用。在当今各种类型纪录片层出不穷的情况下，纪录片创作中把握好“小我与大我”的关系有着非常重要的现实意义，心中有大我，在创作中才能体现大情怀，如何通过小我体现出大我，则是创作者如何以小见大的创作思路。新华社推出的融媒体形态微纪录片《小账本连着大情怀》，讲述红色小账本背后的动人故事。该片以习近平总书记一系列访贫问苦的新闻照片为素材，讲述了他为农户家庭算致富“小账”、为国家脱贫攻坚算决策“大账”的生动故事，展现了他心系人民的深厚情怀。

《了不起的村落》用全局式的观点展现了民族文化的完整性，既表现个体表达的多元性，也承载了少数民族群体的文化形象与精神风貌。该片通过对少数民族形象的刻画，挖掘其自身的民族性和文化价值取向，突出民族志纪录片的人类学价值，这也是纪录片创作者“大情怀”的体现。执行制片人、导演陈傲也强调，做一部好的纪录片关键是要不忘“初心”、保持“匠心”。不忘“讲好故事、传递正能量”的“初心”，坚持“精益求精、追求极致”的“匠心”。

在小我中体现大我，从小我中升华大我，无疑是纪录片创作的理想境界。少数民族题材纪录片往往讲述的是一个民族、一个小村落或者一个小人物的故事，但必须与国家、人民、时代紧密联系在一起，其价值、境界才能得到升华。“少数民族题材纪录片应该在中华民族的整体视野和民族交往关系中进行少数民族生产与生活影像记录，而不是在单一或者封闭的社会语境下进行少数民族文化叙事”。①

三、综合性——综合知识的掌握与运用

纪录片的综合性体现在影像和主题所包含的内涵意义上。少数民族题材关联的文化、历史与哲学是纪实影像拍摄的基础。文史哲和自然科学等知识既

① 王华.中国少数民族题材纪录片发展现状及其对策分析[J].北方民族大学学报，2013(5).

是学习社会科学的基础,也是研究自然科学的基础。纪录片需要紧密结合新时代少数民族题材的时间、地点、背景、人物和故事等当时的社会环境。

哲学是指明方向的,它既关乎纪录片的核心思想,也体现创作者本身的格局,哲学思想决定了人的情怀、格局和方向;历史可以借鉴,读史可以通今是从记录者的角度出发,历史的意义与价值在于通过记录,给后人带来启迪;文学是创作的基础,没有文学的基本功底,表达就会变得软弱无力。

少数民族题材的拍摄创作需要综合知识,需要用联系的、发展的观点看问题,避免只见树木不见森林,也就是不但要有战术的眼光,还需要战略的眼光。文学是一个民族语言艺术的精华,中国古典文学有经史子集、诗词曲赋等范畴,每个范畴都有丰富的著作,这些著作涵盖宇宙间一切奇妙玄奥的知识,是各个时期的人对各类知识的集合,既是丰富的实践经验总结,也是丰富的语言艺术表现。文学不但能够使人提升自身素养,还能使人掌握宇宙古今的发展轨迹,提高自身交流、写作的水平;反之,缺少文学常识,人就会变得浅薄、语言表达就会变得枯燥无味,在交流、创作的过程中,更是“心有余而力不足”。

生活在少数民族地区的人还必须了解少数民族的族群特点,2001 年联合国教科文组织颁布的《世界文化多样性宣言》和 2003 年其颁布的《保护非物质文化遗产公约》在全球化背景下提出了保护全世界少数族裔和处于濒危、边缘境遇的传统文化的主张,对传统的民间文化进行活态保护和振兴发展成为当代世界文化发展的一个重要内容。少数民族的人更有责任去学习了解本民族的文化,纪录自己民族的文化瑰宝,成为民族文化的传承者。

四、艺术性——发现与表现

(一)纪录片需要艺术创作

习近平总书记要求媒体“努力推出有思想、有温度、有品质的作品”,这从另一个角度来理解就是作品要有艺术性。艺术是指反映社会生活、满足人们精神需求的意识形态,与人的现实生活密切相关。艺术修养主要体现在思想、知识、情感、艺术四个方面。艺术修养决定着作品艺术水平的高低,艺术也是一种世界观，是创作者对自然和人生的感悟和理解。

少数民族题材的纪录片具有独特的思想意义与哲理光彩，它们的产生正得益于作者的深厚艺术修养。艺术修养或艺术素养，是指一个人对艺术的感知、体验、理解、想象、评价和创造能力。在现实生活中，我们可以通过阅读、聆听、观看艺术作品或直接参与各种艺术实践，加深对艺术的认知和理解，培养审美能力和生活情趣，提升艺术鉴赏力和艺术素养。

制作精良的少数民族题材纪录片都具有较强的艺术性，从 1990 年代的《龙脊》《三节草》《最后的山神》，到 2000 年代的《德拉姆》，再到 2010 年代的《白裤子》《喜马拉雅天梯》《最后的沙漠守望者》等，都是艺术性极强的少数民族题材纪录片。少数民族"主位"纪录片表现了创作和表达主体的多元性，它表明在影视艺术创作领域，除了主流文化，少数民族文化依然拥有自己的话语权。

在影视创作中借助构图、光影、色彩、视角以及点线面的组合，表现出事物内在特有的神韵，使纪录影像达到预期的艺术效果，实现美的意境。比如利用纪录片在保护传承少数民族特色文化中发现最具特色的文化符号，以及各种文化符号之间的关系。少数民族的器具用品、行为方式、思想观念、文化习俗都是某个特定民族的文化符号。民族文化的创造在某种意义上说就是符号的创造。少数民族文化符号的基本功能就是向人们传达某种特定的意义，发现这些文化符号，才能合理地表现特定民族的文化意义。

（二）艺术作品需要发现并表现

发现与表现应当成为纪录片创作者必须具备的两种基本素养，艺术素养的高低表现在对生活是否具有敏锐的发现力与丰富的表现力。作家王蒙在《关于短篇小说的创作》中说："如果用我所喜欢的语言，观察力就不如说是发现力。为什么叫作发现力呢？它是指一种能从司空见惯的东西之中，发现新的事物，发现特别强烈、很奇妙的东西的这样一种能力；是从平淡无奇的生活当中，发现所有惊心动魄的或者感人肺腑的东西的这样一种能力；是从一些细枝末节当中，发现那些具有重大的有时代意义的事物的一种能力。从这些很细小的事物里能够感受时代的脉博，能够看到社会生活，能够感到人与人之间的关系发生了变化的征兆,我指的就是这样一种能力。”①

纪录片本身就是发现的艺术,从某种意义上说,纪录片离开发现的眼光,那些影像符号就基本上成为没有意义、没有价值的流水账。纪录片是一种非虚构的影像艺术,其创作中最重要的就是发现,从题材、策划、拍摄到制作完成,每一个环节的好坏都与创作者是否具备发现的眼光有直接关系。优秀的纪录片创作者往往能从人们日常生活中习以为常的现象中发现鲜为人知的事实,并纪录下来,成为纪录片里展现人物或事件的亮点,因此,纪录片本身的创作过程就决定它是一种发现的艺术。而这种发现需要创作者有极强的观察力,才能在普通的事件、通常的行为中发现与众不同的闪光点。在少数民族纪录片创作中,这一点是非常重要的,在事件的发生发展过程中,往往不经意的一个小动作或小事件可能就代表着某种特殊的意义。

2018 年我们创作少数民族纪录片《广西长寿志》。在长寿之乡的饮食文化中有一项极具特色的内容——茶饮,广西很多民族都喜欢打油茶,不同民族有不同的打油茶方式。即使是同一个民族,他们的饮茶方式也各不相同,仅瑶族的油茶,不同的地域、不同的族系就有不同的特点,这些特点就是不同族群文化符号的一个表现。

发现只是纪实影像作品的一半,如何表现也是艺术修养不可缺少的部分。艺术表现力,是指艺术作品所表现出的感染力,艺术造型诸多方面的特殊效应及其内蕴丰富的意境、节奏、韵律、品位等。

“正、大、综、艺”是少数民族题材纪录片创作者应具备的基本素养,只要坚持把“正、大、综、艺”诸要素有机结合起来,就一定能够创作出好的、优秀的纪录影像作品。

〔汪磊,广西大学新闻传播学院教授〕

① 尹均生.中国写作学大辞典第一卷[M].北京:中国检察出版社,1998:37.

电影“奇观化”趋势下声音创作思考

Thoughts on Sound Design under the Trend of Film“Spectacle”

◎李　洋　红　琳　何梦凡

Li Yang, Hong Lin, He Mengfan

摘要：在电影产业蓬勃发展，电影审美观念日益更新，电影制作技术日新月异的今天，电影已经成为文化产业链中不可忽视的组成部分。随着电影创作商业化倾向明显、电影观众审美观念转变，今日的“电影”已经无法被简单的单一名词所解释涵盖。2018年，奥斯卡最佳影片奖颁给了《水形物语》，这部奇幻剧情片与近年来奥斯卡最佳影片相比，其“奇观性”突显无疑。全球电影总票房逐年提升，而目前的电影票房总排名中，前十名几乎都是在现代数字技术制作基础之上创作的“奇观化”电影，可以说这在一定程度上体现了当下观众审美消费的倾向性。在此背景下，笔者受电影传统审美观念以及“奇观化”理论的启发，重新审视电影发展的新动态、声音设计的新突破以及听觉审美的新挑战；从艺术理论、技术基础以及审美转变、商业受众等角度出发，分析电影声音创作者在电影声音设计方面应该具有的创作理念与思路。

关键词：电影，奇观化，声音创作

Abstract: With the rapid development of the film industry, the increasingly updated aesthetic concept of the film and the ever-changing technology of film production, the film industry has become an indispensable part of the cultural industry. The commercialization tendency of film creation is obvious, and the aesthetic concept of film audience has changed, which means that today's “film” can no longer be simply covered by the single noun interpretation. In 2018, “The Shape of Water” won an Oscar for Best Picture, a fantasy drama that is more “spectacle” than the Oscars' best picture in recent years. Also, in the current global box office ranking, the top ten films are almost all "spectacle" films created on the basis of digital technology, which can be said to reflect the current audience's aesthetic consumption tendency. Under this background, the author is inspired by the traditional aesthetic concept of film and the theory of "spectacle", trying to re-examine the new dynamics of film development, the new breakthrough of sound design and the new challenge of auditory aesthetics. From the perspectives of art theory, technical basis, aesthetic transformation and commercial audience, this paper analyzes the creative ideas and thoughts that the sound creators should have in film sound design.

Keywords: film, spectacle, sound design

一、电影奇观理论的出现与发展

（一）电影观念：从“物质现实的复原”到想象力的映射

早期电影有关照相写实的学说层出不穷，直到安德烈·巴赞与齐格弗里德·克拉考尔时期才逐步建立起相对完整的纪实理论体系。巴赞的电影现实主义理论体系是由电影影像本体论、电影起源心理学和电影语言进化观构成的，其美学核心是，电影的本性在于再现事物原貌。他还认为，“电影是现实的渐近线”，“电影是人类追求逼真地复现现实的心理的产物”，[①]在“大门”式的叙事结构下，从影像到事件均通过细节动作展现，观众们看到的是完整的事件或事实。而克拉考尔则不同于巴赞强调电影“本体”的主张，他强调“电影的本性”。克拉考尔认为，电影工作者的目的是解释现实，而不是提供自己内心的想象，“电影的本质应是物质现实的复原”。他还认为，艺术家在组织自己的表达时，必须选择那些能再现现实和揭示现象的材料部分，“电影要探索现实而不应该利用现实”，[②]从而使观众体验到生活的真实质感。

在第二次世界大战后的社会现实情况下，以及当时电影过于追求编制虚构

---

① 克拉考尔.电影的本性[M].邵牧君，译.南京：江苏教育出版社，2006.

② 克拉考尔.电影的本性[M].邵牧君，译.南京：江苏教育出版社，2006.

神话的创作背景下,两位理论家"电影现实主义"的出现绝非偶然,他们试图用理论引导电影"冷眼看世界",为新电影的登场鸣锣开道。[①] 20世纪七十年代以来,随着时代观念的进步与审美理念的转变,电影在数字技术的帮助下进入高速发展阶段,《大白鲨》《侏罗纪世界》《星球大战》等众多影片在取得观众口碑与商业票房双赢的同时,也引起了电影理论家们的关注,人们也开始重新审视并反思传统电影理论:巴赞被批评为"混淆电影事实和电影艺术,把工具和劳作等同起来";而当年克拉考尔对梅里爱那样利用电影制造幻想的艺术家的批判,同样被认为早已不适应当下电影的发展现实。电影创作者们将脑海中的想象映射到电影画面中,电影已经不再只是现实世界的反映,还是"幻想"与"幻象"的最佳放映厅。

(二)电影"奇观化"的出现与延伸

不可忽视是,上世纪七十年代以来电影"奇观化"的发展趋势引领了新的电影理论研究与电影创作思考。其实,"奇观性"一直存在于电影的不同发展阶段。"奇观"一词源自法国哲学家、理论家居依·德波提出的"景观社会"理念:奇观"既不是单纯的'影像的聚积',也不仅仅是'一种由大众传播技术制造的视觉欺骗',而是'以影像为中介的人们之间的社会关系',是一种'主导性的生活模式'和'物化了的世界观'"。[②] 随着现代媒体技术的迅猛发展,视觉化已成为现代社会的一个重要表征,虚拟的影像语言符号改变着人类的生存环境,进而成为人类的一种生存方式,于是,"奇观"被赋予了一定的本体论特征。

电影自诞生提供给观众的就是一种"奇观",它强调不同于日常生活经验的体验。无论是宏大壮观的场面描写或是细致入微的镜头特写,"电影似乎一直在证明其主要的功能就在于从日常生活中发现一个意想不到的世界,即有着与平凡、平庸的日常世界不一样的'奇观性'"。20世纪后半程,电视行业对电影行业的冲击与科技革命带给电影制作的变革,以及理论研究对电影特有的表现形式、手段与功能的进一步探索,使电影的创作方式、传播方式与观看方式有了极大的变化,

---

① 杨远婴.电影理论读本[M].北京:世界图书出版公司,2012.

② 居伊·德波.景观社会[M].张新木,译.南京:南京大学出版社,2017.

大大拓展了电影的定义与内涵,强化了电影特技的表现手段,进一步彰显了电影的“奇观”本性。[①] 电影创作者的想象力与创造力得以满足,观众对电影的追求也由传统的真实的叙事、丰满的人物、崇高的主题转变为对观感冲击、视听新奇的沉迷,传统而理智的审美需求逐步转变为以感官愉悦为主导的娱乐消遣,电影传统的价值取向已经向大众传媒文化迈进。

20 世纪 70 年代以来,电脑特技在电影创作领域大放异彩,斯皮尔伯格的《大白鲨》《E.T.外星人》《侏罗纪公园》,乔治·卢卡斯的《星球大战》等系列电影,重新抓住并放大了电影的奇观特性,电影正式进入数字时代。影片中的奇幻影像让观众不由自主地联想到电影发明之初,梅里爱所创造的《月球旅行记》中那显得稚嫩的“登月片段”。与梅里爱相似,斯皮尔伯格将自己的电影奇观构筑在宇宙太空、异域探险、童话世界等奇幻领域。相比之下,斯皮尔伯格是幸运的,他所处的时代,电影早已解决了创作技术难题,奇观性与故事讲述浑然一体,增添了奇观冲击强度。数字技术的飞速发展,使电影奇观的生产方式多样化,效果更具冲击力与感染力。《侏罗纪公园》中利用电脑数字技术制作的恐龙,神态活灵活现,皮肤、眼神等细节十分到位,充分显示了电影作为工业时代艺术与技术相结合创造出的产品所具有的独特魅力。

综上所述,“奇观”在电影领域的具体体现可以理解为媒体文化推动下,围绕电影而产生的以视觉化奇观为核心并与政治、经济、美学、文化、社会等领域密切相联的诸多现象。它包括了电影文本内部的奇观(影像文本的奇观)和文本外部的奇观(媒体宣传的奇观、受众接受的奇观和社会效果的奇观等)。因此,电影“奇观化”的狭义含义,更多是指在科技迅猛发展的背景下,利用数字技术营造画面上的宏大场面、特效人物与景物,强调视觉冲击、听觉震撼,对传统电影强调叙事脉络、人物形象、情节驱动的要求有所降低的电影创作倾向。

---

① 刘永宁.现代电影形式感染力的影像机制研究[D].南京:南京艺术学院,2011.

二、电影听觉理念与“奇观化”听感的营造

(一)声音技术与电影听觉观念

电影发展经历了从无声到有声的阶段,声音进入电影,可以说是电影发展过程中第一次具有革命意义的变化。1927年《爵士歌王》首次上映,有对白、有音响、有歌唱的影片宣告了有声电影的诞生,从此电影进入了一个崭新的时代。随着技术的进步,电影创作者可以更好地创造和运用声音效果,让电影从字幕和迂回曲折的表现方法中摆脱出来。这极大地改变了对电影的“戏剧的电影”“文学的电影”等有时代局限性的判断与解读,进而推动电影进入一个新的美学纪元——视听艺术。

声音技术的发展历经百年积累。单声道时代,一只(或多只)传声器拾取声音素材并通过一只(或以上)扬声器(声道)重放,这是最原始的重放制式,这种重放方式仅可以还原音乐的调式调性等音乐元素以及声场的纵深信息,无法传递水平方位的声场宽度和空间包围感。1957年,美国 Audio Fidelity Records 公司第一次将立体声概念引入商业唱片领域,标志着立体声时代的到来。人们利用声源到双耳之间的时间差、相位差、音色差和强度差来判断声音的声像、定位等信息,即使用两只(或以上)扬声器重放两个声道信号。进入2D环绕声时代,音频在水平方向得到拓展,可从听觉体验上增强环绕音效的声像定位以提升包围感和临场感。2010年,第一部杜比7.1环绕声格式的电影《玩具总动员3》上映。随后两年时间里,全球配置7.1环绕声系统的影院多达3600家。此后,5.1与7.1环绕声系统以主流环绕声系统的地位存在于全球各大影院。声道数量的增加使声音位移过渡更加平滑,声音细节体现更加丰富,观众在更强的环绕感中体会电影视觉与听觉的双重刺激。然而,平面环绕声仍然存在空间定位精确度缺失、高度信息丢失、临场感不足等问题。单层扬声器系统的构建方式也决定了观众只能体验到环绕感而没有足够的包围感。因此,3D环绕声应运而生。3D环绕声被广泛运用于高端影院系统,其通过增加水平方向扬声器从而增加声音在垂直方向的维度,将2D环绕声时代的“面”变为3D立体的“球”,从

而拥有更加明确的声音定位与更加连贯的声像运动感,使观众获得更加平衡的听觉效果,为观众提供更具沉浸感的听觉享受。①

可以说,电影听觉建立在数字声音技术基础之上,强调更加真实、包容、饱满的声音重放效果;要与电影内容相适应,人声对白、动作特效、环境包围、音乐渲染等声音细节作为电影叙事内容的表达部分,既不能有任何缺失,也不能"喧宾夺主"影响电影的连贯表达。这其中有客观上对技术性声音创作的要求,更充满了主观上对声音设计的挑战。20 世纪 70 年代的数字技术大发展为电影声音工作者提供了更多的创造途径。当电影录音师们在影片的声音创作中发挥越来越多的想象力和创造力,用声音为视听作品在"听"的层面带来更广阔的表达空间,从而影响电影创作思维时,"听觉观念"早已不再是观众单方面的听觉反馈式表达,②而是创作者们进行声音构思与创作的理念指导。与传统声音技术背景下的"复原"观念相比,数字技术带给人们的是广阔的创作空间,因而更加强调想象力的发挥与非常规的设计效果呈现。

(二)电影听觉"奇观化"的营造

正如前文提到,奇观化电影不仅是电影数字技术大飞跃带来的视听产物,更是伴随着大众文化兴起、电影审美变革走上电影艺术历史舞台的新生力量。而接下来我们所强调的听觉"奇观化",指狭义的奇观化电影中的"奇观性"声音表现,它不仅包括传统电影强调"重现"与"真实复原"的声音设计观念,更强调并追求与视觉快感相匹配的震撼、新奇的听觉感受。营造听觉的"奇观",需要结合电影风格、画面、叙事等各方面因素,同时自我突破,创造听觉爆发点。

1.影像奇观与听觉新意

奇观化电影中不可忽视的是被赋予"奇观"本体论特征的影像画面,或是因为故事设置天马行空,或是因为人物设定不拘一格,奇观化电影呈现的画面必将不同于传统电影偏现实性的基本表达,而是通过描绘未见的景观与世界来展

① 李英若,叶思成,何梦凡,潘谊加.影视 VR 技术在听觉音响设计中的应用与案例研究初探(上)[J].现代电影技术,2018(01):40-45.

② 王珏.电影声音设计的概念及方法[J].当代电影,2010(03):110-115.

现电影平行宇宙的新奇与魔幻。“奇观”本身就是一场奇特影像的“狂欢”。电影中奇观的出现使电影真正实现了自身纯粹的视觉艺术本体，而非前文中提到的传统电影理论所倡导的“现实的渐近线”。崭新的画面意味着崭新的声音，《侏罗纪世界》将恐龙吼叫的难题抛给声音创作者，《阿凡达》中林间飞鸟同样成为递交给声音创作者的考卷。而像《星球大战》中的宇宙太空环境，没有人能够准确描述出太空飞行器在其间徜徉时会拥有怎样的音效。所以，“奇观化”意味着电影故事的跳跃发展，意味着人物设置的别具一格，也意味着声音设计的“拔地而起”。

数字声音技术的出现为声音创作者们提供了有力工具。如《变形金刚 3》中，当外星飞船入侵地球时，声音创作上通过扭曲吉他琴弦，再经过失真效果器的处理，制造出新颖而震撼的音响效果。① 外星人入侵地球的宏大场面现实中未曾出现，因而在声音处理上必须发挥创作者的极大想象。数字技术帮助创作者将现实声音素材进行适度变形以匹配画面的宏大与激烈，而声音素材早已不再局限于现实世界的声音来源，直接创造出来的具有未来感和科技感的声音素材，能够使观众进入银幕，积极地参与电影之中。无论是音效的创新变形还是环境空间感的创新营造，奇观化电影中的声音元素已经不再是单一的现实素材积累，而是借助数字技术手段进行的崭新元素创造。太多的未见之物、未见之景出现在银幕上，怎样才能做到创意又不失真实感成为声音创作者们的共同挑战。

2.弱叙事与情绪化表达

在奇观化电影中，传统的蒙太奇剪辑原则不再是完成叙事的重要组成部分，甚至可以说，奇观化电影早已不再强调叙事，而是转向了视觉快感奇观性的快乐原则。从《侏罗纪公园》众人落入神奇世界，到《星球大战》中平行世界的多种转换，再到如今漫威系列电影宇宙英雄利用超能力拯救地球，奇观化电影的一大特点就是天马行空的故事架构与人物设定。“非常人”经历的都是“非常事”，故事线索本身就拥有巨大的发挥空间，不必再纠结于人之常情、世间常态

① 周芸.数字声音技术对电影声音造型的影响[J].当代电影，2011(12)：151-153.

的局限。握紧拳头就可以冲上云霄，双臂挥动就可以毁灭高楼，奇观化电影带给观众的是超能力、超现实环境、超时空穿越等非寻常元素，充分激发了观众的想象，满足了观众的猎奇、冒险心理，实现了普通人"拯救世界，成为英雄"的梦想。所以，观众不需要知道主人公"为什么"，只需要看到主人公"做什么"，因为主人公超乎常人的行为满足了观众的视觉快感与娱乐化消费心理，这在受众理解的角度就已经降低了传统电影"前因后果"的叙事要求，而偏重于追求视觉快感、听觉刺激的"娱乐消费"原则。完整的叙事线性结构被奇观要求所颠覆，叙事性和故事性减弱，图像性成为诱发观众兴奋点的主因，视觉冲击接连发生，观众始终处于高昂、兴奋的情绪中。在此情况下，有的声音设计者会将创作重点放在情绪营造与气氛烘托上，"音响音乐化"成为常用手段之一。如电影《蝙蝠侠：黑暗骑士》当中，摩托车汽车追逐的镜头，引擎的声音与音乐的旋律和节奏融合在一起，音乐的旋律与节奏烘托出情节的紧张刺激，引擎音效的加入同样增添了音乐音色的多样性。

必须明确的是，近年来电影中音效、环境声和音乐合并在一起的情况越来越多，一方面是因为主流电影中数字环绕声的发展以及与之相对应的对声音设计重要性的强调；另一方面，受到社会和文化的影响，环境声和环境音乐种类都在逐步增长。① 而在某些情况下，音效就像电影配乐一样，其目的是制造美学效果，增强听感刺激，而较少用于营造现实感。这些电影中的声音设计或许被理解为本质上是音乐性的，它遵循的是一种"音乐逻辑"而非其他。电影声音从功能性任务和剧情叙事中解脱出来，自由地与音乐混合，力图用声音刺激提升观众的沉浸听感享受，此种情况恰恰更符合奇观化电影追求感官刺激、强调情绪表达的目的。

三、"奇观化"趋势下声音设计原则与反思

理性看待如今的电影，电影本身的艺术价值与文化意蕴已被大众承认并给予较高评价，电影的商业价值愈加成为电影文化的重要组成部分。通过电影认

① K.J.唐纳力，于帆.当代电影中的音乐化声音设计[J].电影艺术，2012(03)：80-89.

识世界、表达自我已经成为创作者与观众双向沟通的共同目的。在此背景下，电影的奇观化发展趋势成为争议焦点。叙事性情节驱动转向人物驱动，现实画面描绘转向奇观性画面描述，看似与传统电影“背道而驰”的创作思路却迎合了当下快消费文化盛行、享乐主义当道、娱乐大众的商业营销思路。电影彻底成为了商品，或是其商业利益超越了艺术性追求，这一点在奇观电影上得以体现。

可以说，电影的商业性依赖大众消费，而电影的艺术性又有赖于艺术家的个性化探索，如何使艺术性与商业性达成统一，成为电影创作者面临的挑战。过于追求画面震撼的一部部“大片”“巨制”已经在一定程度上引起了观众的质疑，千篇一律的情节设置与过度强调刺激、震慑的视听感官冲击，成为奇观化电影必须突破的局限。亦或是，本身就建立在此类特点上的奇观化电影，又怎能战胜自身赖以依靠的“刺激消费”呢？以上质疑与争论并非否定奇观化电影的存在意义与未来发展，正是因为大众文化对娱乐消费的需要，因为人们在现代社会高速发展背景下由于空虚和逃避现实的心理而产生的对“平行世界”的渴望与憧憬，注定了奇观化电影绝不会消失，并且拥有巨大的发展前景。

怎样在艺术性与商业性的斗争中找到平衡点，成为想赢得口碑与票房双重胜利的电影创作者们必须面对的问题，这对声音创作者们同样具有思考意义。2018 年的奥斯卡最佳影片奖颁给了《水形物语》，这部讲述人类与非常规生物之间信任与爱情的奇幻电影展示了奇观化电影的典型特点，同时在全球范围内赢得了近 2 亿美金的票房，可谓是双赢的完美例证。回顾经典奇观电影，《指环王》系列依托强大而扎实的文学原著构架，借助数字科技的特效制作，不仅票房记录至今占据全球票房榜单前列，更是赢得了良好的口碑，获得了包括奥斯卡在内的众多传统且重量级的电影奖项。可见，似乎至今都“不入流”的奇观电影其实完全拥有艺术与商业双赢的潜力。电影创作者以及电影声音创作者需要保持清醒的头脑，发挥想象力的同时不忘电影基础知识的扎实积累。

要想制作奇观化电影，视觉冲击作为必不可少的先决条件，成为创作者们必须考虑的创作元素。音效音响发挥巨大作用，其不仅要求具备有特色、有风格的声音元素，还要求在环绕声还音设备的帮助下能够有空间的动态描述。如《阿凡达》中飞鸟在林间的运动，《星球大战》中宇宙飞行器在星系间穿梭，借助全景 3D 环绕声,影院内的观众可以真实感受到头顶上空穿梭的动态声音效果。影像奇观中未见之物终归有一定的现实依据,但未见之景却未见得有理可循。在《火星救援》中,与宏大而寂静的火星地貌相对的是地球沙漠地貌所拥有的风沙声,这一对比听上去似乎并无大碍,但实际火星上声音能否传递都悬而未决,观众细细思考似乎已经发现声音的设计理念立不住脚。

借助数字技术,创作者们可以轻而易举地获得独一无二的声音素材片段,然而如何在发挥想象的同时不令观众觉得“跳戏”,这需要在实践中谨慎把握。电影《奇异博士》中男主人公施展能力产生光圈时,音效中可以明显捕捉到焰火元素与科技电流感,观众却不会觉得无法接受,因为故事本身赋予男主角的就是不可言说的、未来感十足的“超能力”,而画面又类似于现实生活中的焰火效果。焰火音效与电流音效的结合再加以适度变形,达到了既真实又奇特的听感效果,增加了电影的神奇色彩。这个例子充分证明,影像奇观赋予了电影超现实的故事形态,声音奇观则赋予了观众将画面代入认知范围的真实感知,这就要求创作者在进行声音创造时合理把握“幻想”与“现实”的平衡。而除此之外,愈发明显的后现代风格是当今奇观电影的发展倾向之一,其审美上对空、无、寂、静、灭的崇拜,对声音设计者和观众同样是新的体验。声音设计不必局限于画面奇观的束缚,更可以跟随影片风格与故事线索辅助叙事,帮助观众融入影片。

借助音乐的烘托,电影气氛达到理想效果,观众情绪被带动。以上操作已经成为电影声音制作过程中的常态,而其却在奇观电影中被过度使用,以至音乐超过了对白、音效和环境,成为听觉接收的第一主角。《敦刻尔克》作为近年来代表性的奇观化战争大片,时间线交错的叙事结构与平民化的主人公设置博得了观众的好感,却因为环境声一般无处不在的音乐铺垫遭到影评人诟病。的确,音乐在一定程度上依靠音色和节奏烘托了战争的紧张悬疑气氛,但同时也令观众过度暴露在“低频”轰炸中,使他们观影的沉浸感大打折扣。

四、结语

奇观电影近年来显现出的疲态已经引起业界关注。奇观“突出了电影自身的形象性质,淡化甚至弱化戏剧性和叙事性,强化视觉效果和冲击力,使景观和场面成为电影最基本的视觉手段,其他一切语言性的要素退居次席”。久而久之,观众面对这类电影,有刺激带来的震惊,但更多的是震惊后的麻木和心不在焉。对于电影观赏来说,这不是一种理想的状态。① 奇观影像堆砌造成的审美疲态已使部分奇观电影损失商业利益,更不用说其艺术价值了。模式化的故事运作、PPT 展示一般的呈现效果与漏洞百出的故事讲述,降低了影片的艺术内涵,令奇观电影的价值性饱受争议。我们希望奇观电影拥有更好的发展,这取决于剧本的创作、导演的指导、画面的拍摄,也取决于声音的创作风格。同样,科学技术的发展对人类来说,永远都是一种肯定与否定的共存。数字技术为我们呈现银幕奇观的同时,也给电影工业带来了不可低估的危机。近年来好莱坞电影过于追求视听奇观,电影题材脱离人们现实体验和现实生活,无论是故事还是视听都缺乏人文意蕴,部分奇观电影正走在一条远离真实、远离性情的道路上。以上反思并非否定奇观化电影的存在意义与未来发展,利用数字技术获得崭新生命力的电影声音创作,避免类型化的重复应用与过度夸张的声音素材,需要声音创作者们在想象力与真实感之间进行平衡把握。相信未来会有越来越多的奇观化电影带来声音设计挑战,怎样在艺术性与商业性的斗争中找到平衡点成为想赢得口碑与票房双重胜利的电影创作者们必须面对的问题,这对声音创作者们同样具有思考意义。

〔李洋,中国传媒大学音乐与录音艺术学院教师;红琳,中国传媒大学音乐与录音艺术学院博士;何梦凡,中国传媒大学音乐与录音艺术学院硕士〕

① 李少强.数字时代的电影奇观现象探析[D].北京:中国传媒大学,2006.

传媒教育

国际新闻传播教育的路径与平台创新

——基于中国传媒大学国际新闻人才培养模式的探索

The Path and Platform Innovation of International Journalism Education: Take the International Journalism Talents Training Mode of Communication University of China as An Example

◎ 赵希婧　张晓明

Zhao Xijing, Zhang Xiaoming

摘要：加强国际传播能力建设是国家战略的重要组成部分，是建设社会主义强国、实现中华民族伟大复兴的重要支撑，培养国际新闻传播人才是其中的关键环节。中国传媒大学电视学院顺应全球化传播现实，通过立足国家战略的教育机制创新、跨学科优势互补的教育路径创新和产学研相结合的教育平台创新，积极打造坚守国家立场、传承民族情怀、具有国际视野、适应全球传播的高层次、复合型国际新闻传播人才，构建了国际新闻传播人才培养的新模式，探索了一套辐射全国高校协同创新、促进师生共同发展的教育教学方法。

关键词：国际新闻传播，人才培养，创新

Abstract: Strengthening international communication capacity construction is an important part of national strategy and an important support for building a strong socialist country and realizing the great rejuvenation of the Chinese nation, and the training of international journalism talents is an important part of that. Television School of Communication University of China has adapted the reality of globalized communication to actively develop high-level, interdisciplinary international journalism talents who uphold the country's position, carry forward the national sentiments, have an international perspective and adapt to global communication. The talents are developed through the innovation of educational mechanism based on national strategy, educational path based on interdisciplinary advantages and educational platform based on the combination of production, learning and research. Television School has established a new mode of international journalism talents cultivation, and explored a set of educational and teaching methods that radiate the collaborative innovation of colleges and universities nationwide, and promote the common development of teachers and students.

Keywords: international journalism, personnel training, innovation

一、立足国家战略的人才培养创新

从国家教学质量工程建设、国家级精品课程建设、制定广播电视新闻学全国专业标准,到双语课程建设、国际课程建设,再到对全国新闻传播院校具有引领与示范意义的公共外语教学改革,中国传媒大学电视学院始终将马克思主义新闻观教育,跨学科、跨语言教学纳入优势学科发展与人才培养之中,探索国际新闻传播人才培养的新模式。

(一)用马克思主义新闻观强化国家意识

国际新闻传播人才担负着向国际社会报道中国、站在中国立场报道世界大事的重要职责,是中国观点的传播者、中国立场的阐释者、中国形象的塑造者。国际新闻传播教育需要适应国际化趋势和信息化环境,更需要培养学生内化于心、外化于行的爱国情怀。因此,电视学院利用讲座、沙龙、社会实践、与中共中央对外联络部(简称“中联部”)合作“红星照耀中国梦”主题创作单元等方式,使马克思主义新闻观教育贯穿本科学习的全过程,强化学生社会责任感,引导学生建立祖国至上的观念。

电视学院每年暑期组织学生开展深入基层的社会实践活动。其国情教育与新闻实践帮助学生全面了解国家方针、社情民意,准确把脉社会经济发展,引导学生在报道国际事件、传播中国观点时,体现民族自信,展现民族情怀。

(二)以长期规划构建国际传播教育模式

电视学院一贯坚持特色发展,致力于保持在全国同类专业中的优势地位。“21世纪传媒人才‘五条线’教学体系”(该项目曾于2009年获得北京市教学成果一等奖、国家级教学成果二等奖)始终贯穿新闻传播专业本科四年的主干课程,包括理论线、创作线、观摩线、写作线和外语线。基于“五条线”的理念,国际新闻传播教育教学形成了一套特色化、模块化的课程体系,包括基础理论类、国际关系类、专业英语类、传媒业务类、实务训练类、系列讲座类。通过优化课程设置,拓展专业视野,学生掌握了“讲好中国故事、传播好中国声音”的知识与技能,打牢国际传播业务功底,适应全球传播的发展与变革。

学院集中在第一、二学年打牢学生的理论基础,优化其外语能力,同步开展校内媒体实践。从第三学年开始,加入体系化、模块化的专业课程,提升学生的国际传播业务水平,加大专业实践的力度,将英语训练植入传媒业务中,使学生能够使用中英双语完成英语新闻采编的各个环节。同时,在课堂学习之外,通过每晚开展英语训练,每周组织主题班会,每月出版班级刊物,以及带领学生积极参与为视障人士释读电影的“光明影院”项目,将课内学习与课外活动相结合,将专业教育与德育教育相结合,将理论学习与专业实践相结合,将能力训练与班级管理相结合,形成丰富立体的国际传播专业能力训练网络。此外,尝试通过高校与媒体的联动机制,使学生有机会置身国际传播一线,提高实务操作技能与综合业务素质。实践证明,这为国际新闻传播人才培养的改革创新提供了新的契机,一方面可以弥补书本教育在实践经验上的缺乏,另一方面,来自前沿一线的反馈也有助于检验培养成果,提高人才培养的针对性。

二、紧跟全球传播的课程体系创新

电视学院秉承“厚基础、强专业、优外语”的培养方针,制定了广播电视新闻学全国专业标准。近些年来,根据全球传播现实,学院率先在本科阶段开设大学公共英语创新实验班,搭建国际课程体系,研究互动教学方法,提升课程质量,引领全国新闻传播学科教学改革。

(一)教学改革创新外语教学模式

电视学院自 2002 年开始强化“外语线”,在公共英语课之外增设英语听说训练课;2007 年获得首批国家级双语课程建设项目,电视新闻导论课程荣获国家级双语教学示范课程;2009 年,在前期成果的基础上,按照中宣部、教育部的总体部署,成立国际新闻传播硕士班;2012 年构建并完善全英文授课体系,招收国际留学生;2013 年,从本科生中选拔优质生源,开设大学公共英语创新实验班(本科),为学生打造一周五天的英语学习环境,在全国具有引领与示范作用;2014 年,借助英语新闻节目制作训练,打通本科生、研究生、国际留学生的专业实践环节,形成了集“采、写、摄、录、播”为一体的多层次、全英文专业实践模式。

(二)优势学科完善课程体系建设

对国际新闻传播人才而言,熟悉国情、了解民意,建构关于中国内政外交的知识框架,树立去伪存真的意识,具备伸张正义的品质、驾驭信息的能力尤为重要。因此,电视学院尝试在课程体系设计中,加入以国情讲座为代表的国情类课程及新闻评论类课程,引导学生熟悉国家发展现状,了解社会发展历史。

电视学院依托专业优势,努力优化课外写作训练机制,提升学生现场生产制作新闻的能力,完善“出镜记者”的特色培养模式。立足融合传播平台,利用新媒体技术,自主研发直播与现场报道实验教学平台,实现了新闻实践中的多点互动,使学生得以利用融合技术平台,置身新闻一线,训练现场报道与口语表达能力、定时成稿与快速反应能力,以及在现场发现、挖掘、思考并形成观点的能力。

未来的新闻工作者不仅要掌握采集和制作传统新闻的技巧,还要具有熟练使用各类新媒体开展报道的能力,能够同时处理不同版本、不同语汇的新闻报道。在日常教学中,基于媒介转型现状,贴合媒体发展规律,电视学院建设宽口径、厚基础的课程体系和多功能、强资源的教学平台,打造适应跨界传播的全能型编辑记者。

此外,为适应媒介发展对实践的要求,学院还将实践创作模块化,并划分出覆盖专业基础实验课程的基础型实践创作模块、覆盖各类专业课程实践环节的专业应用型实践创作模块和满足学生创作个性化发展需要的创新研究型实践创作模块。学院积极开展互动式、全媒体教学实验，对创作型课程、理论型课程及实践型课程提出了不同的互动教学要求；延展师生互动关系，深入探索符合新时期国际新闻传播人才培养的授课内容与教学方法，并将好的经验与做法进行推广。如创作训练—DV 作品课采用工作坊模式，报刊编辑课采用现场阐述+情景模拟教学法，新媒体导论课采用交互型虚拟课堂的辅助教学法。

三、产学研协同发展的师资队伍创新

学院结合创新型教师发展模式，通过优化“教学问诊制”和“教研沙龙制”，探索国际化师资队伍建设“三步走”、英语教学管理培训“双结合”等提升策略，致力于建设一支秉承传统、跟进前沿、特长细分、视野开阔，具有多元文化背景与国际竞争力的教学科研团队。同时，全球化传播语境带来知识架构的巨变，新媒体时代为国际新闻传播“教学相长”的协同模式创造出新思维。近年来，学院教师活跃在影视、传媒国际评奖和新闻传播学术会议上，不仅将“中国形象”传递给世界，而且在国际学术场合发出“中国声音”、传播“中国思维”。

（一）“教学诊断”锤炼教师的基本功素质

多年来，电视学院坚持“教学问诊制”，成立了教学督导组和教学指导组，通过“传帮带”的研讨活动，由资深教师对青年教师的授课内容、形式与风格进行把关指导，探讨青年师资队伍的培养路径，帮助青年教师锤炼教学基本功，形成了一套科学合理的“教学诊断”制度和行之有效的师资梯队建设办法。

近年来，结合多年“教学问诊”的成果，学院总结出符合国际新闻传播专业的课堂教学法。坚持育人与教书相互融合、教风和学风互相促进，根据“四个核心内含四项要求、四项要求下设四种方法”的工作思路，提炼出 16 项要求和 64 种教学法，涵盖课堂教学内容、课堂教学技法、课堂教学管理、教师必修基本功四个方面，立体化构建符合课堂教学需求的指导体系，并向全体教师推广。

为培养应用型、复合型国际新闻传播人才，电视学院将教育教学与社会实践、科学研究、成果应用紧密结合，整合各方资源，搭建产学研相结合的创新教育平台。与政府、学界、业界合作，立足“国家突发事件舆情应对研究中心”等平台，围绕舆情应对与舆论引导、媒体融合的发展创新等热点议题展开研究与实践，并用与行业互动的思考反哺教学，将最新的观点、鲜活的案例引入课堂，做到理论与实践相结合，培养了解前沿紧跟行业的国际新闻传播人才。

（二）“国际交流”提升团队国际化水平

在师资培养方面，学院坚持自主引进与自我培养相结合。一方面重视引进海内外优秀青年人才，丰富学缘结构，优化专业构成。另一方面，早在十年前已经开始大力推进“青年教师海内外进修计划”，主要包括“中青年教师赴海外攻读博士学位计划”和为期一年的“海外名校访问学者计划”。这十年间，已经有一批中青年教师在美国、英国、法国、德国、澳大利亚等多个国家的不同院校攻读博士学位，提高了专业能力，拓展了学术视野，形成了开阔的海外培养格局；学院连续四年组队参加五大国际新闻传播学研讨会，在国际场合阐明“中国观点”。

依托教育部高等学校新闻传播学类专业教学指导委员会和全国卓越新闻传播人才教育培养指导委员会，学院着力推进资源共享、协同发展，辐射全国新闻传播类专业院校，对推广国际新闻传播人才培养的理念和成果具有引导作用和示范意义。同时，学院率先在北京市建立新闻出版类专业群，作为牵头院校和专业群专家委员会主任委员单位，学院积极建立联络机制，组织在京 30 所新闻传播与出版类院校参加各类专业教学实践活动，牵头专业院校与新闻媒体建立教学科研实践基地，倡导协同创新。

四、顺应媒介发展的融合实践创新

作为与国家“走出去”工程紧密相连的应用学科，国际新闻传播领域担负着快出人才、出好人才的任务。学院以“国际化创新人才培养实验区”“国际教授工作室”以及各级实习就业基地为平台，集纳实践创新资源；以资助优秀创作项目、举办“半夏的纪念”北京国际大学生影像节等品牌赛事为路径，打通课程学习与专业实践的通道；以海外实习实践活动为品牌，建立高校与媒体的互动机制，加速人才队伍成长，提高国际新闻传播人才培养的针对性。近几年间，在中宣部、教育部指导下，中国传媒大学联手清华大学、中国人民大学，邀请国家六大媒体，举办了两次国际新闻传播人才实践创新成果汇报会，全面总结国际新闻传播人才的实践创新成果。

（一）善内外兼修的育人环境

紧跟现代传媒技术发展，电视学院创建了多功能演播馆、电视节目制作实验室、灯光实验室、摄影洗印实验室、非线性编辑实验室、环绕立体声实验室和广播录音实验室等，为实践训练提供条件保障。

此外，组织专业实践活动作为教学环节的有益补充，为具有发展潜力的学生提供"假期拍摄资助计划"；通过每年举办"半夏的纪念"北京国际大学生影像节等品牌学生赛事，搭建高水平的创作平台。目前，"半夏的纪念"北京国际大学生影像节已被北京市国际教育交流中心纳入北京市文化创意产业节，提升为国际性赛事。

根据学科发展需求，学院先后建设了 30 余个实习就业基地，通过专业教师带队实习、以项目引领创作实践等方式开展。如与国家教育部合作全国十大教书育人楷模微纪录片创作项目、公益广告制作项目，与北京市援疆和田指挥部合作拍摄《走进和田》大型纪录片，使学生有机会置身创作一线，了解专业发展现状，熟悉专业创作流程，提高实务操作技能与综合业务素质。在师生共同努力下，应用国际前沿技术的大型纪录片《走进和田》荣获第十三届精神文明建设"五个一工程奖"；我国第一部少数民族 3D 纪录片《全景中国之和田一日》在央视 3D 频道播出。新闻传播的生产实践充分践行教研成果，满足社会对新闻宣传服务的需求。

（二）积累实践创新的育人成果

为提升学生的专业技能和实践创新意识，学院依托创作课程，保持"上手快"的特色优势，鼓励学生与国际接轨，参与国际化的专业竞争，如选送作品参加法国 FIPA 国际电视节、波茨坦国际大学生电影节等，每年有数十部作品获得国内外专业比赛的各类奖项,积累了丰硕的实践教学成果。

电视学院一向重视积累国外优质教学资源,与美国密苏里大学新闻学院、波士顿大学、法国巴黎第二大学、南澳大学、香港城市大学等传媒名校建立了合作关系,鼓励学生开阔眼界、增进交流。每年暑期由专业教师带队,组织国际新闻传播人才赴海外新闻传播学名校学习专业课程,参访我国主流媒体的驻外站点。学生亲临国际新闻传播一线,与优秀驻外记者面对面交流,并采访制作了大量专业作品,拓展了国际视野,提升了业务水平,增强了“坚守国家立场,发出中国声音”的责任感与使命感,受到中宣部、国家教育部的肯定与好评。

依托国家留学基金管理委员会的海外实习项目,学院每年选派优秀学生赴中央媒体海外站点实习。近年来,在我国主流媒体的海外分社或记者站,都有传媒学子活跃的身影。在肯尼亚内罗毕恐怖袭击案件报道中,我校国际新闻传播硕士班一学生曾连续 38 小时坚守现场,发回大量一手报道,持续追踪事件进程,展现出坚定的国家立场、良好的新闻素质、优秀的外语能力和出色的报道水平,受到国家主流媒体的肯定。

总结国际新闻传播人才的培养模式与实践创新成果,笔者认为,在全球化、信息化时代,构建新格局,提高传播力,要把学科建设与党和国家的工作重点相结合,把人才培养与时代发展相结合,把教育教学与国际前沿、社会需求相结合,造就适应全球化、全媒体、全天候信息传播需要的高级人才,开创国际新闻传播人才培养的新局面。

〔赵希婧,中国传媒大学电视学院讲师;张晓明,中国传媒大学电视学院硕士研究生〕

跨文化视域下传媒教育实践案例研究

——以“泛亚洲国际大学生纪录片挑战赛”为例

A Case Study of Media Education Practice from the Perspective of Cross-culture: Take d'Catch Project as An Example

◎ 王更新　曹　琦　王　颖　王琳艳

Wang Gengxin, Cao Qi, Wang Ying, Wang Linyan

摘要：随着全球化、信息化的不断深入，不同文化之间的交流渗透到生活的各个领域。同时，技术进步使媒介形态日益丰富，人们进行跨文化交流的途径也越来越多样。“泛亚洲国际大学生纪录片挑战赛”是以纪录片为载体的跨文化传媒教育实践项目，它通过纪录片的主题创作和交流，在不同国家大学生之间形成跨文化交流和传媒教育的有效途径，有助于培养不同文化背景下大学生跨文化思维和运用媒介进行文化传播与交流的能力。

关键词：跨文化交流，传媒教育，纪录片

Abstract: With the deepening of globalization and informatization, the communication between different cultures has penetrated into various fields of life. At the same time, technological progress has enriched the forms of media and diversified the ways for people to conduct cross-cultural communication. d'Catch (de Centralized Asian Transnational Challenges) project is a cross-cultural communication education practice based on the documentaries. Through the theme creation and communication of the documentary, this project has formed an effective way of cross-cultural communication and the media education among college students in different countries. This project is conducive to the cultivation of college students' cross-cultural thinking mode under different cultural backgrounds and their ability to communicate and disseminate culture through media.

Keywords: cross-cultural communication; media education; documentary

"泛亚洲国际大学生纪录片挑战赛"(de Centralized Asian Transnational Challenges,简称 d'Catch)是一个由亚洲多个国家大学生参加的非竞赛性质的跨文化传媒教育交流项目。该项目每年举办一次,自 2003 年至今已经成功举办了十七届。主要参与的国家有中国、日本、菲律宾、泰国、印度尼西亚等,参与成员包括各个国家高校师生。每年由参与国家的教师一起商讨确定纪录片创作主题,并在该主题下延伸五个副题。参与国家高校分别开设 d'Catch 项目实践课程,由选修的学生根据自己的兴趣分组选择一个副题,拍摄制作五分钟的纪录短片来表达他们对该主题的理解。每年 1 月底,所有参与国家的师生汇聚到主办方学校,互相观摩各自完成的纪录片。同一副题下的各国学生组成一个新的创作团队,借助所拍摄的纪录片讨论和交流他们对同一主题的不同或相同理解,并找出能够将他们的纪录片串联起来的线索,重新撰写脚本、拍摄、剪辑,共同完成一个多角度阐释同一主题的作品集,最后向参加该项目的所有师生进行展示汇报。本文以 d'Catch 项目为例,探析以纪录片为载体的跨文化传媒教育实践如何激发学生跨文化交流思维和兴趣,培养学生利用媒介进行跨文化传播与交流的技能,进而实现跨文化传媒教育的目标,为新时代培养具有国际视野、符合跨文化需求的人才。

一、跨文化媒介教育的必要性

在全球化、信息化时代,随着世界各国政治、经济往来的日益频繁,文化交流也越来越重要。不同文化背景下,各国之间人们世界观、生活环境和行为方式的差异势必对跨文化交流的过程和效果造成一定阻碍和影响,甚至会产生冲突、碰撞和误解。这些问题的解决,需要通过跨文化教育来培养学生基本的跨文化交流意识和能力,使他们能够主动参与不同文化之间的平等对话与交流,学会相互尊重、相互宽容和理解。联合国教科文组织自 20 世纪 80 年代起积极倡导跨文化教育(Intercultural Education),主张以跨文化教育来培养新一代。90 年代国际教育大会先后发布了《教育对文化发展的作用》(1992)、《国际理解教育的总结与展望》(1994)、《国际理解教育:一个富有根基的理念》(1996)、《跨文化教育指南》(2006)等报告,重申和强调跨文化教育对培养全球化人才的重要性，其目的是“增进融合，尊重文化间的差异，减少各种形式的排斥，理解其他个体与其他国家，培养学生跨文化的适应能力，帮助学生在多元文化社会中更好地生存”。[①] 跨文化教育得到各国政府的高度重视，成为高等学校人才培养的重要任务之一。

媒介素养教育（Media Literacy Education）是伴随着大众传播媒介的快速发展和大众文化盛行而兴起的。“媒介即信息”，媒介即生活。新兴媒体的普及使人人都是自媒体成为现实，媒介对社会生活的影响更是无孔不入。而媒介教育是关乎每个个体学习和成长的重要事情，在当下显得尤为迫切，其宗旨不再局限于培养学生对大众传媒负面影响的反思和抵御能力，而是要教会学生主动筛选、评价和传播信息的技能，以及对不同媒介文化的理解与批判。同时，由于媒介发展不平衡造成的全球范围内的信息鸿沟、文化霸权、媒介殖民等现象，也需要运用跨文化的知识和专业的传媒技能去分析媒介背后的意识形态、经济、技术等原因，并通过跨文化的交流与传播消弭这些不平衡或冲突，增强对不同文化尊重、理解和包容的信心。

跨文化包括他国的不同文化和本国的多元文化两重含义，既有传统文化，也有现代文化。跨文化教育需要借助一定的途径开展，大众传播媒介便是途径之一，媒介教育自然成为跨文化教育的一部分。目前在国内高校中，这种教育开展的范围和形式均有一定局限性，还不能充分满足培养具有国际视野和跨文化交流能力的人才的需求。因此，加强对当代大学生跨文化传媒教育是非常必要和迫切的。d’Catch 项目恰好是一个以传媒专业为基础进行跨文化教育的实践平台。

二、d’Catch 及其跨文化传媒教育路径

d’Catch 项目作为亚洲地区最为成熟的教育交流项目之一，每年举办一次，由参与国家高校轮流主办。该项目体现了跨文化传媒教育过程的三项基本内容：一是媒介素养教育，主要是学生对媒体认知和媒体技术的学习，包括掌握视

① 联合国教科文组织.第 43 届国际教育大会报告《教育对文化发展的作用》，1992.

频节目的制作技能;二是跨文化教育,培养学生对不同国家、不同民族文化的兴趣和交流意识;三是学生能够有效运用纪录片这种表现形式将跨文化交流和传媒能力提升结合在一起。

实践证明,跨文化交流的途径多种多样,除了面对面的交流之外,日益丰富的媒介形态既可以表现跨文化的内容,也是跨文化传播和交流的有效载体。d' Catch 项目兼具跨文化视野和传媒教育的特点,两者之间的相互渗透和影响,丰富了彼此的教育内容和手段,为来自不同国家、不同文化背景下的大学生提供了在传媒领域学习和跨文化认知的新途径。

三、d' Catch 跨文化传媒教育实践模式

目前参与项目的国家的高校均把 d' Catch 项目作为传媒类专业选修课程,有学时、学分和培养要求,定期开设,学生可以根据自己的兴趣选修学习。经过多年实践,这个项目形成了相对固定的教学实践模式,具体实施流程如图 1。

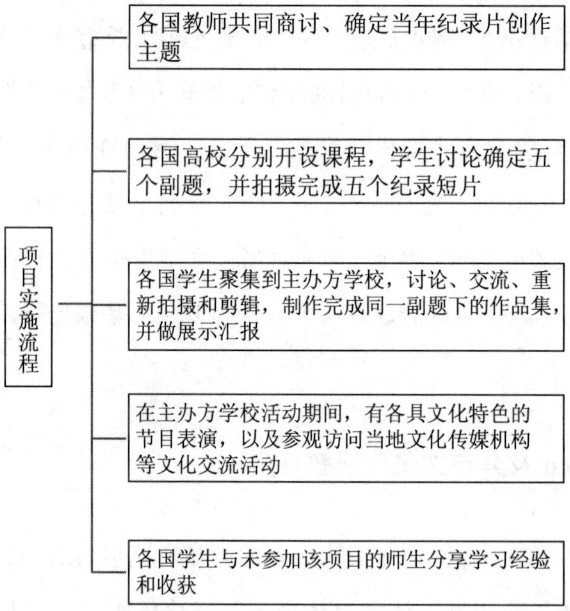

图 1　d' Catch 项目实施流程

在 d’Catch 项目实践过程中,跨文化传媒教育的目标主要通过以下三个具体任务来实现。

(一)寻找具有文化共通性的话题

世界是丰富多彩的,文化的多样性也无处不在。文化共通性是人类在长期共同的实践活动中获得的,而文化差异性则来自各民族地域、环境和具体行为方式的不同。对不同文化背景的人们来说,寻找共同关注的话题是交流的基础。因此,各国师生在讨论确定 d’Catch 年度主题和副题时,首先以文化共通性为原则,使跨文化交流成为可能;其次通过交流对外传播自身优秀文化,体现出文化差异性,从而满足人们对文化多样性的了解。近十年 d’Catch 的主题和副题见表 1。

表 1　2010~2019 年 d’Catch 主题/副题

年份	主题(theme)	副题(topics)
2010	Link	Family, Human Relationship, Legend, Festival, Co-tech
2011	Love	Marriagc, Virtuality, Art, Animal, Love Addiction
2012	Time	Change, Value, Faith, Moment, Time Technology
2013	Trans-culture	Transmission, Food, Performance, Ceremony, Color
2014	Icon	Motif, Subculture, Love Story, Fashion, Scenery
2015	Equal?	Ability, Nationality, Space, Gender, Posibility
2016	Hope	Belief, Cage, Village, Goal, Hope of Asia
2017	Now	Spirit, Energy, City, New Generation, Asia and…
2018	Next	Media, Relationship, Alternative, Lifestyle, Food
2019	Endless	Love, Hope, Health, Imagination, Leaning

这些主题和副题可以归纳为以下几类:一是以全球视野关注时代发展,如 Time(时代、时间)、Link(联系)、Change(改变)、Hope(希望);二是关注人类共同的价值观和情感追求,如 Love(爱)、Equal(平等)、Belief(信念)、Spirit(精神);三是关注现实生活本身,如 Marriage(婚姻)、Family(家庭)、Health(健康)、Food(食物);四是关注多元文化,如 Trans-culture(跨文化)、Art(艺术)、Motif

(符号)、Fashion(时尚)、Media(媒介)等。其实,这些话题也是跨文化教育关注的主要问题,它们从不同角度引起当代世界青年的兴趣。身处同一时代的人们既关心自己国家与民族的命运,也想了解其他国家的发展。亨廷顿认为,“文化的核心内容包括语言、宗教、价值观、传统以及习俗”,①交流使文化成为一个连续不断的过程。

d'Catch 项目中,来自不同国家的学生正是以这些内容为基础进行创作和讨论,通过纪录片展示各自文化的实际样子,表达他们对同一主题和副题的独特见解,并在实践和交流中锻炼传媒技能,认识和了解其他国家的文化,关注时代发展,共享见解、感受和信息。例如,在 2018 年活动主题 Next(下一次)下的副题 Media(媒介)组中,中国学生拍摄纪录片反映的是 Wechat Red Packet(微信红包);印度尼西亚学生则以 Copy Right(著作权)来阐释主题,探讨的是互联网环境里,创作者的著作权得不到保障,很多互联网内容生产者创造出好的内容,却被一些人剽窃或抄袭并从中牟利;菲律宾学生的纪录片讲述了网络环境下 Fake News(假新闻)带来的危害。这些纪录片的题材选择,虽然是在不同文化背景下产生的,但是却有着较为鲜明的共同的当下印记,尤其是互联网的影响。这些话题在交流中特别能激发各国学生的兴趣,使他们有意愿去了解其他国家的媒介发展态势,以及传统文化和流行文化的交融,从中可以看到全球一体化问题在这些片子中有很好的体现。

(二)用纪录片阐释对主题和副题的理解

视觉是一种思维方式,也是表达的工具。“视觉的一个很大的优点,不仅在于它是一种高度清晰的媒介,而且还在于这一媒介会提供出关于外部世界中的各种物体和事件的无穷无尽的丰富信息”。② 尽管不同国家的人们语言不通,但是,纪录片通过视听语言传递的人类共同情感,却可以跨越种族、国家和意识形态,促进文化交流和理解。d'Catch 项目发挥了这一优势,其将纪录片作为跨文

① 拉里·A·萨默瓦,理查德·E·波特.跨文化传播(第四版)[M].闵惠泉,王纬,徐培喜,译.北京:中国人民大学出版社,2008:36.

② 鲁道夫·阿恩海姆.视觉思维:审美直觉心理学[M].滕守尧,译.成都:四川人民出版社,1998:24.

化交流的手段或载体,既能用视觉化的语言展示个体独特性,也能够以其本质特性做到真实记录,客观再现,甚至可以超越语言不通的阻碍,在更深层次上克服文化群体间因价值观念差异所造成的交流困难。

参与这个项目的各国学生所学专业都是与大众传播类相关的,但也并非全是影视节目编导和制作专业,因此,他们拍摄纪录片的水平参差不齐。但是,对他们来说,拍什么、怎么拍的难点首先是选题,其次才是技术问题。各国学生普遍具有对自身国家或民族的认同感和文化的自我保护意识,在选题时往往习惯优先输出本民族文化,兼顾与不同文化群体的交流,并借助纪录片这种方式呈现。例如,各国学生对 d' Catch 2013 年主题 Trans-culture(跨文化)下以 Transmission(传递、播送)为副题的纪录片选题和表现方式如下。

菲律宾学生拍摄的是通过联姻或异族结婚进行跨文化传播与交流的题材。由于历史原因,菲律宾文化由不同殖民者的文化构成,本身就是丰富多彩的。虽然菲律宾人与外国人结婚的越来越多,但是在教育子女方面,他们仍然遵循传统的菲律宾家庭价值观念。影片的主人公是一对兄妹,他们的母亲是菲律宾人,父亲是巴基斯坦人,他们在巴基斯坦出生、长大,到菲律宾上大学。影片运用同期声采访,由兄妹二人谈对跨文化的适应问题。虽然两个国家的政治、宗教和文化环境都相差甚远,巴基斯坦的年轻人信奉伊斯兰教,喜欢参与政治运动,了解国家事务;而菲律宾人比较随和、友好,容易接近。但是,他们并不需要花太多时间调整就能适应在菲律宾的生活,因为他们懂得彼此包容和尊重。另外,影片中有关专家也谈到,自从菲律宾人开始与其他民族交往,联姻就出现了,这一方面为菲律宾人打开了了解其他文化的窗口,另一方面其他民族也可以学习菲律宾文化,从而使人们分享跨文化的交流和融合。

日本学生则以拍摄汉堡在日常生活中扮演的重要角色来表达他们对 Transmission 的理解。影片从 20 世纪 70 年代在日本出现的肯德基、麦当劳等快餐店说起,经过本土化改造,这些快餐原料不只来自美国,也有蒙古的肉饼、奶酪,埃及的泡菜和中国的番茄酱等。实际上,目前日本汉堡集合了各国食物的风味和原料。美国符号的快餐到日本本土化的过程体现出美国文化与日本文化以及多国文化的相互渗透。同样,日本饮食文化也辐射和影响到其他国家,如日本寿司在美国被叫作“加利福尼亚卷”等,或许外来文化与本土化的结合才是人们最适应的。

中国学生在纪录片中关注的是手语文化。他们在调研采访中发现,手语作为一种语言和交流工具,由于中国地域辽阔,不同地区之间的手语是相互影响和变化的。他们记录的是聋哑人面对不同文化群体,如何从身体上或心理上表达自己,或与他人交流的故事。这实际上也是一种跨文化的行为。

在历年 d'Catch 项目中,有些话题是被各国师生反复关注和讨论的,例如婚姻问题。除了上面提到的菲律宾学生用异族婚姻阐释 Transmission 的主题之外,中国学生通过拍摄一个跨国婚姻家庭的和睦关系来表达对 2011 年主题 Love(爱)下的副题 Marriage(婚姻)的理解。而日本学生对 2013 年主题 Trans-culture(跨文化)下的副题 Ceremony(仪式)的表现也是拍摄的跨国婚姻,但却反映了不同文化背景导致的家庭成员之间沟通上的特殊问题。的确,婚姻是关于人类的基本主题和概念中的一个实例。不同形式的婚姻反映了不同国家和文化之间的相似性和差异性。尽管各国学生创作纪录片的主题相同,但是他们对题材的挖掘却显出差异。这些差异更多是依赖视听语言来阐释和表达的,而且通过交流学生们意识到亚洲各国之间文化的相互影响,以及在跨文化传播中所呈现出的多样化个性。

(三)通过面对面交流了解和分享不同文化

无论是确定选题,还是拍摄纪录片,其实都是为实现面对面交流做准备。各国学生带着自己对某一主题的思考和纪录片来到主办校,与其他国家学生会合,通过观摩、讨论同一主题下的纪录片,来了解彼此的文化和价值观念,进而通过交流形成对其他文化相同或不同的理解。

如各国学生对 2010 年主题 Link(联系)下的副题 Festival(节日)的纪录片阐释,其相似的理解在于:泰国和日本学生都以他们的传统节日为纪录片题材,前者拍摄的是寺庙节日,因为泰国 95%以上的民众都信奉佛教,佛教文化是泰国重要的文化,一年中有多个与佛教有关的节日;后者拍摄的是纪念亡灵的传统节日——放灯节。其不同的理解在于:菲律宾和中国学生都拍摄了圣诞节,但却是不同的文化呈现。菲律宾曾经是美国殖民地,西方文化的影响根深蒂固,他们至今延续着圣诞节的传统意义,更看重家人团聚。而圣诞节对中国来说却是舶来品,与传统圣诞节的味道完全不同,商家促销、购物消费是最抢眼的节日气氛。在交流中,菲律宾学生对此不太能理解,中国学生解释这种过节方式与中国经济快速发展、人们生活水平提高、外来文化不断进入、中国人心态越来越开放等环境因素有关。消费购物也是人们表达生活美好的方式之一。

又如对 2015 年 Equal? (平等的?)主题下的副题 Space(空间)的表现和阐释,几个国家的学生同样有不同的理解。日本和印度尼西亚学生都把镜头聚焦公共空间,前者拍摄了歌手、街头艺人在广场、车站等公共场所的活动,并认为公共空间里的每个人都是自由、平等的。艺人是否要表演、行人是否想观看,都是他们自己的权利。后者则反映了残障人士使用的公用空间不足这一社会问题,进而呼吁尊重残障人的权利,为他们提供更多的公共服务。而泰国和中国学生纪录片反映的都是更广阔的生活空间,前者记录城乡差别,不仅用镜头记录下贫富差距的现象,还分析了社会发展带来的不可避免的繁荣与落后,及由此造成的不平等。后者通过南京新城、老城的生活对比,反映出人们不同的生活方式和状态。在这组纪录片中,学生们对不同文化理解的相似性大于差异性,而面对面的交流更有助于他们求同存异,增加对非本民族文化的尊重和包容。

值得注意的是,在选题、拍摄和交流的过程中,各国学生对本民族文化的优先输出意识始终占主导,其次才是对外来文化的好奇与认知需求。例如,中国学生比较关注中国传统文化及其独特性的展示,d' Catch 2013 年主题 Trans-culture(跨文化)下的两个副题 Performance(表演)和 Ceremony(仪式)的意思比较相似,后者也可以理解为一种仪式化的表演。学生们选择用外国人学习中国茶道表演来阐释 Ceremony,而 Performance 拍摄的是另一种典型的、传统的表演形式——中国皮影。同时,他们也注意到了文化传播的多维性,一方面中国或亚洲文化受到西方大众文化的深刻影响,如中国人对嘻哈文化的接受和反应,就是一个能够反映文化发展与传播的例子;另一方面,传统中国文化也随着众多中国移民被带到世界其他国家。因此,他们还想通过对嘻哈文化和皮影的对比来展示文化传播的多维性特征。

四、d'Catch 教育实践项目的意义

d'Catch 项目设计针对全球化信息化时代的人才需求,兼具跨文化教育和媒介教育的双重功能。对学生或是以传媒教育为基础,拓展其跨文化传播和交流能力;或是以跨文化教育为主,强化其传媒专业技能。两者形成双向互动,有效地提升了学生跨文化认知和交流能力。该项目的现实意义和实用价值主要体现在以下三个方面。

(一)帮助学生更深刻地认识文化的多样性

当今社会不同文化之间的相互尊重、平等和宽容,让更多人有机会认识和体验文化的多样性。对纪录片的选题分析可以发现,从国际层面上,不同国家的人们对文化有着不同的理解。跨文化涉及国家和地区间的文化交流,地理、人口、社会和政治的不同势必导致文化的多样性。这种多样性使不同国家和人们处在同一层次的交流上,相互尊重、理解,或是接受与自己不同的想法。从国家层面上,大多数国家都存在着多民族、多文化的现象,而且人们对本国文化的认识与表现也不同。中国拥有悠久的历史、辽阔的土地,以及地区文化的多样性,跨文化因此也成为一个重要议题。参加 d'Catch 项目的各国学生由于文化背景、价值观、信仰、语言、生活环境、社交行为的不同,他们对同一主题的理解和阐释也有所不同,并且在纪录片中有不同呈现。d'Catch 项目在为学生表达多样性观点提供平台的同时,也帮助他们对文化多样性有了更深刻的认识和感受。

(二)强化学生的跨文化思维和交流意识

人类的任何交流行为都可以使文化得到延续。跨文化交流的途径多种多样,d'Catch 项目只是其一。虽然它是一个通过拍摄纪录片表达对不同文化理解的实践项目,但是从选题开始,它的目的就是明确的,即所选话题应具有与不

同文化背景的人们交流的可行性，以及所拍摄的纪录片不仅仅是诠释主题的一个作品，同时也是引起交流对象兴趣和话题的媒介。而整个项目的完成需要学生具有前瞻性的跨文化思维，这样才能明确任务，选准目标，达到效果。d' Catch项目通过跨文化教育和传媒教育相互交叉的两个路径，帮助学生掌握了对他国文化的认知技能和参与互动交流的有效手段，逐渐养成尊重、开放、宽容、平等、客观、无偏见的文化价值观，使他们不但具有主动参与跨文化交流的意识，还能够与来自不同文化群体的人和谐相处，以及具有解决跨文化冲突的能力，使他们成为真正具有跨文化思维的全球化人才。

（三）提高学生运用媒介跨文化传播的能力

渗透于日常生活的大众传播媒介具有克服语言不通的认知和互动功能，其媒介形态的多元化和传播方式的多样性在跨文化交流中发挥了实际效用。特别是在新媒体快速发展的今天，当媒介教育与跨文化教育相结合，便产生更多新的交流方式或途径。各国学生通过d' Catch项目建立起来的交往，不会随着每年活动的结束而停止。当他们回到各自的国家，微信、脸书等社交媒体便成为延续友情和文化交流的平台。媒介推动了不同文化背景下人们跨文化的教育与交流，其力量不可小视。同时，在媒介全球化时代，各国政府尤其注重提升公民跨文化的媒介素养。当代大学生更应学习如何有效使用媒体获取信息，并向他人传播这些信息。这是在跨文化交流中消除阻碍、增进了解必须具备的技能。由d' Catch项目建立起来的学生跨国传媒实践，也为媒体多样化和文化共存的研究提供了典型案例，有助于传媒教育内容与形式的丰富。这个项目的设计就是要进一步了解各个国家的媒介素养教育和跨文化传播与理解，并通过交流和共同参与跨文化的影像制作，使学生能够为不同群体和国家间的相互尊重、相互理解、共促发展做出贡献。

实践证明，d' Catch项目通过学生影视作品的创作与交流，对媒体多样化和文化共存进行教学和研究，是了解各国传媒教育和跨文化传播的有效途径，也是培养大学生跨文化交流能力的实践平台。该项目模式曾由参与国家的教师共同在东京传媒产业博览会（2008）、国际影视与媒介研究年会（2009）、国际传播学年会(2016)、传媒教育峰会(2018)等国际学术会议上进行介绍和分享,受到各国与会专家学者的认可。希望它成熟的经验能够得到推广和借鉴,共促跨文化传媒教育的发展。

〔王更新,中国传媒大学广播电视艺术学博士,副教授,主任编辑;曹琦,中国传媒大学广播电视学博士,讲师;王颖,南京大学戏剧与影视学博士,讲师;王琳艳,中国传媒大学艺术史论博士,讲师〕

青年视点

中国媒体海外雇员群体研究:一项基于职业满意度的考察

A Study on Overseas Employees of China's Media: An Investigation Based on Career Satisfaction

◎ 叶明睿

Ye Mingrui

摘要: 中国媒体海外雇员作为一个职业群体,其特殊的职业角色与社会功能长期以来一直未能引起人们的足够重视。这一特殊群体如何在他们的日常新闻实践中服务中国媒体?如何面对经济制度、政治体制和文化背景的巨大差异所带来的挑战?供职于中国媒体有着怎样的诉求与考虑?他们又如何评价这样一份工作?本研究利用问卷调查与深度开放式访谈的方式,通过考察中国媒体海外雇员对其日常新闻实践的个体评价,尝试对以上问题做出回答。

关键词: 中国媒体,海外雇员,满意度,管理

Abstract: As a professional group, the special professional roles and social functions of overseas employees working for Chinese media have not been paid enough attention for a long time. How does this special group serve the Chinese media in their daily news practice? How do they face the challenges posed by the huge differences in economic system, political system and cultural background? How do they perceive their job? And what are the appeals of working for China's media for these employees? This study uses questionnaire survey and in-depth open-ended interviews to examine this group, trying to obtain insights of their daily practices.

Keywords: China's media, overseas employees, satisfaction, management

中国媒体海外拓展与影响力情况的一个重要指标是海外新闻自主采集与报道水平。这在很大程度上离不开近年来新华社、中国国际电视台、中国国际广播电台和中国日报等国家级媒体海外分支机构数量增加所做出的贡献。

和全世界其他主流媒体一样,中国新闻媒体海外分支机构均有一半以上所在国家或地区的当地雇员。对中国媒体而言,这样的一批”自己人”便成了本研究所关注的一个特定人群——中国媒体海外雇员。在全球本土化发展的大趋势下,这样一群特殊的“自己人”如何在他们的日常新闻实践中服务中国媒体,如何面对经济制度、政治体制和文化背景的巨大差异所带来的挑战,供职于中国媒体有着怎样的诉求与考虑,他们又如何评价这样一份工作,本研究将通过考察这群中国媒体海外雇员对其日常新闻实践的评价来尝试回答以上问题,并对中国媒体全球版图的扩张与海外机构的设立和发展提出建设性的参考。

为了深入理解中国媒体海外雇员这个职业群体,本研究使用调查问卷与开放式深度访谈相结合的方式进行。深度访谈于 2018 年 10 月中旬至 11 月下旬期间,在北京、杭州、上海和河南等地进行。访问对象 42 人来自 22 个国家和地区,均为曾经或正在新华社和中国国际电视台工作超过一年的外籍雇员。问卷调查与深度访谈的问题均围绕其服务于中国媒体的日常新闻实践内容以及个人对工作的评价。

一、海外雇员基本工作分析

机构优势成为大多数海外雇员最为重要的择业考量因素。新华社和中央电视台作为国家级媒体,在海外新闻报道过程中所体现并拥有的资金实力、资源投入、机构规模、报道层级、覆盖人口范围以及日渐提升的影响力是吸引海外雇员选择中国媒体最重要的显性原因。对供职于国内总部的外籍雇员而言,在北京工作过程中,他们能够明显体会和感受到作为国家级媒体在国内的巨大影响力和话语权优势,同时他们在地方上的日常采访活动中所感受到的国家媒体的分量与权威性也更加坚定了他们的这一观点。

相对于对机构优势的高度认可,外籍雇员对在中国媒体工作的总体满意度评价呈现出了明显两极化的趋势。数据分析可以看出,供职于海外分支机构的海外雇员与受雇于北京总部和国内重点地方分支机构的海外雇员在此项上的评价截然相反。海外机构雇员对工作任务量、工作时长、薪酬水平以及管理制度的主观性评价普遍偏低,而工作于北京、上海和成都等总部或分支机构的海外雇员则普遍评价较高。国内媒体机构中方雇员的普遍待遇在一定程度上也印证了在国内工作的海外雇员普遍享受了相对较高的生活与职业待遇。同时,对于海外机构雇员来说,尤其是供职于英国、美国和澳大利亚等发达国家的海外雇员存在着与当地媒体同行的横向比较,所以在一定程度上也拉低了其整体的工作满意度评价。

工作内容方面,海外雇员的积极评价主要在于前述的机构能够给他们的日常新闻采访与报道过程带来便利,比如能够近距离接触和采访“上层社会名流”,有机会参与重大事件的报道,能够快速了解新闻制作的标准化作业流程等。值得注意的是,做出这些积极评价的访问对象年龄普遍较小,多为刚毕业的年轻新闻记者和编辑,且新闻从业平均年限为 2.6 年,职业新鲜感和尚不丰富的见识与社会阅历使他们在很大程度上做出了积极评价。但是,有超过七成的评价呈现出负面情绪特征,主要包括工作内容的单调重复、缺乏挑战性、缺乏激情与刺激。对部分访问对象的深度访谈发现,多数海外机构在日常报道题材和选题运作上存在一定的僵化思想和惰性习惯,对雇员缺乏在新闻报道自主性上的鼓励和激励,这可能是这些负面评价出现的一部分原因。

工作量这一指标的分析结果,其特征一方面表现为多数海外雇员对负担过重的工作量和过长的日均工作时长的抱怨,另一方面,部分雇员对工作时长和工作量的反馈是”轻松”或“很轻松”,由此也可以看出在海外雇员群体中,不同工种、不同工作地点和机构之间存在着较大的工作量分配不均衡现象。

多数海外雇员对工作量与工作时长的评价都与其所获得的薪酬水平联系在一起,两者之间呈现出正向相关的特征。对访问内容的深度分析可以看出海外雇员对个人生活的重视程度较高,相对于提高薪酬水平,海外雇员更希望工作量能够有所降低。在访问过程中,对薪酬水平偏低的负面情绪还在很大程度上来自海外雇员们与当地同行以及所在机构中国派驻人员薪酬的横向比对。访问过程中,海外雇员们常常提及美国有线电视新闻网、英国广播公司和美联社等欧美主流媒体派驻当地记者的薪酬待遇水平,并将之与自身相对较低的薪酬待遇加以比对;同时,国内总部向海外机构派驻的中方雇员薪酬待遇也多次被访问对象所强调,相较之下中方雇员的薪酬水平偏高也成为部分海外雇员认为存在"同工不同酬"的歧视性用工嫌疑的理由。

与薪酬水平评价普遍偏低的情况形成巨大反差的是受访海外雇员们对薪酬之外的福利条件与待遇的评价非常高。在被要求列举供职于中国媒体的好处时,多数受访者都强调了所在机构的福利待遇,除总体提及"福利待遇好"之外,具体吸引他们的地方主要包括对免费健身器械与设施需求的满足、对雇员健康指标的关切与保护、高性价比乃至免费提供的工作餐饮等。

工作忠诚度整体表现堪忧。从问卷调查和深度访问内容的分析结果可以看出,目前在职的中国媒体海外雇员中,接近一半的受访者表示自己有计划或有可能在未来两年内离职,而在已经离职的海外雇员中,也仅有39%的人在中国媒体工作超过三年。值得注意的是,管理机制、工作模式与效率、价值观认同与文化差异等因素是造成雇员流失的主要原因,在工作忠诚度偏低的在职海外雇员中,近三成的人表示只是尚未找到更好的工作,否则他们会随时选择离职。

二、职业环境与机构管理分析

本研究对海外雇员的职业环境进行了内部环境和外部环境两方面的区分,这两方面共同影响并决定了他们的职业忠诚度、工作满意度以及价值认可度等。

海外雇员的从业内部环境主要指其所在机构内部环境性因素,包括管理体制与机制,同事关系与工作氛围,职业发展前景以及升职机会等。中国媒体海外机构的内部管理是受访海外雇员提及频次最高、负面评价指征最明显的一项。梳理文本数据基本可以归纳出中国媒体海外机构在内部管理上存在的有待改进和提升的地方:(1)派驻当地的中方领导层与当地雇员的沟通不充分,中层领导在听取意见和对一些问题的解释说明上存在沟通断层,当地雇员与高层少有沟通,甚至完全不认识。部分派驻海外的中方领导缺乏外语交流能力,与当地雇员无法沟通。(2)管理方式方法及态度时有失当。由于文化背景和价值理念的差异，部分管理层在态度、方式和方法上表现得较为简单粗暴，导致工作中海外雇员的负面情绪有所增加，降低工作效率，打击雇员工作积极性。（3）决策与行动决定出台缓慢，效率低下，存在一定的懒政情绪，降低了当地海外雇员的主观能动性和积极性；部分新闻选题需要逐级请示汇报至国内主管，反馈严重滞后，导致效率降低的同时，新闻时机也被错失。（4）中方领导业务素质受到海外雇员质疑，在日常新闻实践过程中频繁更改事先设定的报道内容、方向和具体操作方式，过于独断专行。（5）缺乏对海外雇员的尊重，对他们的价值和能力的认可不足，甚至存在海外雇员因为工作疏失被当众羞辱的情况。（6）对当地的新闻行业环境与职场文化缺乏充分认识和了解，组织架构不能适应现实工作需要，不能有效整合人力资源，缺乏团队文化，从而降低团队工作效率。（7）薪水发放与日常后勤供给存在不能及时到位的情况。

相比之下，受访海外雇员对中国媒体内部同事间的工作关系和整体氛围做出了高度评价，来自同事的技能传授、工作引导，以及对中国的认知普及是这些海外雇员们最为赞赏的方面。同事间关系的融洽不仅体现在当地海外雇员之间，其与派驻当地的中方普通职员的关系多数人也都给予了正面积极评价。此外，海外机构驻地的硬件条件，包括所在区域位置、周边交通与自然环境、内部空间环境等方面也都是受访对象频繁提及并加以肯定的地方。

升职机会渺茫是海外雇员普遍强调的另一个负面特征明显指标。超过七成的海外雇员都强调在中国媒体工作，外籍雇员与中方雇员在这一方面存在明显差异。这也是多数海外雇员选择离职或者认为可能离职的最主要原因之一。同时，需要指出的是，考虑到西方国家的文化背景与社会心理因素，很多海外雇员都将这一情况与职业歧视联系在一起，并且由此强调海外机构中存在的中方雇员与当地雇员在工作量、薪酬待遇以及日常际遇方面所经历的差别对待。

与升职机会类似，海外雇员们在服务于中国媒体的同时，也非常看重这份工作对自身未来职业发展的帮助和影响。多数受访者表示长期在中国媒体海外机构工作并不利于自身长期的职业发展和进步。值得注意的是，在海外机构的雇员当中，行业入门级的年轻从业者居多，且在中国媒体海外机构工作是其离开学校之后的第一份工作，更多人只是为了获得新闻行业的起步经验，一旦获得了必要的工作技能之后会迅速离开,寻求回到本国或本地区的主流媒体工作。

外部环境则主要指海外雇员所处的当地新闻业以及其他新闻机构和同行所共同构成的影响因素的组合。在本研究中,值得关注的主要是中国媒体海外雇员在当地新闻业内的阶层分布,以及他们与其他媒体新闻同行在软件和硬件方面的比较。就前者而言,多数中国媒体海外机构的当地雇员在学历背景、从业经验等方面缺乏优势,尤其是与当地媒体同行相比,他们更多来自当地非名校,且从业经历相对有限。就后者而言,多数受访者都提到他们与西方主流媒体同行的比较劣势,一方面体现在硬件装备上,中国媒体的设备支持显得逊色;另一方面,中国媒体当地雇员的专业技能也缺乏足够有效的训练和再提升,中国媒体缺乏对雇员的定期培训和新闻专业知识更新。

三、职业认同与差异认知分析

作为国家媒体在海外设立的分支机构,其海外雇员与中国媒体之间注定存在着政治、经济和文化等方面的认知差异以及个人观点与态度上的不同。由于中国的新闻制度和思想体系与西方主流新闻价值观存在着根本性的差异,中国媒体与西方媒体在具体的新闻实践中也存在着巨大的差别。大部分受访海外雇员对这一差别表示理解,并且强调不是所有内容都会受到这一差别的影响,且对他们的实际工作并不会造成太大困扰。但必须要指出的是,有近两成的受访者,且全部为离职雇员,依然对中国国家媒体的职能定位和社会角色存在固有的西方偏见,并且强调这是他们选择离开中国媒体的主要原因。

为了更深入理解中外认知观念差异在海外雇员中的存在情况,调研分析还特别加入了对中国媒体在雇佣海外雇员时面试环节问题的分析。根据受访对象的回忆,仅有三成受访者记得在当时的面试提问和交流过程中,有过对政治体制、文化背景和经济制度的差异如何看待的相关问题。结合上述提及的情况,或许可以推测,海外机构在招聘当地雇员的时候,并未对此类问题充分重视和强调。尽管大多数海外雇员会理解并尊重这一差异,在实际工作中确保中国声音和中国立场,但或许在未来对海外雇员的此类培训和教育还需要进一步

三大核心竞争优势。[①] 不可否认,当下很多直播主播本身就具有一定专业性,拥有相关从业经验或教育背景,但专业生产内容与用户生产内容的根本不同在于,用户生产内容是个体化经营而专业生产内容强调专业团队的打造;用户生产内容相对粗糙、简单,专业生产内容更加专业、丰富。

(二)网红群体

我国网红群体发展呈现出专业化、产业化、多元化、明星化的态势。同时,作为短时期迅猛发展的现象,网红群体存在许多问题与不足。我们看到,随着直播平台的出现,网红数量呈现井喷式增长,网红群体的构成更加丰富多元。但是网红群体鱼龙混杂,暴力、色情因素充斥其中,公众对网红群体的评价相对较低。

在互联网时代,内容是吸引粉丝并增加粉丝黏性的关键,持续性、高水准的专业内容生产将是网红立足的根本。为了进行更专业的内容创作,网红与资本的结合将会越发普遍。一方面,网红只有获得资本支持,才能够在自己擅长的垂直领域进行深耕,才能定期生产出最优质的内容,才能吸引大众并深植在大众印象中。另一方面,资本投入方也能够从稳固的粉丝群体中获得收益,以便二轮投资,促进优质内容的再生产。

目前,很多"公会"已经转型为经纪公司,帮助网红管理日常事务,与传播平台进行商业合作等,这些公司将挖掘和培养新的网红作为自己的经营目标之一。比如,Papi 酱的公司不仅帮助 Papi 酱进行专业创作、接拍广告等商务事宜,还开辟了 Papitube 平台用以发现和培养新的网红,形成新的流量入口和变现渠道。这样,即使 Papi 酱的热潮过去,其资本依然具有强大的变现能力。

实际上,网红自身早已发现依靠单打独斗很难保证持久的吸引力,因此他们依靠加入"公会"、与直播平台签约等方式来增加曝光率。作为网红的传播载体,直播平台通过举办各种网红的选秀活动,为有才艺的网红提供舞台,增加网

① 中共中央网络安全和信息化委员会办公室,国家互联网信息办公室,中国互联网络信息中心.第 40 次中国互联网络发展状况统计报告[R/OL].(2017-08-04).http://www.cac.gov.cn/2017-08/04/c_1121427728.htm.

红的曝光度,在活动期间为其量身打造图文、视频宣传。比如映客直播打造的“映客先生”选秀活动,2016 年举办的映客“樱花女神”评选活动,都采取专业团队包装宣传、粉丝投票的模式加速资本的流动和积累。

随着垂直化、分众化直播平台的兴起,更多类型的网红应运而生,网红群体构成呈现多元化态势,直播内容日益丰富。网络的出现打破了地域限制,天南海北的网友可以从共同的兴趣爱好出发聚集在一起,出现了游戏玩家、音乐爱好者、脱口秀爱好者、美食爱好者等。只要直播内容能吸引粉丝聚集,网络红人影响力和变现能力就能够同步提高。比如,才艺表演类网红往往能收获大量礼物,拥有更高的变现能力。映客歌唱主播陈奇琲,截止到 2017 年 10 月 23 日,拥有 55. 8 万名粉丝,累计进账 10 656 万映票,即 1000 万余元人民币。以脱口秀和模仿为主要直播内容的主播二豆二豆二豆,拥有 6204 万映票,即 620 万元人民币。

二、网络直播与网红群体热点现象透视

近两年来,伴随网络直播与网红群体的迅速发展,诸多与网络直播和网红相关的事件频频发生,其中不乏一些引发广泛社会关注的现象级事件。媒体争相报道,群众津津乐道,复杂多元的事件背后究竟呈现出网络直播与网红群体怎样的面貌,众多热点现象的背后隐藏着网络直播与网红群体怎样的趋势,这需要我们对这些事件进行客观冷静的分析。

(一)网络直播影响力与日俱增

科技的不断进步使每一个重要历史时期都出现了新的媒介基本技术——现代印刷术、无线电传播技术、图像传播技术和网络传播技术。网络传播技术的发展催生网络媒介,继微博、微信、短视频之后,网络直播已经成为一种新的“互联网语言”,而且正在逐渐成为人们青睐的传播方式和媒介形态。

根据中国互联网络信息中心 2017 年 8 月发布的《第 40 次中国互联网络发展状况统计报告》,截至 2017 年 6 月,中国网民规模达 7. 51 亿人,网络直播用户共 3. 43 亿人,占网民总数的 45. 7%。这一数据意味着几乎每两个网民中就

有一人观看网络直播。网络直播平台已经从一个展示平台或技术平台变成了一个庞大的群体生活空间。传统媒体固定时间段播放固定节目的形式已经无法给观众带来新鲜感了,相反,网络直播却能够快速吸引大众的注意力。当一些名人走进直播平台时,更是能够在短时间内产生惊人的传播效果,影响力巨大。

第三方数据调查机构艾媒咨询发布的《2016 年中国在线直播行业专题研究:暖春遭遇寒流》显示,2015 年中国在线直播平台数量接近 200 家,网络直播的市场规模约为 90 亿元,2017 年中国在线直播用户规模达到 3.92 亿人,较 2016 年增长 26.5%,大型直播平台每日高峰时段同时在线人数接近 400 万人,同时进行直播的“房间”数量超过 3000 个。这些数据表明,网络直播不仅是人们娱乐的工具,也成为人们获取信息的重要渠道。相较于传统媒体的单向传播,通过网络直播完成的传播活动,互动交流被重视,信息的传播效果得到显著提高,已成为人们青睐的一种传播方式。

2017 年 2 月 19 日至 3 月 19 日期间,央视新闻通过微博账号开展直播超过 25 场,观看人数超过4 000万人次,特别是“两会”期间的直播报道,观看人数多次超过百万,李克强总理记者会的直播报道播放量达到 897 万人次。

近年来,类似于小米发布会这样的大型宣发活动越来越多地选择在网络直播平台播出,利用互联网直观快速、表现形式好、内容丰富、交互性强、地域不受限制、受众可划分等特点,加强活动现场的推广效果。现场直播完成后,还可以随时为读者继续提供重播、点播,有效延长了直播的时间和空间,发挥直播内容的最大价值。

另外,在媒介融合的尝试中,传统媒体也开始跨界网络直播,借用网络直播形式扩大自己的受众规模,充分利用一切传播渠道扩大传播影响力。以往包括电视在内的传统媒体获取用户数据耗时耗力,网络直播平台的优势就在于可以充分基于用户数据分析进行内容的制作和传播,充分利用用户自然留下的行为数据,通过对在线大数据的分析挖掘来构建和改变自己的传播内容。①

① 陈锐,邓堉颖.电视媒体进行网络直播的路径探索[J].现代视听,2017(03):12-17.

(二)明星大V投向网络直播,关注量巨大

除了草根主播,明星大V也逐渐选择网络直播来增强自己的影响力。与草根不同,他们早已经名声在外,本身就拥有庞大的粉丝数量。名人直播时呈现的是一种更真实的状态,并且主要用口语交流,拉近了观众与其之间的距离。名人的社会影响力加上直播平台的传播优势和互动性特点,使名人在直播间的一举一动备受瞩目,往往会获得社会的巨大关注。

2016年7月13日晚8时,退休少将张召忠现身B站(bilibili网站)直播,对若干热点问题发表看法,并通过直播言传身教,教育年轻人要理性爱国。观看直播的人数超过20万,张召忠共收到400多万积分(B站送礼单位)、个人微信公众号涨粉5万多位。刚开始半小时里,由于直播间一下子涌入太多人,直播先后出现了没有画面、有画面没有声音、麦克风失灵、弹幕出不来等问题。

名人本身就对粉丝具有巨大的号召力,作为偶像,他们的一言一行能够对粉丝的行为产生巨大影响。加上直播给了这些粉丝一个和偶像近乎"面对面"交流的机会,通过弹幕可以实现实时互动交流,更提高了粉丝的热情。可以说,这种类似人际交流的方式产生了良好的传播效果。因此,众多名人明星也纷纷选择网络直播这一形式与自己的粉丝进行交流,而这种交流方式所引发的关注度往往超出其他传播渠道。

此外,名人主播在直播间通过自己的言行弘扬社会正能量,积极地倡导正确的行为规范,能够在粉丝中产生更积极的反响,从而产生巨大的影响。像傅园慧那样通过直播积极倡导关注公益事业,就是在利用自己的影响力号召粉丝和观众关注公益,对他们产生积极影响,传递正能量,为树立社会主义核心价值观发挥巨大作用。直播为我们提供了一个全新、高效、影响力巨大的平台,而名人明星在直播空间的引导作用需要引起足够重视。

(三)低俗文化产品丛生,正面精品不断发力

千人千面、千奇百怪是网络直播的显著特点,网络直播建构起媒介"拟态环境",将真实世界里的众生万象复刻到虚拟世界中。我们在街上看到的杂耍、乞

讨、卖唱，在酒吧看到的舞蹈、乐队，在礼堂看到的演讲等，这些在网络世界中都能找到身影。与此同时，令人担忧的是，真实世界一些色情、暴力、粗俗、不和谐的内容也被复刻到网络世界这个虚拟世界中。整体来看，网络直播的内容呈现千奇百怪、千人千面，低俗文化当道、正面精品稀缺的状况。

近年来，在网络直播产业蓬勃发展的同时，其存在的问题也逐渐暴露出来，泛色情、暴力等内容越来越多地出现在直播平台上，严重制约着网络直播平台的健康发展。

2017 年 3 月 1 日，虎牙直播平台上一个名为“翠花酒菜”的主播组合，直播了两名主播在山中猎捕竹鼠的全过程。当天中午，两名主播带上铁锹等工具上山，开始捕捉竹鼠。下午两点左右，两人发现了第一只藏在洞穴深处的竹鼠，随后用铁锹用力将洞口掘大，暴露出竹鼠的身体，并相继使用树枝、袜子、运动鞋等物品引诱竹鼠下嘴“上钩”。当天的直播一直持续到下午四点半，两人一共捕获两只小鼠，并在地上挖出土坑，将两只小鼠扔进坑中玩起“斗鼠”。其间两只小鼠多次试图爬出土坑，两人便将其踢回坑中，用树枝不断戳弄、激怒其继续战斗，其中一只被咬得血迹斑斑。除了直播“捕鼠斗鼠”这类暴力事件，更有甚者在直播平台上对自己施加暴力，这些怪异出格的内容，是对观众强加的视觉暴力，某些观众在观看时会产生心理和身体上的不良反应。

虽然网络直播内容乱象丛生，但是在直播平台上，许多有价值、有意义、传播知识和文化的内容开始涌现，一些专业制作团队也正在直播平台上策划制作有品质的直播节目。正能量、精品直播内容是网络直播空间稀缺的元素，这些内容的不断涌现是改变目前乱象的最佳办法，也是改变大众对网络直播刻板印象的有效手段。

截至 2016 年 12 月，花椒直播已经成功吸引了 34 家中央级以及省级电视台、74 位主持人、89 家中央及地方电台入驻。在传统媒体工作的主持人大多接受过正规的主持训练，专业素质过硬，工作多年，经验丰富，所做出的节目质量较高，能够为平台提供更多优质内容。

由花椒直播和新华网联合举办的主题为“书香墨韵——主持人带你读书”的系列直播活动于 2017 年 8 月 10 日登录花椒平台。此次活动，花椒平台邀请了30位专业级广播电视主持人进行朗读直播。《亲爱的安德烈》《人生若只如初见》等一本本文学经典,通过专业主持人朗读的方式传递给广大受众。该活动历时半个月,通过视频直播的生动方式形成文化传输,众多专业主持大咖给全国直播用户展现了专业主持和朗读风采,引导了全民阅读风尚,打造了极具正能量的直播氛围。

(四)"网红经济"繁荣

互联网技术的进步带来网络直播行业的繁荣,人人都有成为网络主播的可能,一大批网红也乘着网络直播的东风出现在观众面前。与"网红"一词相伴而生的便是"网红经济",网红经济指网红以自身品味为主导宣传产品,通过网络互动了解消费者喜好,加强粉丝黏度,从而依托粉丝群体进行定向销售,将粉丝转化为购买力。近年来,越来越多的网红,包括娱乐明星活跃在各大直播平台上,网红经济越来越成为一种具有强大影响力的经济模式,并逐渐形成了一条相对完整的产业链。

网络直播的快速发展让传统店商看到了新的商机,他们纷纷邀请各路明星进驻直播平台宣传自己的商品,这已经成为一种颇具影响力的营销方式。

2016年5月,淘宝正式推出淘宝直播,至今已经有超过千万用户观看过直播内容,超过1000人在淘宝上做过主播。在成功运营半年之后,阿里巴巴也将电商直播栏目植入当年的"双11"大促中。淘宝直播内容的覆盖面很广,包括服饰、彩妆、美食、家电、生活用品等多种品类。运营者在产品设计上付出很多心思,淘宝直播的页面上,店主在介绍商品的同时,下方会出现一个购物袋,点击进去会看到店主所介绍的所有商品的购买链接,除此之外还包括传统的打赏功能,屏幕上随手可以点击的优惠券、红包等,以此实现用户"边看边买""边玩边买"的体验。不仅如此,页面中间还会不时弹出某某正在前往购买的路上这一提示,营造大家共同购物的氛围,并引发观众购物的欲望。主播可以边直播边放出优惠券和商品链接,粉丝在商品详情页下单、打开支付功能付款或跳转到其他页面时,直播窗口都以小窗口方式悬浮而不中断,实现真正意义上的"边看边买"。

网红经济的成功吸引了大量普通人投身网络直播行业，甚至出现了专门的网红经济公司，他们对普通人进行网红课程的教学，将他们培养成专业网红，这从一定程度上解决了部分人的就业问题，缓解了社会的就业压力。同时，网红经济的成功给各大直播平台带来巨大流量，吸引广告商的投资，也让各大厂商的销售量大幅度提升，在一定程度上活跃了市场经济。网红经济也具有媒介的娱乐功能，其以这种新奇的直播形式娱乐大众，丰富了人们的业余生活。

但是，直播平台准入门槛较低，人人都可以进行直播，主播的素质参差不齐，其中不乏一些素质较低的主播借直播宣传产品的机会传播色情、暴力等内容，一些女主播为了吸引受众的关注，衣着暴露，满嘴污言秽语，这些通过直播平台的传播对社会风气造成了不良影响。其次，一些主播在直播平台销售的商品，并不是真品，而是粗制滥造的假货，一旦销售出去概不负责，严重损害了消费者的合法权益。最后，由于网红经济尚属于新生事物，缺乏有效的行业管理细则，处在监管“盲区”，各种恶劣事件频发，严重阻碍了网络直播产业的进一步发展。

三、网络直播与网红群体的监管、治理对策

2016 年以来，我国网络直播平台呈高速发展态势，2019 年增速虽有所减缓，但网络直播类客户端依然位列移动互联网热门应用前十名。网络直播强大的营收能力吸引了大量外来融资，成为资本角逐的蓝海，各种新兴平台层出不穷。

网络直播快速发展的背后乱象频出，与法规条例打擦边球、传播违规违法内容、侵犯网民权益、伤害未成年人利益等各类案件频发，严重影响网络直播行业健康有序发展，对网络平台与网红群体的监管刻不容缓。

同时，海量直播主体、网络直播的实时传播、利益驱动下平台责任的不到位、联合执法机制的不健全等多重困境增加网络监管的复杂性，网络直播与网红群体的监管和治理对策需要更科学制定、更强力落实，才能打破现有困境，进一步推进网络直播与网红群体监管、治理工作。

(一)落实直播平台许可证申报与公示制度

网络直播之风在移动互联网盛行时,越来越多的小型直播平台为了吸引更多流量和资金,不断突破下限,直播行业出现低俗化、泡沫化态势,严重影响清朗网络环境的营造。2016 年 9 月 9 日,原国家新闻出版广电总局发布《关于加强网络视听节目直播服务管理有关问题的通知》,重申未持有《信息网络传播视听节目许可证》的直播机构和个人不得开展相应的直播业务。但《通知》发布后,不少主流直播平台如熊猫、斗鱼、战旗等仍未在主页面标明《网络文化经营许可证》编号,直播行业的政策落实及有效治理有待加强。

对不具有《信息网络传播视听节目许可证》的直播机构和个人,监管部门拒绝发放牌照,并要求其不得开展相应的直播业务,减少小型直播平台为吸引流量和资金开展低俗不健康直播服务的现象,营造健康网络直播环境。

作为《互联网直播服务管理规定》的最直接执行者,网络平台是掌握监管尺度、掌握操作权和细化规则的主体,对很多不具长远目光的直播平台而言,他们不愿投入更多成本来保证平台合法性和内容合法性而选择打游击的方式逃避政策。因此,为了维护直播平台良好的生态环境,需要政府介入管理,从第三方角度对网络直播平台进行监管。

政府机构要彻底落实主播、用户实名制,对网络直播平台的低俗内容要依法追究责任主体,让冒名、假名、逃避实名等直播现象不再发生。利用云计算、大数据等技术手段,结合鉴黄识别技术,对直播内容进行监控审查,做到及时发现,及时处理。提升监督工作的技术性、科学性,从基础设施方面提升监管能力。要切实加强广电、网信、工信等部门的协调合作,开展跨部门不定期专项监察,增强打击力度,减少违法行为。政府应该督促各网络直播平台开放投诉功能,允许网民通过文字、图片、视频等方式举报违法、低俗直播内容。另外,不同平台可以考虑建立共同监督举报平台,打通各平台黑名单,对违反网络直播平台相关规定且情节严重者应进行备案,取消其申请新账号的资格。

(二)商业运作法律关系,敦促平台依法纳税

随着直播平台的快速发展,税务监管方面的问题需要引起监管部门的高度

注意。2017 年 3 月,原北京市朝阳区地税局透露,某一直播平台未按规定为网络主播代扣代缴个人所得税,最终补缴税款6 000多万元。一时间,网络直播行业纳税问题引发业界与社会的广泛关注。目前,一些网络直播平台及网红经纪公司缺乏纳税意识,对网红打赏纳不纳税等问题缺乏统一的规约与认识。

解决网络直播的纳税问题,最重要的是要厘清各大直播平台的商业运作法律关系,进而明确纳税主体以及纳税主体取得的收入性质,使其严格依法纳税。网络监管部门要与税务机关进行合作,通过对网络直播平台负责人进行纳税业务培训等方式,附之必要的行政管理协作,引导网络直播平台与网红群体正确对待纳税问题,形成自觉纳税的商业习惯。税务部门需要根据当前媒介生态环境适当调整工作方法,提升业务能力,建立大数据监控系统,及时了解和掌握相关情况,采取适宜的税收监管方案。

在直播平台的激烈竞争中,以打造优质内容、传播优秀文化为宗旨的直播平台生存困难,而依靠哗众取宠传播低俗内容的平台却能够吸引大量眼球,支持优质直播内容的发展需要从政策扶持入手,主动设置议题引领网络文化正能量。

在 2017 年中国人民政治协商会议上,全国政协委员许钦松就曾在提案中建议,在直播平台方面,国家除了要加强监管,对提供优质内容但仍处于创业初期的直播平台,还应在政策、资金方面予以支持,激励优质主流文化平台在竞争中得以生存,通过高质量的网络直播与充满正能量的网红群体形成正确舆论导向,营造清朗、健康的网络氛围。

网络直播的迅猛发展进一步加剧了互联网安全与社会治理的复杂性和艰巨性,这需要直播行业各企业加强合作,进行行业内自我监管、自我治理、自我约束。在 2017 年 6 月 29 日的网络直播行业工作研讨会上,一直播、花椒直播、映客直播等 18 家平台签署了成立“网络直播行业自律联盟”的倡议书。7 月 8 日在杭州举行的第三届全国“互联网安全与治理论坛”分论坛举办了“网络直播行业自律联盟”成立仪式,昭示着网络直播行业内部的自律意识不断增强。

〔高明,中国传媒大学讲师;朱笑熠、田先进,中国传媒大学硕士研究生〕

"互联网+"时代中国公益组织互联网使用与传播现状

Current Status of Internet Use and Communication of Chinese Philanthropy Organizations in "Internet+" Era

◎ 马贵侠　谢　栋
Ma Guixia, Xie Dong

摘要:"互联网+"时代,公益组织运用互联网技术和信息化手段推动自身健康发展和公益服务能力的提升成为大势所趋。对国内公益组织2014年、2016年、2018年三年的跟踪调研发现,国内公益组织多数拥有互联网技术人员,组织品牌或项目品牌影响力的提升已成为公益组织互联网传播的首要目标,互联网已成为公益筹款和志愿者管理的重要渠道。多数公益组织运用互联网获取行业信息、履行信息公开、开展协作管理。与此同时,公益组织在互联网专职技术人员、互联网专业培训、互联网传播规划方面存在严重不足,应通过逐步充实公益组织的互联网专职技术人员,整合多元力量打造互联网专业培训体系,推动公益组织制定互联网传播规划等多种渠道合力提升公益组织的互联网传播效能。

关键词:互联网+,公益组织,互联网传播

Abstract: In the era of "Internet +", philanthropy organizations use internet technology and information technology to promote their own development healthily and improve their own public service capacity has become an inevitable trend. The follow-up survey on domestic philanthropy organizations for three years in 2014, 2016 and 2018 found that most domestic philanthropy organizations have internet technical personnel, and promotion of brand influences of organization or project has become the main goal of internet communication for philanthropy organizations, and the internet has become an important channel for public welfare fundraising and volunteer management. Most philanthropy organizations use the internet to obtain industry information, perform information disclosure, and conduct collaborative management. At the same time, philanthropy organizations have serious deficiencies on the internet professional and technical personnel, internet professional training, and the planning of internet communication, the philanthropy organizations should enrich the internet professional technology personnel step by step, integrate diverse forces to create the internet professional training system, promote philanthropy organizations to develop internet communications planning and other channels together to enhance the internet communication effectiveness.

Keywords: Internet+, philanthropy organizations, internet communication

民政部印发的《"互联网+社会组织(社会工作、志愿服务)"行动方案(2018-2020年)》指出,要加强"互联网+"社会组织治理,引导社会组织提升信息化服务能力和互联网传播水平。[①] 随着"互联网+"时代公众力量的崛起,中国公益组织在社会和谐化、价值观现实化、资源分配均衡化的建设过程中日益发挥着举足轻重的作用。[②]

在"互联网+"时代,信息技术和公益组织的融合发展俨然已成趋势,以互联网为代表的信息技术作为一种先进生产力,日益成为中国公益组织管理与传播的有效手段,在公益组织的品牌传播、议题形式、互动沟通等方面发挥着关键作用。南都公益基金会秘书长徐永光甚至认为:"互联网正在颠覆公益界,这种大众传播的地位越来越重要,甚至可以说由于互联网新媒体的出现,它的地位甚至已经到了能决定你命运的地位,决定哪个慈善机构要大发展,哪个慈善项目要大爆发。"[③]

---

① 民政部."互联网+社会组织(社会工作、志愿服务)"行动方案(2018-2020年)[EB/OL].(2018-09-10).http://xxgk.mca.gov.cn:8081/n1360/152028.html.

② 武豹,张传忠.对社会公益组织实现自身价值诉求的思考[J].科技经济导刊,2018(13):92-93.

③ 徐永光.被互联网颠覆的公益现状[EB/OL].(2014-11-03).http://www.csrworld.cn/article-3310-1.html.

2016年8月,民政部公示了包括“腾讯公益”“蚂蚁金服”“轻松筹”等在内的首批13家慈善组织互联网募捐信息平台遴选结果,并于2018年4月公示了第二批遴选结果,截至目前共有20家互联网募捐信息平台可为慈善组织提供募捐信息发布服务。2017年7月,民政部发布了《慈善组织互联网公开募捐信息平台基本技术规范》与《慈善组织互联网公开募捐信息平台基本管理规范》。网络平台的陆续上线与规范的相继出台标志着中国公益组织在互联网募捐、互联网信息公开、互联网品牌传播等方面进入了全新的发展阶段,客观上也对中国公益组织的互联网思维和技术应用能力提出了更高要求。

一、文献述评

2018年8月20日,中国互联网络信息中心(CNNIC)公布了第42次《中国互联网络发展状况统计报告》,数据显示,截至2018年6月,我国网民规模为8.02亿人,2018年上半年新增网民2968万人,较2017年末增加3.8%,互联网普及率达57.7%。伴随我国互联网基础设施建设不断优化升级,中国公益组织与互联网融合程度加深,公益组织愈发需要利用互联网增强组织与志愿者、捐赠者、利益相关者、媒体及公众的沟通。所以互联网的交互思维、链接思维、用户中心思维等都在改变着公益组织的管理体系与信息流动,使其呈现出智慧化和精细化的特点。①

根据民政部发布的相关统计数据以及中国社会组织公共服务平台公布的数据分析,截至2017年年底,全国共有社会组织80.3万个,比2016年增长14.3%,增速创十年来新高。② 随着公益组织的不断发展壮大,其已经成为一支重要的社会治理力量,其自身运用互联网技术和信息化手段的方式也在悄然发生改变。

当前中国学者关于公益组织与互联网之间互动关系的研究已经取得了初步进展,学者们普遍认为互联网对公益组织募集资源、吸引志愿者、开展宣传倡导都有正面影响。中国公益组织开始自觉地、有计划地、有目的地利用自身传

① 中国互联网络信息中心.中国互联网络发展状况统计报告[EB/OL].(2018-08-20).http://www.cac.gov.cn/201808/20/c_1123296882.htm.

② 黄晓勇.中国社会组织报告(2018)[M].北京:社会科学文献出版社,2018.

播资源充分表达组织的公益诉求，并开展社会动员，撬动各方资源以实现组织的公益理想。① 互联网传播已经完全颠覆了大众传播的线性模式，成为典型的动态、开放、非线性传播的混沌系统，因此互联网传播体系的本质是：以聚合线下线上的场景化内容为手段，提升社群黏性和促进社群传播形成聚合力，让内容跨越不同平台，让创意、媒介、技术、公关相互融合。② 所以互联网传播不仅通过提供更快、更便捷的沟通和交流方式革新了公益组织与利益相关主体的互动形式，也为公益组织在线募捐提供了平台和渠道。③

在互联网传播过程中，中国公益组织之间仍然存在着互联网应用鸿沟，④因此深入探讨"互联网+"时代中国公益组织互联网传播在筹集多元资源、链接服务对象等方面的现状与对策，有利于引导中国公益行业形成行业规范，从而进一步提升全行业在筹集资源、项目管理、组织协作等多方面的能力。

二、分析框架与研究方法

（一）分析框架

1.核心概念辨析

公益组织是国内外公益研究领域和公益实务领域较为常用的概念。萨拉蒙将公益组织作为非营利组织的一种类别，其全称为"公益服务组织"，组织目标为直接提供服务，提升社区福利水平或服务于广泛的公共、教育目标。⑤ 国内学者朱健刚将公益组织界定为专业性、职业化的非营利组织，包括直接从事专业性服务的公益组织、支持性公益组织和基金会等。⑥ 学者王名提出公益服务

---

① 曹维.从"公益传播四维框架"到以公益组织为传播主体的公益传播模式[J].上海交通大学学报（哲学社会科学版），2015（1）：109-116.

② 陈力丹.互联网的非线性传播及对其的批判思维[J].新闻记者，2017（10）：46-53.

③ 钟瑛，李苏.公益组织基于网络传播的信任建构框架研究[J].西南民族大学学报（人文社会科学版），2017（11）：141-146.

④ 钟智锦，李艳红.媒体与NGO：公益传播中的数字鸿沟现象研究[J].思想战线，2011（6）：112-117.

⑤ 莱斯特.M.萨拉蒙.公共服务中的伙伴——现代福利国家中政府与非营利组织的关系[M].北京：商务印书馆，2008：55-56

⑥ 朱健刚.中国公益发展报告（2011）[M].北京：社会科学文献出版社，2012.

组织是指在环境保护、扶贫开发、初级卫生、基础教育、社区服务、慈善救助等领域提供各种公益服务,以及开展与公益服务相关的资源动员和机构能力建设等活动的公益服务型社会组织。[①] 从国内外学者界定的公益组织概念可以看出,公益组织主要指直接从事公益服务的社会组织以及为服务型的社会组织提供资源和技术支持的社会组织。从概念的涵盖范围来看,公益组织也包含《中华人民共和国慈善法》中规定的慈善组织。

公益组织的互联网传播,本研究中指其运用互联网思维和互联网技术,在组织内部、组织之间以及与政府部门、服务对象、志愿者、媒体和社会公众之间进行互动以筹集多元化公益资源,优化组织内部治理、促进组织信息公开与公信力建设、开展组织宣传与公益倡导、提升公益服务能力的综合性行为。

2.核心研究内容

从 2008 年开始,由 NGO2.0 发起,中国科学技术大学知识管理研究所与 NGO2.0 共同进行了中国公益组织互联网使用与传播能力的调研,10 年间共进行了六次调研。NGO2.0 通过其在全国各地举办的 40 多次线下新媒体工作坊,对学员进行多次深入访谈,访谈围绕 10 年间中国互联网发展趋势下国内公益组织的基本信息、互联网使用情况、互联网传播具体行为、互联网使用和传播中存在的困境与需求等关键问题展开。具体到互联网使用和传播行为,其涉及层面包括公益行业信息获取、公益资源获取、宣传与倡导、信息公开与公信力提升、互联网协作、组织知识管理、数据分析等。通过大规模持续性专题调查,课题组掌握了翔实的第一手数据,共形成了六份阶段性调查报告,分别为《中国公益组织互联网使用情况》(2009)、《中国公益组织互联网使用情况分析》(2010)、《中国公益组织互联网使用和传播能力第三次调研报告》(2012)、《中国公益组织互联网使用和传播能力第四次调研报告》(2014)、《中国公益组织互联网使用和传播能力第五次调研报告》(2016)和《中国公益组织互联网使用和传播能力第六次调研报告》(2018)。

---

① 王名.社会组织论纲[M].北京:社会科学文献出版社,2013.

（二）研究方法及样本概况

六次调研主要基于扎根理论和层次分析法，并使用问卷调查法在线收集数据，主要通过微博、微信、QQ 等渠道传播调研信息并发放网络问卷，所以样本可能不含那些完全接触不到互联网的公益组织。问卷的发放首先是在 NGO2.0 的传播体系内，其次是通过中国发展简报、《公益慈善周刊》、NGOCN 等公益行业媒体和各省级地区的合作性组织进行二次传播。本文使用的调研数据主要来自第四次、第五次、第六次共三次调研。

第四次调研始于 2014 年 12 月，截止到 2015 年 1 月，共收到 569 家组织答卷。除掉部分不完整的数据，作为第四次调研分析对象的公益组织共有 547 家。第五次调研始于 2016 年 9 月，截止到 2016 年 11 月，共收到 600 家组织答卷。除掉部分不完整的数据，作为第五次调研分析对象的公益组织共有 531 家。第六次调研始于 2018 年 2 月，截止到 2018 年 4 月，共收到 800 多家组织答卷，经过数据处理后，除去部分不完整数据，作为第六次调研分析对象的公益组织共有 489 家。

第六次调研的 489 家样本组织中，从覆盖的地域范围来看，广东省的组织约占 10%，湖南省的组织约占 9%，四川省的组织约占 7%，甘肃省、北京市、江西省的组织各约占 6%。从样本组织的服务领域分布来看，儿童青少年领域的组织最多，占 54.81%；其次是教育助学领域，占 38.85%；综合志愿服务领域占 36.61%。从样本组织的注册时间看，99%的组织都是 2000 年（含）以后成立，2013 年到 2016 年组织数量开始大量增长，注册于 2016 年的组织最多。纵观来看，2016 年 9 月 1 日，《中华人民共和国慈善法》正式施行，其对公益界规范化发展具有积极正面的引导作用，进一步规范了公益慈善行为，激发了公益慈善组织活力。根据《慈善法》的相关规定，社会力量参与公益慈善更便利，设立公益慈善组织将更简便。公众可依法直接向民政部门申请登记、慈善组织年度检查制度改为年度报告制度、确立网络募捐法律地位等为公众参与公益慈善提供了更加方便快捷的途径。

从第六次调研的样本组织的登记管理部门来看，489 家公益组织中，

85.89%为民政注册,尚未注册的比例为4.91%,其余以工商注册2.86%、组织挂靠2.66%、网络虚拟组织3.68%等方式存在。从样本组织的发起方来看,69.53%的组织为民间个人自发,22.49%的组织为社会组织发起,4.09%的组织为政府发起,3.89%的组织为企业发起。综合本次调研样本组织的服务领域、注册部门、发起方特征,可以看出本次调研中样本社会组织主要特征为合法性、民间性且以从事公益服务为主,因此笔者将其称为公益组织。第六次调研数据可以相对客观、准确、科学地为"互联网+"时代中国公益组织互联网传播提供自我评估与发展趋势的参考。

三、"互联网+"时代中国公益组织互联网使用和传播概况

在第六次调研中发现,489家公益组织中,52.76%的组织有官方QQ,67%的组织有微信公众号。大多数样本组织已经将官方QQ、微信公众号作为组织互联网传播的重要渠道。

(一)组织品牌或项目品牌建设已经成为公益组织互联网传播的首要目标

公益组织品牌及公益项目品牌的价值不仅在于帮助公益组织践行组织使命,而且有助于提升组织竞争力和社会影响力。《中国非营利品牌报告》指出,中国非营利组织存在对品牌的高度重视与品牌投入相对缺乏的矛盾现象。而导致这种矛盾的原因主要是民办非企业单位(社会服务机构)在品牌传播方面资金匮乏。[①] 本次调研在提及"贵组织2018年最重要的传播目标"时,67.28%的公益组织选择了"建立组织和项目品牌",如图1所示。由此可以看出,公益组织对组织品牌和项目品牌建设较为重视,互联网技术为资金较为匮乏的公益组织开展品牌建设提供了新的渠道。56.65%的组织选择了"争取新的捐赠者",55.01%的组织选择了"维护当前捐赠者",由此可以看出,资金筹集仍然是当前公益组织互联网传播的重要目标。在互联网传播管理方面,53.58%的组织选择了"提升组织互联网宣传的浏览量",51.74%的组织选择了"运营微信账

① 百度网盘.中国非营利品牌报告[EB/OL].(2015-01-16)[2018-08-20].https://pan.baidu.com/s/1ntGA9M5.

号”,由此可以看出,公益组织开始重视互联网传播的方式和效果。

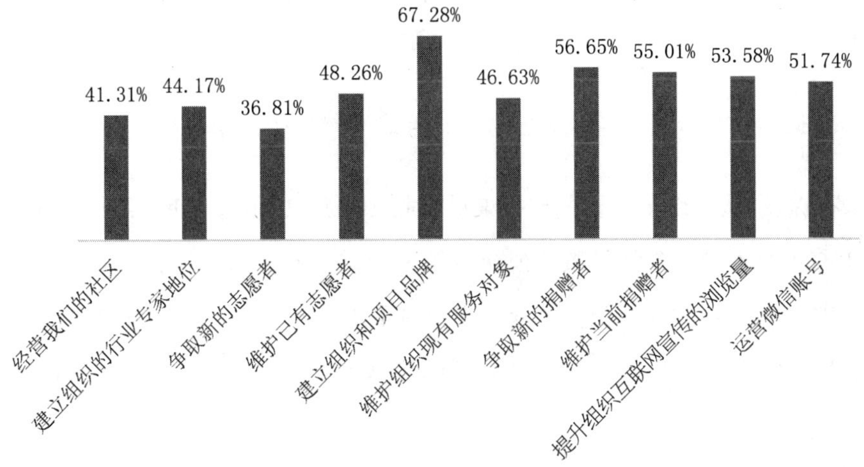

图 1　2018 年公益组织传播目标重要选项的比例

(二)多数公益组织拥有互联网传播的专业技术支持人员

本次调研发现,80.98%的样本公益组织有提供互联网技术支持的人员,24.95%的组织有专职人员提供互联网技术支持,31.08%的组织有兼职人员提供互联网技术支持,24.95%的组织有志愿者提供互联网技术支持(见图 2)。兼职人员成为公益组织互联网技术支持的主要力量。与项目组前两次调研相比,公益组织中提供互联网技术支持的专职人员比例逐渐上升。这也表明公益组织通过互联网进行组织品牌建设、资金筹集、招募和维护志愿者等具备了一定的技术基础。

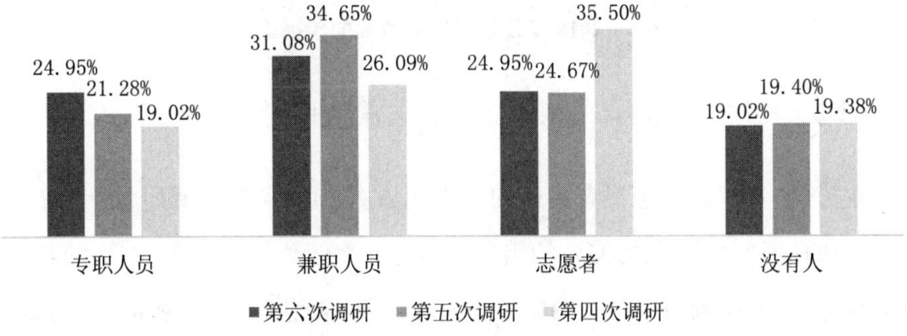

图 2　公益组织中提供互联网技术支持的人员类型

同时,调研发现,93%的公益组织接受过参与外部互联网技术培训的员工在组织内部做的分享,这客观上提升了公益组织从业者的互联网思维和互联网技术。

(三)微信公众号已经成为公益组织互联网传播的最重要渠道

在提及"贵组织最重要的传播渠道"时,项目组 2016 年开展第五次调研时,59.13%的公益组织选择将微信公众号作为最重要的传播渠道;在本次调研中,69.53%的公益组织选择微信公众号作为最重要传播渠道,49.9%的组织选择了微信和微信群(见图 3),这表明微信已经成为公益组织重要的互联网传播渠道。

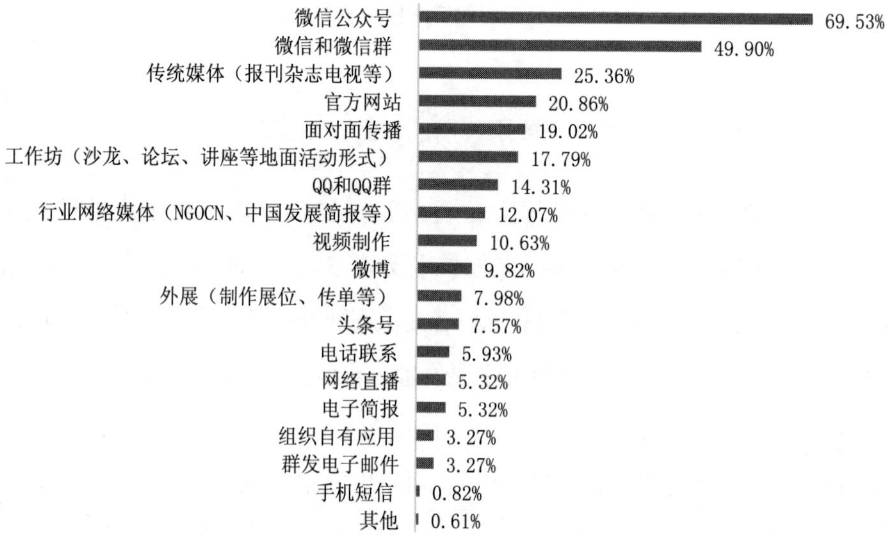

图 3　2018 年公益组织最重要的传播渠道

(四)互联网已经成为公益组织志愿者管理的主要渠道

在提及"贵组织与志愿者沟通的最常用方式"时,第五次调研发现,78.72%的组织选择了"微信",17.33%的组织选择了"微信公众号",40.87%的组织选择了"QQ"。本次调研中,78.53%的组织选择了"微信",23.52%的组织选择了"微信公众号",22.09%的组织选择了"QQ"(见图 4)。由此可以看出,选择通过“微信公众号”渠道与志愿者进行沟通的公益组织比例在上升。微信已经成为公益组织与志愿者沟通的最重要渠道。

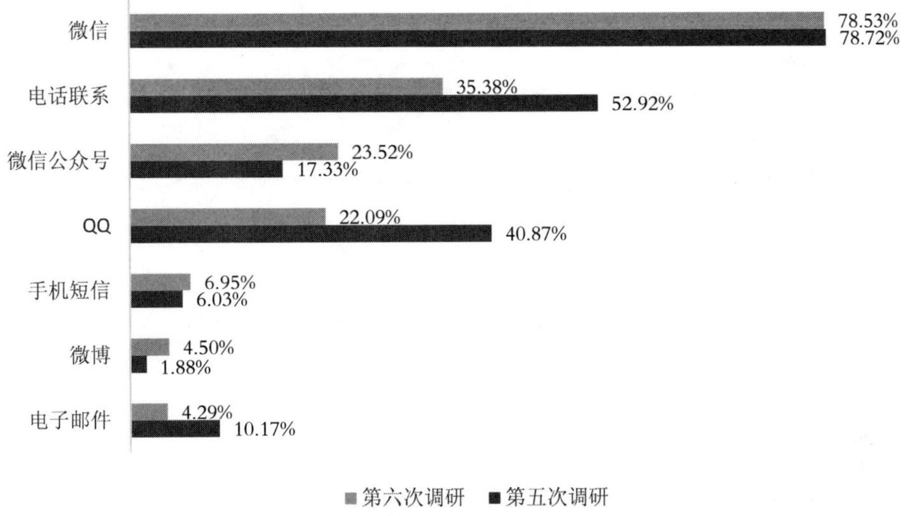

图 4 公益组织与志愿者常用的沟通方式数据比较

(五)腾讯公益成为公益组织互联网募捐的首要平台

“互联网+”时代,互联网募捐已经成为公益慈善组织项目筹款的重要渠道。本次调研发现,51.94%的公益组织通过互联网渠道开展过众筹。在使用过的众筹平台分布中,开展过众筹的 254 家公益组织中,使用腾讯公益平台的组织数量最多,占 87.80%(见图 5)。另外,在回答“过去三年里,贵组织获得的资助类型”这一问题时,52.56%的组织选择了“个人”,这侧面说明了互联网已经成为公益组织获取捐赠的重要渠道。

有研究指出,互联网募捐已经暴露出一个尚未得到足够认识的重大问题,即科技慈善领域初现权力垄断苗头,中国的公众募捐乃至整个行业的发展方向如果由几家科技巨头把控,对中国公益慈善领域未必是福音。①

① 杨团.中国慈善发展报告[M].北京:社会科学文献出版社,2018:14.

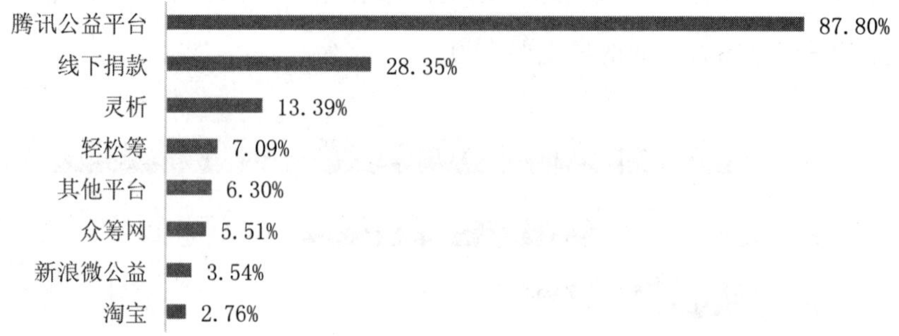

图 5　公益组织采用众筹平台情况

四、"互联网+"时代中国公益组织互联网传播行为详析

(一)多数公益组织通过互联网获取行业信息

调研发现,93.87%的组织"加入了公益组织 QQ 群/微信群",94.68%的组织"关注了其他公益组织的微信公众号",76.28%的组织"在微博上关注了公益组织",73%的组织经常或有时"访问公益行业信息网站",53.78%的组织"订阅了同行的电子简报"(见图 6)。由此可以看出,通过 QQ 群、微信群、微信公众号等互联网渠道获取公益慈善领域相关信息已经成为多数公益组织的选择。

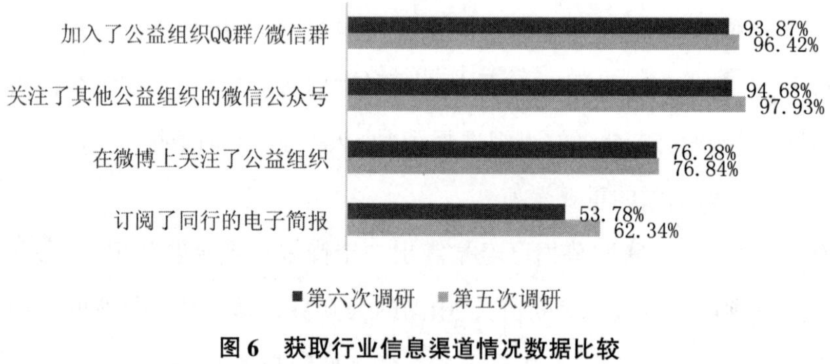

图 6　获取行业信息渠道情况数据比较

与第五次调研数据相比,"订阅了同行的电子简报"的公益组织比例下降较大,从 62.34%下降到了 53.78%,微信公众号关注比例有所下降。这从一个侧面说明公益组织应增强互联网传播的互动功能,以提升组织在公益慈善行业内

的互联网传播效果。

（二）互联网已经成为多数公益组织获取资源的重要渠道

调研发现，80%的组织参与过线上公益项目竞赛或创投，79%的组织的成员曾经接受过互联网技术培训，74%的组织使用过行业门户网站（NGO2.0、中国发展简报、善达网等）获取公益行业资源，88%的组织通过网络社交媒体获取公众资金、志愿者资源（如众筹、招募志愿者等）。85%的组织参加过政府或企业主办的项目展会、资源对接会。63%的组织参与过政府购买社会服务的在线招标项目。随着互联网技术的发展，互联网募捐的方式也日益多元化，越来越多的公益组织通过行走捐、阅读捐、购物捐、企业配捐、虚拟游戏捐等创新方式开展互联网募捐。

（三）互联网成为公益组织信息公开的重要渠道

对公益组织而言，信息公开与分享是组织自身发展的一种方式。互联网不仅是一种重要的外部资源，更是信息分享的平台。调研发现，67.69%的组织通过互联网公开工作目标与使命宣言，43.76%的组织通过互联网发布年度工作报告，37.22%的组织通过互联网发布年度规划或计划（见图 7）。95%的公益组织通过互联网（官方网站、微信、微博、社交网络等）发布其项目活动进展。《慈善组织信息公开办法》规定，慈善组织应重点公开关于财产活动、公开募捐的信息。在公开募捐的渠道选择上，通过在互联网发布信息开展公开募捐，传播速

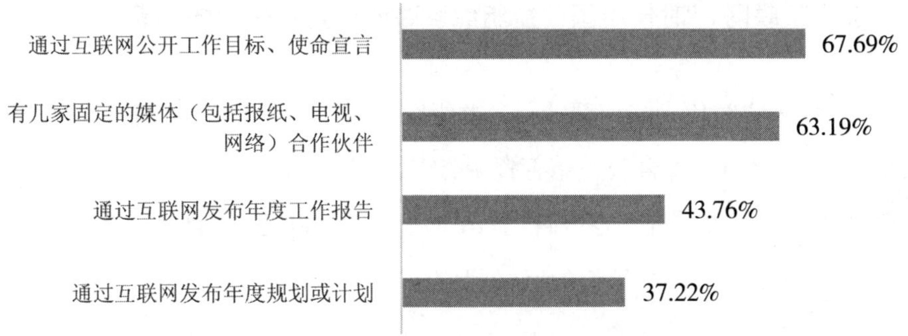

图 7　公益组织通过互联网公开信息提升公信力情况

度快、受众范围广，既能收获良好的效果，也能引起极大关注。[①]《办法》为公益组织尤其是拟申请认定为慈善组织的公益组织公开组织活动信息提供了方向。今后，公益组织除通过互联网公开组织基本信息、年度工作报告之外，还应通过互联网公开财务工作报告、公开募捐信息。

（四）多数公益组织运用互联网工具进行协作管理

在使用互联网工具开展组织内部协作方面，调研发现，公益组织正在运用互联网技术进行组织管理与协作，以提升组织管理及组织协作能力。88%的组织曾在组织内部召开过网络会议（QQ、微信、钉钉等工具），65%的组织在开网络会议时，使用屏幕分享工具（QQ 群屏幕分享、Join.Me 等）。65%的组织使用在线文档工具（石墨文档、OneNote、印象笔记等）共同编辑文档。63%的组织使用时间协调工具（朝夕日历、组队君等）安排工作日程。64%的组织使用工作协作软件或网络平台（钉钉、Tower 等）完成项目管理。

在组织能力建设过程中，公益组织开始运用互联网思维和技术开展在线知识管理。调研发现，45.40%的组织在互联网上有分享公共资料的地方，41.92%的组织建立了服务对象管理系统和志愿者管理系统。使用项目管理工具进行项目管理的组织占 31.9%，建立了捐赠者管理系统的组织占 30.27%。与第五次调研数据相比较，建立服务对象管理系统的组织增加了 20.07%，使用项目管理工具进行项目管理的组织增加了 13.07%，建立捐赠者管理系统的组织增加了 11.81%。

五、"互联网+"时代中国公益组织互联网使用和传播的问题分析

"互联网+"时代，通过互联网，公益组织可以在全国乃至全球范围内传播和共享公益慈善信息，整合公益慈善资源，连接各利益相关者。当前，公益组织在互联网使用和传播方面，仍然存在着诸如专业人才缺乏、培训体系不完善等问题，这些问题限制了公益组织的互联网传播。

---

① 民政部.关于《慈善组织信息公开办法》的有关问答[EB/OL].(2018-08-07)[2018-08-21].http://www.mca.gov.cn/article/gk/jd/shzzgl/201808/20180800010499.shtml.

(一)互联网技术专职人员缺乏限制了公益组织的互联网使用和传播

项目组第四次、第五次、第六次连续调研结果表明,为公益组织提供互联网技术支持的专职人员一直缺乏。第四次调研发现,仅有19.02%的样本公益组织有互联网专职技术人员,19.38%的组织无人提供互联网技术支持;第五次调研发现,仅有21.28%的样本公益组织有互联网专职技术人员,19.40%的组织无人提供互联网技术支持;本次调研发现,24.95%的样本公益组织有互联网专职技术人员,仍然有19.02%的组织无人提供互联网技术支持(见图2)。在提及"贵组织使用互联网的限制因素"时,第四次调研中,47.46%的组织选择了"缺少互联网专业人员";第五次调研中,61.58%的组织选择了"缺少互联网专业人员";本次调研中,57.87%的组织选择了"缺少互联网专业人员"。由此可以看出,缺乏专职的互联网技术支持人员已经成为限制公益组织使用互联网和通过互联网传播的重要因素。

(二)公益组织仍然缺乏互联网使用和传播的专业培训

连续三次的调研发现,"互联网传播策略培训"是公益组织对互联网使用的最大需求。其中,第四次调研中,37.43%的组织表示需要提供互联网传播培训;第五次调研中,53.86%的组织表示需要提供互联网传播培训;本次调研中,44.17%的组织表示需要提供互联网传播培训。与第五次调研数据比较,第六次"互联网传播策略培训"的需求量有所降低,从53.86%降到了44.17%。从项目组第一次调研(2009年)至2018年已有10年,"互联网传播策略培训"仍然是公益组织最大的需求。

本次调研还发现,仅有8%的样本公益组织表示"经常接受互联网技术培训",38%的样本公益组织表示"很少接受互联网技术培训",21%的样本公益组织表示"从未接受互联网技术培训"。这在一定程度上表明,接受互联网技术培训的公益组织仍然较少。

(三)多数公益组织缺乏互联网传播的年度计划

制定组织年度传播计划或规划是公益组织有效开展互联网传播和提升互

联网传播效果的重要工作。调研发现,多数公益组织仍然缺乏制定传播计划的意识。第四次调研发现,仅有20.88%的组织制定了年度传播计划;第五次调研发现,48.59%的组织制定了年度传播计划;本次调研发现,43.35%的组织制定了年度传播计划。虽然整体上制定互联网年度传播计划的组织比例在上升,但是多数公益组织仍然缺乏互联网传播的年度计划,这在一定程度上影响了组织通过互联网渠道进行公益资源募集、信息公开的效果。

六、"互联网+"时代中国公益组织互联网使用和传播发展思路

随着中国互联网慈善向纵深发展,云计算、大数据、网络公共服务、电子商务、网络银行等将继续影响公益慈善领域的发展,以《中华人民共和国慈善法》为代表的慈善政策法规为中国本土公益慈善的健康有序发展建立了规范发展框架,中国公益组织的数字化、规范化、规模化发展成为大势所趋。而公益组织的数字化运营需要其自身具备一定的互联网思维和互联网技术,为通过互联网整合公益慈善资源、完善内部治理结构、促进公益组织内外部协作、培养复合型公益慈善人才、推进公益慈善领域信息公开、倡导全民公益局面的形成和发展提供基础。

(一)逐步充实公益组织互联网技术专职人员

针对公益组织内部专职互联网技术人员缺乏的难题,建议有条件的公益组织设置互联网技术岗位,统筹组织互联网筹款、捐赠者信息系统管理、志愿者信息系统管理、互联网信息公开等相关工作。针对已经拥有互联网专职人员的公益组织,建议进一步明确定位互联网技术岗位职责与分工,以充分发挥互联网专职人员的作用。针对拥有互联网兼职人员的公益组织,建议加强组织筹款、内外部协作、捐赠者信息系统管理、志愿者信息系统管理、互联网信息公开等相关工作人员与互联网兼职人员的工作协调与配合。针对拥有互联网技术志愿者的公益组织,建议做好志愿者的维护和激励工作,使志愿者能够明确公益组织互联网传播的目标与任务,增强组织互联网传播的效果。建议缺乏互联网技术人员的公益组织通过发展志愿者、增加互联网技术专兼职岗位等方式发展互联网传播人员,以充分利用互联网的优势促进组织规范、健康发展。

(二)整合多元力量为公益组织提供互联网使用和传播的专业培训

结合《中华人民共和国慈善法》《公开募捐平台服务管理办法》《慈善组织公开募捐管理办法》《社会组织信用信息管理办法》《慈善组织信息公开办法》等规范公益组织活动的政策法规,充分利用国内为公益组织提供互联网支持的各类慈善信息平台,包括民政部2016年以来公布的20家慈善信息平台以及基金会中心网、中国公益地图2.0、中国民间公益透明指数(GTI)等,整合、推动高校、民间智库、各类公益慈善信息平台的多方力量为公益组织提供互联网使用和传播的全方位多层次培训。同时,建议制定适用于公益组织、企业社会责任部门、捐赠方、公益项目和受益方的互联网公益行业性评估标准,为公益组织有效提升互联网传播能力提供思路和方向。

(三)推动公益组织制定互联网传播规划与年度计划

公益组织制定组织互联网传播规划与年度计划是组织有效增强互联网传播效果和提升互联网传播能力的重要方式。当前制定互联网传播计划的公益组织仍然较少,一定程度上表明公益组织对互联网传播的重视程度仍然不足。建议公益组织结合当前公益慈善领域的相关政策法规,制定组织互联网传播3年至5年规划,并根据组织年度互联网传播目标与战略重点制定有针对性、精细化的互联网年度传播计划,从捐赠者、志愿者、服务对象吸纳与维护、组织品牌和项目品牌建设等方面着手加强互联网使用和传播,促进组织的健康蓬勃发展。

在中国互联网公益蓬勃发展的大背景下,智能技术正在不断促进互联网公益领域的创新发展,形塑着整个公益慈善行业。中国公益组织在运用互联网思维和技术促进组织自身发展的同时,应充分利用慈善相关法规明确自身互联网传播方向,运用公益慈善领域的多元化力量增强自身互联网传播能力,有效提升互联网传播的社会影响力。

〔马贵侠,合肥工业大学马克思主义学院副教授;谢栋,中国科学技术大学人文与社会科学学院助教〕

融媒体背景下健康文化传播路径再探析

Research on the Strategies of Health Culture Communication in the Era of Media Convergence

◎王 孜

Wang Zi

摘要:健康文化传播作为跨学科的研究范畴,注重医学知识的科学性,解读方法符合传播规律。二者不做简单的加法结合,只有将内容与形式深度结合,健康文化传播才能显示其独特性。健康文化传播发展的潜力无限,“四全”媒体的阐释让融媒体的内涵和发展方向更加明确。融媒体为健康文化传播提供更多内容和路径。融媒体将发挥巨大作用,参与设计健康文化的布局、健康产业的发展,实现健康理念的落地。本文探索了健康文化传播的方向、目前存在的问题以及如何用好媒体的“入口”作用,精准地对垂直细分的群体进行健康传播。

关键词:融媒体,健康文化传播,公信力,互动传播

Abstract: Health culture communication, as an interdisciplinary research category, focuses on the scientific nature of medical knowledge and the interpretation method complies with the rules of communication. The two do not do simple addition combination, only the content and form of deep integration, health culture communication can show its uniqueness. The development of health culture communication has unlimited potential, the interpretation of “ four complete ” media makes the connotation and development direction of media convergence more clear. Media convergence provides more contents and paths for health culture communication. Media convergence will play a great role in designing the layout of health culture, the development of health industry and the implementation of health concept. This paper explores the direction of health culture communication, existing problems and how to make good use of the "entrance" function of media to accurately carry out health communication for vertically subdivided groups.

Keywords: media convergence, health culture communication, credibility, interactive communication

健康文化传播作为跨学科的研究范畴,内容注重医学知识的科学性,解读方法遵循传播规律。二者不做简单的加法结合,只有将内容与形式深度结合,健康文化传播才能显示其独特性。媒介环境随着科学技术的发展不断变化格局,样态推陈出新,给健康文化传播提供了多种路径,本文拟在融媒体背景下做健康文化传播路径的推演,以期找到科学方法。

一、健康文化传播方向明确

1.助力"健康中国"

由中共中央、国务院于2016年10月25日印发并实施的《"健康中国2030"规划纲要》(以下简称《纲要》)中第二篇《普及健康生活》第四章《加强健康教育》第一节《提高全民健康素养》中明确提到:"建立健康知识和技能核心信息发布制度,健全覆盖全国的健康素养和生活方式监测体系。建立健全健康促进与教育体系,提高健康教育服务能力,从小抓起,普及健康科学知识。加强精神文明建设,发展健康文化,移风易俗,培育良好的生活习惯。各级各类媒体加大健康科学知识宣传力度,积极建设和规范各类广播电视等健康栏目,利用新媒体拓展健康教育。"

《纲要》的制定切合我国居民目前健康形势,为健康文化传播阐明了内容,指明了具体方向:针对不同人群,做专项健康生活方式指导和干预,开发促进健康生活的适宜技术和用品,建立覆盖广的健康监控体系,加强科普,培养良好生活习惯,规范做好新媒体健康教育。

2.影响每一个人的生活方式

传播健康知识、培育健康理念、养成良好生活习惯,使健康行为深入到方方面面中去。“健康传播是一种将医学研究成果转化为大众的健康知识,并通过态度和行为的改变,以降低疾病的患病率和死亡率,有效提高一个社区或国家生活质量和健康水准为目的的行为”。①

健康文化传播重在“知”“信”“行”。知,仅仅停留在知道的阶段,是肤浅的了解,处于看到和听到的层面;信,感同身受的认同,当传播内容跟受众的感受相同,并且契合其实际的需求的时候,信才能记住;行,由获取外部信息转化为内部自发的动力,成为健康文化的遵守者甚至新的传播者。“事实上,知、信、行正是人类传播的三个基本层面,通过三个层面的不断递进,最终实现了传播的完整意义”。②

健康文化传播发展的潜力无限,“四全”媒体的阐释让融媒体的内涵和发展方向更加明确。融媒体为健康文化传播提供更多内容和路径。融媒体将发挥巨大的作用,参与设计健康文化的布局、健康产业的发展,实现健康理念的落地。

二、现有健康文化传播问题凸显

1.内容是否可信

健康传播随着“健康中国”国家战略的提出,人口老龄化、疾病发病年轻化等情况的出现迎来快速发展,而在发展中出现的信任危机始终是其无法摆脱的阴影。融媒体时代的媒介构架、功能和环境在不断发生变化,平台的丰富、个人的凸显使媒体公信力受到挑战。所谓公信力,一般指新闻媒体在长期的新闻传播实践过程中所形成并积累的、赢得社会和广大受众普遍信任的程度或能力。③目前报纸、杂志、广播和电视依然是传播健康文化的主力军,在全国传播健康文化影响力较大的媒体还是电视,比如中央电视台《健康之路》、北京卫视《养生堂》等,紧扣中老年人群讲解健康知识,以“听得懂、记得住、学得会、用得上”和

---

① EVERETT M.ROGERS.The Field of Health Communication Today[J].American Behavioral Scientist,1994,38(2):208-214.

② 段鹏.传播学基础:历史、框架与外延(第二版)[M].北京:中国传媒大学出版社,2013:107.

③ 沈正赋.新媒体时代新闻舆论传播力、引导力、影响力和公信力的重构[J].现代传播,2016(5):3.

“倡导健康生活”等为节目理念，向受众传递有效的健康知识。这些电视节目多为日播，故播出的体量较大、数量较多，在中老年人群中形成了很强的影响力。电视、广播和报刊，由于体制较为成熟、构架较为完整、审查系统较为严格，其所生产的内容更有可信度和公信力，其优势是社会资源丰富、媒体平台市场占有份额相对稳定、内容制作实力强，但缺点也是显而易见的。融媒体时代促发了更多元的平台，涵盖了更为广泛的受众。从当前新媒介环境的变化可以看出，传播革命已经普遍将“权力的平衡”从媒介一方转向了受众一方，受众拥有了更多的媒介选择，而且能更主动地使用媒介。在若干层面上，大众传媒已经变得不那么大众和中心化了。① 单向传播媒介到互动传播媒介的变化中，产生了大量的信息来源，其内容真假难辨。从伪电视科普明星张悟本到朋友圈铺天盖地的伪养生信息，媒体的传播方式在不断丰富，但从大屏到小屏，关于健康的虚假信息却一直以不同形式存在，严重影响了受众对媒体的信任，也磨炼出了受众“去伪存真的火眼”，使其带着“怀疑一切的心”去审视当下健康传播中的虚假信息。央视网在《2016 媒体公信力调查》一文中提到：“在健康传播中掺杂虚假信息造成了信任危机。在媒体竞争日益加剧的今天，媒体形态更加多样化，通过各种信道传播的信息堪称海量，媒体公信力所面临的挑战更是前所未有。但无论何时何地，无论信息传播的手段与方式如何变换，万变不离其宗，公信力依然是媒体必须秉承的内在品质，也是媒体赖以生存与发展的核心竞争力。”②喻国明教授早在 2005 年于公信力方面的研究中就提道：“公信力不仅仅是媒介的一种属性，更多的是媒介与受众之间的一种关系。”③他 2018 年在中国传媒大学的一次讲课中又提到，“互联网是构造我们这个社会的操作系统，它不仅仅是一种传播格局或传播手段，更是一种新社会的组织与结构方式”。近十几年中，媒介构架、功能和环境都发生了变化，“个人被激活”，有了操控社会传播资源的能力，有了发声的渠道、路径和平台，故媒介属性中的公信力也存在如何监督及重

① 段鹏.传播学基础：历史、框架与外延（第二版）[M].北京：中国传媒大学出版社，2013：176.

② 央视网.2016 媒体公信力调查：电视仍居榜首[EB/OL].（2016-08-03）.http://1118.cctv.com/2016/08/03/ARTI9U7Rt0raiEZcJH3QP6AK160803.shtml.

③ 喻国明.大众媒介公信力理论初探——兼论我国大众媒介公信力的现状与问题[J].新闻与写作，2005（1）：11.

建的问题。

2.宣传关口要前移

关注健康的人群目前还是以老年人为主，切身的病痛及身体变化影响工作生活，比如骨关节炎、白内障、血管病等退行性疾病已引起老年人的重视；中年人的工作节奏加快，还有上有老下有小的家庭结构，压力剧增，血压、血脂、血糖、尿酸等指标早就出现异常，发生猝死事件也屡见不鲜；青年人吸烟、熬夜的情况更是比比皆是，“晚上不睡、早上不起”成为青年人与父母起争执的常见原因，很多青年人已经出现血脂异常、脱发、失眠等健康预警信号，再不改变生活习惯，控制疾病危险因素，慢性病就会提前发生。健康文化传播可以切实改变受众认知，使其遵循更健康的生活方式，延缓疾病的发生。针对已经患病的人群，健康文化传播有助于患者了解病程发展以及如何治疗和控制，提高患者的依从性，从而得到更好的治疗效果。也可减少患者对疾病本身的恐惧，减少其病痛带来的负面心理情绪。因此做好健康文化建设、传播健康文化理念、给予健康知识指导非常必要。而对于疾病的预防，关口还应该前移，在幼儿阶段就要加入健康教育，使其形成良好的生活习惯，对常见疾病有预防意识。所以各个年龄阶段、各个群体都应该增加对健康知识的了解、对健康文化的把控。

三、融媒体背景下健康文化传播路径推演

1.发挥“群体”作用

群体对个体的影响十分重要，因此可以借助社会身份的范畴来进行文化的推广传播。这个过程是媒体精确划分受众的过程，首先要回答的问题是“这个群体是谁”，群体中的个人再回答“我是谁”。比如男性是一类群体，中学生是一类群体，冠心病患者是一类群体，爱吃甜食是一类群体等，这种社会认同模式由心里学家特纳和塔基费指出，这个模式认为每个社会群体都是拥有两种或两种以上社会身份的人，每种社会身份会被特定的情境激活。

发现或设定群体中的共同社会身份至关重要，借此可以把健康知识最大效率地传播给需要的群体，同时，一个群体内部相互影响和监督的力量也将起到

动力作用。以电视节目北京卫视《养生堂》为例，节目选题紧扣45岁以上中老年人关心的话题，节目组要求编导申报的选题必须“任何一个45岁以上的人都可以观看此节目，并感受节目内容和自己有关”。所以总览节目选题，大多和高血压、糖尿病、癌症、冠心病、脑卒中等这些中老年人常见病相关，在节目现场观看节目的观众也都以中老年人为主，邀请在节目中参与互动的观众都是中老年人，还常常是夫妻俩、姐妹俩、一群好友一起来参与互动回答问题，更加强群体化特性，这是以年龄划分群体的典范。另有中国教育电视台制作播出的《非童小可》节目，现场邀请的观众是小朋友和爸爸妈妈，讲述儿童常见健康问题的产生原因以及应对办法，这是以家庭中是否有幼儿来划分群体。在制定文化传播计划中，要包括大众传播和人际传播两个维度。了解群体特性后选择适合群体的媒介，用群体主要使用的媒介来发布信息，有的放矢，行之有效。2018年初，一篇在微信平台上被广泛转发的《流感下的北京中年》，写了“岳父”从患上流感直至去世的就医历程，详细描述了每天“岳父”的病情变化以及治疗方法，作者在这起事件中的经验和感受都被其细致地描写了出来。这则网文引发了广泛的社会反响，“中年人群”开始感叹上有老下有小之多艰；在网络上形成了一系列互动，有公众号立刻做出回应科普流感何以会致命，还有人抓住这篇文章中的细节展开讨论，然后有人转发一篇由公众号“呼吸界”采访发表的病例，网友对照发现就是前一篇文章中“岳父”的详细病例，进而发现了“岳父”的主治医生就是中日友好医院的詹庆元主任。詹主任通过微信公众号继续发声，并在自己的朋友圈中主动转发了两则与此事件相关的文章：《“岳父”经治专家詹庆元详解〈流感下的北京中年〉人工肺到底能否救命》和《〈流感下的北京中年〉读书笔记》。

在可以互动的传播媒介中，热点事件不断发酵的走势由用户的关注点所决定，互动性强，形式十分灵活。传统媒体的单向传播缺乏及时的互动和体验，缺少反馈是其弱点。对比公众号和电视节目两种形式，不难发现，不同年龄、不同知识水平、不同性别、不同职业背景的人，会选择不同的媒介路径获取自己所需要的健康知识，达到接受健康文化的目的。笔者推测受众更愿意选择便于操作、内容更贴近自己实际需求的媒体平台，那么文化传播应该依据不同内容选择不同路径。

2.用多样的表现形式增加健康文化吸引力

各类平台要结合其特点不断进行创新。比如微信公众号“猫大夫医学科普”每天早上定时推送一条多图的健康知识。形式是多幅连续的黑白漫画,核心的内容大致分为以下几类:一类是通过一个病例故事或热点事件告诉大家如何采取正确的方法预防或治疗疾病;一类是从症状和常见的生活现象入手,点评误区,揭开致病真相;还有一类解决新近发生的健康困惑,并进行实际健康指导。该公众号的创始人在叙事方法上进行了不断探索,形成了自己独特的风格,在叙事中加入人物角色概念,通过角色互动或者旁白推进故事进展,把故事中最能引发共情的关键句作为标题,比如“47 岁张惠妹因五大原因而暴肥,营养师给出瘦身秘籍”“哪哪儿都在说多吃蔬菜水果,多吃真的好吗?”等。目前,该公众号拥有用户十二万五千人以上,[①]并且还在持续稳定的增长之中。

以电视节目为例,健康类节目绝大多数以访谈为主,一个主持人和一个嘉宾以问答的方式出现,配合以大屏幕上的图片或者道具来展现节目内容。表现形式较丰富的有北京卫视播出的《我是大医生》,节目中有实验、外拍、表演小品等内容,但是其也凸显出表现形式和节目内容之间的关系问题。这个节目中形式往往占主导,容易出现“皮厚馅少”的情况,与同平台播出的《养生堂》节目对比来看,有趣的节目设计应该尽可能地考虑形式与内容的高度统一,形式是内容的一部分,内容是最重要的。比如《养生堂》节目在 2017 年 3 月 19 日播出的《森林探秘——忘事》在形式和内容上设计得十分巧妙,森林探秘是节目形式也是节目内容,用“森林深处”的图片营造氛围,道具有树和五种小动物(狗、猪、蛇、熊猫、鱼),小动物分别代表了疾病五个方面的特点(如图 1),“忘事”是中老年人的关键问题,设定“爱忘事的中老年人”群体,揭秘忘事的原因,什么样的忘事是正常的,什么样的忘事是血管堵塞了要警惕。用有趣的形式把医学知识深入浅出地讲出来,达到让受众听懂、理解、学会的目的。

① 数据截至 2019 年 3 月,来自“猫大夫医学科普”创始人缪中荣医生。

图1 《养生堂》节目《森林探秘——忘事》场景

3.建立良性循环

在融媒体的背景下,如果把媒体依旧看作是健康文化传播的主力军是不利于长久发展的,应拓展思路,不以“为了宣传而宣传”去思考健康文化传播的问题。分发内容、打造产业模式才是做好健康文化传播的关键。“内容为王”只是媒体生存的法则之一,所有平台的内容都应该是高标准、严要求的,有了监管和把关才能生产出质量更高的内容。另一个问题是生产的内容并不能直接转化成对等的经济效益,比如北京卫视《暖暖的味道》节目招商困难、网络公众号“熊猫医生”变现困难等,只有线上内容线下产业百花齐放形成联动,收支良性循环才符合融合发展的新趋势。

同时,媒体的“入口”作用日益凸显,后端有对应的产业衔接。健康文化传播应该符合经济的收支原则,在自给自足的情况下形成良性循环,健康文化传播作为贯穿全局的核心内容,其所有步骤都应该服务于这个中心。“在健康传播的实践中,前馈/反馈的作用十分明显。在传播过程之前,要事先对受众需求进行调查,设计传播内容和方案;在传播过程中,由于改变受众的健康素养、健康态度是一个长期、曲折的过程,因此更有必要在健康传播中随时接受受众的反馈,不断调整自己的传播方式”。[①] 在垂直内容上深耕细作,借助媒体互动功能,一以贯之加以引导。

找准群体,选择话题——做健康传播内容采集——分发内容至各类媒体平

① 段鹏.传播学基础:历史、框架与外延(第二版)[M].北京:中国传媒大学出版社,2013:108.

台同时上线——加强宣传和引导——做好线下服务,对应产业衔接——做好群体健康管理,组织好群体——不断对群体作调查研究——选择话题……比如做糖尿病病人的健康管理,在一开始的传播中就要寻找与之相关的“痛点”来不断宣传,像“糖尿病会传染吗?”“吃多了可以多吃片药吗?”“糖尿病病人哪些蔬菜要少吃?”“餐后两小时血糖的计时点在哪里?”等,要把传播内容做深做精做透,充分发挥各类媒介的作用,不断把糖尿病患者纳入健康管理中来,做更细致的分类进行重点教育。

在“健康中国”战略的指引下,健康文化传播还有很长的路要走,从中国公民健康素养水平的数据来看,从2008年的6.48%到2015年的10.25%,全民健康素养水平正在逐步提高。从健康宣传的点到文化传播的面,融媒体是背景也是工具平台,在这个平台上大有可为,掌握传播方法、精准组织群体,增加表现方法、加强形式呈现,使“知信行”一以贯之,改变不良生活方式,增加全民预防疾病的意识。

〔王孜,中国传媒大学电视学院博士生〕

品　鉴

《瞬间中国》破局传统电视节目，创新打造全媒体传播样本

——评《瞬间中国》的融媒体创新之道　　曾祥敏

《瞬间中国》破局传统电视节目，创新打造全媒体传播样本

——评《瞬间中国》的融媒体创新之道

"Instant China" Breaks Through Traditional TV Programs and Innovates to Create A Sample of Integrating Media Communication: Comment on Innovative Way of Integrating Media in"Instant China"

◎ 曾祥敏

Zeng Xiangmin

摘要：融媒体时代的信息传播呈现视频化、碎片化、移动化的特点，传统电视节目想要破局必得在内容和传播上进行全方位创新。《瞬间中国》是CCTV1推出的改革开放系列专题短片，40支时长90秒的短片，讲述40位普通人砥砺奋斗、追求幸福的故事，其融媒体创新之道体现在主题立意创新、样态创新、视听表达创新、传播交互创新上，展示了当下媒体融合转型中内容创新的辩证统一，更具象地呈现出中央广播电视总台的融合创新与突破。本文试图分析《瞬间中国》的创作与传播之道，总结其在新媒体背景下的创新探索经验。

关键词：融媒体创新，电视节目，改革开放

Abstract: Information dissemination in the era of media convergence presents the characteristics of video, fragmentation and mobility, traditional TV programs must be innovated in content and dissemination in an all-round way. "Instant China" is a series of thematic short films on reform and opening up by CCTV1, which includes 40 short films of 90 seconds in length. "Instant China" tells the story of 40 ordinary people struggling and pursuing happiness, and the innovative ways of integrating media are embodied in the innovations of theme, style, audio-visual expression and communication interaction. It not only demonstrates the dialectical unity of content innovation in the transformation of media convergence, but also concretely presents the innovation and breakthrough of CCTV in media convergence. This paper analyzes the ways of creation and dissemination of "Instant China" and summarizes its innovative exploration experience in the context of new media.

Keywords: integrating media innovation, TV program, reform and opening-up

顺应传播视频化、视频碎片化、碎片移动化的发展潮流,融合转型中的CCTV1 于 2019 年 1 月 1 日推出改革开放系列专题短片《瞬间中国》。节目通过 40 支时长 90 秒的短片,讲述 40 位国人代表砥砺奋进、追求幸福的故事,以此折射改革开放 40 年的光辉历程。《瞬间中国》播出后即刻受到极大关注,自带网络气质的节目形态更使其在央视网、腾讯新闻、快手、QQ 看点等平台上达到上千万人次观看量,并获得分享转发,成为刷屏之作。

正如其名称《瞬间中国》一样,节目的主题立意、样态、视听表达、互动传播等方面无不体现出当下媒体融合转型中内容创新的辩证统一——极大与极小、瞬间和永恒、碎片和整体,更具象地呈现出中央广播电视总台的融合创新与突破。

一、主题立意——以小见大,"小我"之瞬间与"大我"之中国

《瞬间中国》这一名称源于中宣部副部长,总台台长、党组书记慎海雄的亲自命名,定格一张照片,放大一个瞬间,以时间之刹那窥空间之恢弘,正所谓"一沙一世界……刹那含永劫",时间和空间的汇流,颇有哲学意味。而节目正是以此来把每个普通百姓的"小我"瞬间汇成改革开放"大我"的中国,充满审美意趣。在此基础上,节目更是在与用户的互动中深挖主题立意,其"你的瞬间,我们的中国"这句真诚而朴实的 Slogan,则是在总台与真实用户互动过程中产生。节目组通过新浪微博、腾讯新闻、快手、央视网等互联网平台,开展《瞬间中国》Slogan 征集活动,广泛收集网友们的创意和建议,最终定下一位女网友提供的创意,即这句"你的瞬间,我们的中国"。它极为贴切地诠释了节目的初心与理

念，每一个“你”，每一个民众，都是中国之所以成为今天强大的中国的重要力量，每一个瞬间，都是改革开放之伟大的见证。

立意破题，需源头活水为承载，40 年 40 个故事完全源于 40 位普通民众的真实生活。小人物折射大发展，改革开放 40 年中，中国这片神奇土地上发生的动人故事不胜枚举，它们或催人泪下、或振奋人心、或启迪思考、或传递幸福……这些都是内容创作的宝贵素材。《瞬间中国》开创性地寻找历史进程中的典型人物和典型话题，将镜头对准时代变迁、社会发展过程中每一个切实的落脚点，以他们的 40 个瞬间，诉说 40 年间时代、社会和百姓生活的巨变。海军女战士郭燕还原也门撤侨现场，让我们看到日渐强大的祖国；郭培基讲述改革开放后第一家个体饭店的创业故事，折射出破局变革之后的春天；第一代空嫂吴尔愉作为改革阵痛的亲历者，勇敢面对并通过个人的奋斗重新找到人生价值；第一位女航天员刘洋不断挑战自我，在不断奔跑中把祖国的荣耀写上太空……屏幕照片里放大的瞬间，屏幕下感同身受的个体，两相映照，40 年的沧桑巨变浓缩于此。正是这样具体的个人故事与伟大时代的相连，凝聚成《瞬间中国》的传播力。在快手平台上，奥运冠军许海峰的视频短片在短短不到 24 小时的时间里已获得 100 万+的播放和 2 万+点赞；手握 8 本驾照、拥有 26 年驾龄的火车司机韩军甲更是圈粉无数。

二、样态创新——“形短流长”，轻质外形下的厚重历史

《瞬间中国》采用 90 秒的短视频形式承载改革开放 40 年，不仅反过来激活了传统电视媒体的样态格局，而且充分拥抱全媒体传播形式，体现了央视的“深融”与“真融”，变节目为产品，化观众为用户，实现了全媒体发展，构建起“信息无处不在、无所不及”的闭环。

所谓“一寸短，一寸险”，用 40 个 90 秒讲述 40 年的故事，不得不考验创作者的发现、聚焦、提炼、讲述的能力，但契合短视频发展风口的态势，正是这样的样态创新迎合了碎片化传播的趋势，带来了流量的长尾。90 秒时长的轻盈体量，讲述一个个有年代跨度、内涵厚重的人物故事，不仅能在内容生产上轻装上阵、提高速率，而且更加符合碎片化时代的用户使用习惯，极大提升传播影

响力。

以《瞬间中国》为抓手,创作者们转变电视思维为平台思维,实现全媒体、跨平台分发。节目除了在 CCTV1 以封面故事形式全天滚动播出外,还将内容打碎、消化、重组后进行二次传播,通过腾讯新闻、快手等进行多平台多维度的分发利用。此外,节目组还将基于节目内容,用非传统的电影体系制作推出独具特色的纪录片,力求深挖内容价值,最大化连接用户、服务用户。平台思维也有力地促进了节目的品牌化宣推运营。据悉,《瞬间中国》在不同的平台和渠道分别开展了相应的合作和广告冠名,以节目为中心塑造品牌影响力,丰富商业价值,由此以最轻质的 IP 实现沉甸甸的价值。

三、视听表达求变——浓缩精华,瞬间爆发背后的积淀

《瞬间中国》在视听表达上求变求新,作为电视节目,它打破常规专题片的制作模式,进行了去电视化的操作,自带短视频的网感气质,叙事灵动、跳跃,藏露相宜,情绪爆发点集中。

然而,节目浓缩的 90 秒背后是前期收集的大量资料与访谈的信息积累。在前期准备中,大量的前采、外采要花一周时间,笔者前采占小部分,更多的是旁敲侧击地与嘉宾的同事、同学、配偶等进行访谈聊天。而在拍摄现场围绕主照片大概有三个核心问题,每个核心问题下有至少五条辅助问题,还有些问题是专门用来激发嘉宾情绪的。现场大屏照片极具震撼力,让嘉宾沉浸其中,极具代入感,辅助回忆与情绪激发。正是这样的设计与布局使节目打破了传统专题气质的线性流而进入网络化碎片式的爆发点。由此,火车司机韩军甲的动情诉说,空嫂吴尔愉的会心一笑,女航天员刘洋的泪眼阑珊……每个发自肺腑的表情与言语自然生动地被放大出来。

值得一提的是,借助屏幕媒介的沉浸效应让当事人直面历史瞬间并采取摆中有抓的创作方式正符合当下节目创新的潮流与审美取向,即在设计中呈现即兴的状态,这是对传统面对面访谈螺旋式的创新发展,是新媒体时代的新玩法。

四、传播创新——交互建构，平等沟通中寻找情感共鸣点

在新媒体时代，用户是我们思考的起点，而传统媒体时代将其作为终点。如何在信息洪流中抓住用户的眼、留住用户的心，是内容生产者必须面对的问题，更是试图破局的传统媒体必须跨过的坎。《瞬间中国》素材来源于民众，节目服务于用户，可以说，节目是由创作者与用户共同建构而成。

首先，《瞬间中国》选取人物故事，不仅立足于改革开放进程中每一股扎实的建设和推动力量，而且叙述的角度直击大众共情点，极易产生代入感和共鸣感，从而在互联网上形成分享互动。

其次，除了发起活动征集节目 Slogan，在后续的互联网传播中，《瞬间中国》也非常注重与网友沟通的“姿势”和“语态”，积极放下国家电视台的身段，以各种创新方式主动搭建互动桥梁，开展大量积极活泼的交流。《瞬间中国》在腾讯新闻、快手、微博等平台播出，各家平台用户反馈良好，用户观看视频后流露出更多真情实感。《奥运冠军教你一枪“吃鸡”》《用火车司机的方式说我爱你》《“空嫂”是怎样练成的》等一系列生动活泼的视频标题吸引了大量关注，网友纷纷在评论中表示“这才应该是当之无愧的网红”“不好，是心动的感觉”。而《祖国接你们回家》中海军女战士郭燕讲述也门撤侨的故事，很多人留言说自己看得热泪盈眶。

最后，出色的互动传播固然缘于《瞬间中国》节目组对人物故事的专业呈现，但更离不开宣发团队对移动互联网时代“网感”的精准把握。《瞬间中国》坚持服务人民的理念，从节目初心、策划、创作到传播、互动，每一个环节都离不开普通百姓、广大用户。节目的出炉与广泛好评正是节目组一次次与用户隔空对话的成果。通过对话互动，《瞬间中国》大大拉近与用户之间的心理和情感距离，让节目突破圈层形成黏性成为可能。

五、结语

总体而言，《瞬间中国》呈现出的是全方位的创新，是主题立意的创新、样态

的创新、视听表达的创新、传播的创新,而这些创新更是建立在发展理念与创作思维创新的基础之上。近年来,中央广播电视总台在融合转型中不断在体制机制、平台、渠道和产品等方面展开积极探索。一系列融媒体产品《初心》《公仆之路》《铁血铸军魂》《习近平总书记的一天》《央视 V 观》《习近平“下团组”时间》成为刷屏之作,它们和《瞬间中国》一起作为具象的点,呈现出国家电视媒体转型的力度和破局的气度。而面临媒体融合转型的深水期与攻坚期,中央广播电视总台提出“台网并重,先网后台”战略,全面引领数字媒体尤其是移动媒体改革,以正确的政治方向、舆论导向和价值取向引领用户,打造新型主流媒体。

《瞬间中国》点滴浓缩中国改革开放四十年,而它以新破旧的态势、以小搏大的理念理应成为总台改革的一个指向标,这才是《瞬间中国》的应有“大义”。

〔曾祥敏,中国传媒大学电视学院教授〕

图书在版编目(CIP)数据

中国新闻传播研究:移动传播创新/高晓虹主编.--北京:中国传媒大学出版社,2019.9
ISBN 978-7-5657-2521-0

Ⅰ.①中… Ⅱ.①高… Ⅲ.①新闻学—传播学—研究—中国 Ⅳ.①G219.2

中国版本图书馆 CIP 数据核字(2019)第 168303 号

中国新闻传播研究:移动传播创新
ZHONGGUO XINWEN CHUANBO YANJIU:YIDONG CHUANBO CHUANGXIN

主　　编　高晓虹
副 主 编　刘　宏　赵淑萍　曾祥敏
策划编辑　王雁来
责任编辑　高蝴蝶
封面设计　拓美设计
责任印制　李志鹏

出版发行　中国传媒大学出版社
社　　址　北京市朝阳区定福庄东街 1 号　邮编:100024
电　　话　86-10-65450528　65450532　传真:65779405
网　　址　http://cucp.cuc.edu.cn
经　　销　全国新华书店

印　　刷　北京玺诚印务有限公司
开　　本　787mm×1092mm　1/16
印　　张　15.5
字　　数　227 千字
版　　次　2019 年 9 月第 1 版
印　　次　2019 年 9 月第 1 次印刷

书　　号　ISBN 978-7-5657-2521-0/G・2521　**定　　价**　68.00 元
